Teodoro Hampe Martínez

Bibliotecas privadas en el mundo colonial

teci

Textos y estudios coloniales
y de la Independencia

Editores:

Karl Kohut (Universidad Católica de Eichstätt)
Sonia V. Rose (Universidad de Paris IV - Sorbona)

Vol. 1

Teodoro Hampe Martínez

Bibliotecas privadas en el mundo colonial

La difusión de libros e ideas en el virreinato del Perú (siglos XVI-XVII)

Vervuert - Frankfurt · Iberoamericana - Madrid

1996

Corrector de pruebas: Peter Teltscher
Composición tipográfica: Jutta Spreng

                    Impreso con el apoyo de la
                  Fundación Alexander von Humboldt

          CIP-Titelaufnahme der Deutschen Bibliothek

Hampe Martínez, Teodoro :
Bibliotecas privadas en el mundo colonial : la difusión de
libros e ideas en el virreinato del Perú (siglos XVI-XVII) /
Teodoro Hampe Martínez. - Frankfurt am Main : Vervuert ;
Madrid : Iberoamericana, 1996
   (Textos y estudios coloniales y de la Independencia ; Vol. 1)
   ISBN 3-89354-331-7 (Vervuert)
   ISBN 84-88906-24-2 (Iberoamericana)
NE: GT

A Irving A. Leonard
el formidable Néstor del hispanismo

Indice

III. Bibliotecas y ambiente intelectual: reseñas

IV. Ensayos sobre el mercado de libros

V. Apéndice documental

Indice de tablas

Agradecimientos

Como es natural en toda investigación de largo aliento, y llevada a cabo en diferentes lugares, una serie extensa de personas comprometen mi gratitud al momento de dar a luz los resultados finales del trabajo. Estas líneas de agradecimiento brindarán por fuerza un elenco reducido de todos los maestros, colegas y amigos que contribuyeron a la feliz culminación de mi esfuerzo. Comenzaré por recordar mis primeros pasos en el campo de la historia del libro, dados en Lima a principios de la década de 1980, cuando recién terminaba los estudios de Historia en la Universidad Católica del Perú y tuve la fortuna de recibir el consejo magistral de Aurelio Miró Quesada, Guillermo Lohmann Villena y Luis Jaime Cisneros, quienes me enrumbaron definitivamente por esta senda.

Después se prodigaron los viajes al extranjero, los coloquios académicos, las conferencias y las ayudas financieras para el estudio. En 1989, becado durante un semestre por la John Carter Brown Library, de Providence (Rhode Island), tuve oportunidad de realizar profundos avances en la investigación. Me beneficié allí mucho con el aliento de Norman Fiering, el director de esa prestigiosa biblioteca, y de su eficiente cuadro profesional. A continuación atravesé el océano y, durante el curso académico 1990/91, permanecí asociado al Instituto de Historia Ibérica y Latinoamericana de la Universidad de Colonia, gracias a una beca de investigación otorgada por la Fundación Alexander von Humboldt. Rememoro con sincera gratitud al director de dicho Instituto, profesor Günter Kahle, y a su equipo de colaboradores, por el apoyo que generosamente me brindaron.

En diversas ocasiones, aproveché también la orientación, las referencias documentales y las invitaciones para conferencias o publicaciones de otros muchos colegas. Aquí quisiera exponer simplemente un listado mínimo, de aquellos nombres más reconocidos en el área de la historia del libro y la cultura virreinal: Rolena Adorno, de Princeton (New Jersey); Carmen Castañeda, de Guadalajara; Maxime Chevalier, de Burdeos; Trevor J. Dadson, de Birmingham; Carlos A. González Sánchez, de Sevilla: Clive Griffin, de Oxford, Pedro Guibovich Pérez, de Lima; Jan Lechner, de Leiden; Francisco de Solano, de Madrid; Klaus Wagner, de Sevilla.

Llegadas las tareas de investigación a su fase culminante, tuve la suerte de recibir favorable acogida en los responsables de esta nueva colección editorial, *teci* ("Textos y estudios coloniales y de la Independencia"), mis amigos Karl Kohut y Sonia V. Rose. Ambos me sirvieron como severos críticos y hábiles orientadores a la hora de dar estructura definitiva y enjuiciamientos conclusivos al presente libro; aunque, como es de rigor, cualquier error de información o interpretación corre enteramente a mi cargo. Por último, me toca agadecer con especial énfasis a la Fundación Alexander von Humboldt, de Bonn, que aceptó sufragar la publicación de esta obra.

Si hubiera que decir resignadamente (como el gran autor de *El Buscón*): "Yo he hecho lo que he podido, Fortuna lo que ha querido", esperaría que los manes de la paganidad me acojan con benevolencia y cariño.

Lima, junio de 1995   T.H.M.

Introducción
Fuentes y perspectivas para una historia del libro en Hispanoamérica colonial

Se recogen en este libro los frutos de una larga década de investigación, en fuentes originales de archivo y repertorios bibliográficos antiguos y modernos, sobre el impacto que ejercieron en Hispanoamérica colonial los textos impresos y las ideas trasladadas de Europa. El estudio concierne específicamente a las bibliotecas particulares del virreinato del Perú (o de individuos vinculados a la sociedad peruana) durante los siglos XVI y XVII.

Hay un hilo conductor que recorre toda esta serie de contribuciones: es la aproximación de tipo "ideológico" a la problemática de la historia del libro en aquella época. Se trata de enfatizar el rol de los materiales impresos como canales de transmisión de ideas, mentalidades, actitudes, originadas en distantes metrópolis. Aquí nos interesa examinar el modo en que tales elementos fueron incorporados al ambiente cultural que se gestaba en las urbes coloniales y, por extensión, determinar cómo influyeron dichas ideas en la formación de una conciencia nacional criolla.

Entre los resultados de la investigación, se comprueba que, a pesar de las numerosas regulaciones oficiales encaminadas a censurar la importación y circulación de materiales impresos, hubo colecciones bien surtidas y un activo comercio libresco en el virreinato del Perú. Los pobladores residentes en Lima y otros núcleos urbanos utilizaron el libro como vehículo de comunicación directa con los círculos académicos de Europa, guiados por el ideal de armonizar con las normas intelectuales, científicas, morales, que hacia el mismo tiempo prevalecían en España y sus naciones vecinas. El contenido de las bibliotecas revela a muchos de los burócratas y colonizadores hispánicos como gente dotada de una apertura ideológica y una curiosidad extraordinarias.

Aunque la presente obra se concentra en los aspectos culturales de la lectura (o, simplemente, del coleccionismo de textos impresos), debe tenerse en cuenta que una completa "historia del libro" debería incluir varias otras facetas del mismo problema, tales como el comercio, la tecnología y la estética. Es un hecho cierto, sin duda, que pocos artefactos humanos reflejan el ambiente que les rodea de mejor manera que un libro. Así, pues, la historia del libro en Hispanoamérica colonial se vincula con asuntos tan relevantes como la asimilación religiosa de los indios, el crecimiento de las instituciones de enseñanza, la creatividad de los artistas y escritores, la transferencia de la tecnología europea y la emergencia de un protonacionalismo criollo.

En cuanto al contenido de las bibliotecas propiamente dichas, hay algunas cuestiones polémicas que merece la pena revisar. ¿Para quién se escribieron acaso las descripciones etnográficas, las crónicas y las recreaciones épicas del descubrimiento y conquista de América? A la comprobación hecha por nosotros de que los materiales americanistas escaseaban en las colecciones de libros del

Perú colonial se ha sumado ahora, gracias a la valiosa investigación del profesor Trevor J. Dadson (1994), la evidencia de que estos textos tampoco captaban la atención del público lector en la Península Ibérica. En los inventarios de bibliotecas particulares españolas del Siglo de Oro —propiedad de aristócratas, clérigos, escritores, humanistas, burócratas, impresores, libreros y reyes— hay una presencia apenas exigua de libros relacionados con la vida natural y moral del continente americano. Destaca en todo caso el relativo interés por el género historiográfico, dentro del cual las preferencias se orientaban especialmente a las *historias generales* de Francisco López de Gómara y Gonzalo Fernández de Oviedo (Dadson 1994: 10).

Esas historias de sucesos y pueblos americanos que se editaron durante el siglo XVI fueron sometidas a un minucioso expurgo por parte de las autoridades del Estado y de la Inquisición, que procuraron crecientemente impedir la afloración de noticias o relatos de las costumbres "diabólicas" de los indios. Un estudio sobre la producción y supresión de textos literarios, tal como el que ha efectuado Rolena Adorno (1986: 5-8), pone en evidencia que la poesía épica era el canal de expresión que promovían con mayor fuerza los dirigentes estatales. Y es porque las limitaciones estrictas de este género permitían controlar mejor la imagen con que se representaba el carácter y los usos de las civilizaciones amerindias; en la composición poética se encasillaba a los sujetos dentro de moldes de representación familiares, de manera que había como una previa ficcionalización de la realidad.

La compleja vinculación entre la ficción y la historia, manifiesta en la lectura aparentemente "intercambiable" que las gentes del siglo XVI hacían de los hechos de un Amadís o un Pizarro, merece ser observada con mayor profundidad. Ida Rodríguez Prampolini ha dedicado un libro entero a demostrar la comunidad de rasgos que unía a los caballeros andantes de la literatura con los conquistadores, tanto guerreros como espirituales, de América. En opinión de esta autora, hay una clara semejanza en las formas de expresión, en el ambiente de maravillas, en el escenario de la vida, en el sentido providencial que regía a los unos y los otros, por lo cual se puede afirmar que la colonización de las Indias representa "la más grande de todas las hazañas caballerescas de que se tiene noticia" (Rodríguez Prampolini 1977: 164). Similares proposiciones se hallan en la clásica obra de Irving A. Leonard (1949), que contribuyó a difundir la imagen de las novelas de caballerías como alimento espiritual de los colonos hispanoamericanos.

Pero, si bien no existe hasta ahora comprobación tajante para esa idea (tan sugestiva) de que las novelas de caballerías alimentaron el espíritu aventurero de los conquistadores, es evidente que los cronistas de Indias — con Bernal Díaz del Castillo como ejemplo más notorio — se valieron de los relatos novelescos para dar a su propia narración un marco referencial de peso, capaz de hacer más inteligible la novedosa realidad que se transmitía a los lectores ibéricos. Más que un filtro estimulante de acciones guerreras, entonces, las novelas de caballerías habrían servido como estrategia discursiva para hermanar a los colonizadores indianos y el público europeo a través de una referencia cultural común y atractiva (cf. Adorno 1986: 19).

Una visión panorámica de las gentes e instituciones relacionadas con el desarrollo de la cultura en el Perú quedaría incompleta si no hiciéramos mención de la Universidad de San Marcos y de la Inquisición de Lima. Ambas recibieron su definitiva estructura bajo la administración de don Francisco de Toledo, el "supremo organizador" del virreinato, en los años de 1570, al mismo tiempo que se producía el establecimiento de la imprenta, la instalación de los jesuitas y la fundación de varios colegios (cf. Levillier 1935-42, I: 107-128). Tal aglomeración de eventos durante un corto espacio de tiempo sugiere — confirmando una visión tradicional — que la evolución de la cultura en el Nuevo Mundo, al menos dentro de la esfera pública, estuvo en gran medida determinada por la política. Según lo ha puesto en evidencia J. H. Parry (1970: 140), mientras el virreinato de México obtuvo el permiso para imprimir libros y desarrollar bibliotecas académicas bastante temprano, el desarrollo intelectual en el Perú resultó frenado por los desórdenes de las guerras civiles de los conquistadores y las campañas de represión originadas en el Concilio de Trento (1545-1563). Los organismos de carácter educativo sólo merecieron apoyo en este país luego de que las normas religiosas e ideológicas de la Contrarreforma se hubieran establecido con firmeza.

Además, es noción generalizada que la historia del libro en los antiguos dominios de España se encuentra ligada a una peculiar vinculación entre las instituciones de Iglesia y Estado. Los miembros del clero, actuando como los iniciales pedagogos, académicos, escritores y coleccionistas de libros en el mundo colonial, sentaron los fundamentos para el continuo y estable desarrollo de la cultura hispanoamericana. Por medio de sus talleres de imprenta, sus instituciones de enseñanza y sus bibliotecas, el clero ejerció una constante influencia en la sociedad colonial (Johnson 1988: 3).

Mucho se ha insistido en la clásica frase de que "la ley se acata pero no se cumple", tratando de explicar por este medio el incumplimiento de la legislación proscriptora dictada en la corte española con respecto a las lecturas y la importación de libros en las colonias. Hoy, sin embargo, prima la tendencia a contemplar la ley como el más poderoso instrumento que tuvo a disposición el aparato estatal para llevar adelante su política, debido a lo cual se hace difícil imaginar que esas normas "no hayan tenido un profundo impacto sobre la realidad" (Tau Anzoátegui 1992: 12). De aquí surge la necesidad de analizar en cada circunstancia los motivos para el incumplimiento de la ley y, con ello, el imperativo de restituir el conjunto de normas del Derecho indiano a la trama complejísima, amplia y diversa, de la sociedad donde tenía sus orígenes.

Más allá del marco legal e institucional, lo verdadero es que las primeras colecciones de libros del Perú se formaron muy temprano, casi al mismo tiempo que la expedición conquistadora de Pizarro. Haciendo una comparación con las bibliotecas que se conocen para Nueva España en la primera mitad del siglo XVI, empero, se comprueba el modesto alcance o envergadura de las colecciones peruanas. Nada se asemeja en este territorio al conjunto de 400 volúmenes reunidos, con apoyo financiero estatal, por el obispo Juan de Zumárraga en la ciudad de México. Nada hay comparable, tampoco, al cuantioso embarque de libros hecho por el primer virrey novohispano, don Antonio de Mendoza, ni a la biblioteca académica fundada en 1536 en el colegio de la Santa Cruz de Tlatelolco (cf. Tovar de Teresa 1987: 65-70).

Un aspecto interesante del comercio de libros en el Nuevo Mundo es la evolución de los precios. Como parece obvio (y así estaba legalmente dispuesto), el valor de los materiales impresos era más alto en las colonias que en España, debido al elevado costo de vida y a la necesidad de cubrir los gastos de transporte. Más aun, los datos registrados en nuestra investigación también dejan notar el efecto inflacionario de la llamada "revolución de los precios" que afectó a la Península Ibérica, y en menor grado a los dominios de ultramar, durante buena parte del siglo XVI y los comienzos del XVII (cf. Pieper 1987: 43-54). La tabla nº 1 muestra el desarrollo del precio de los libros en cifras promedio, tomadas de inventarios de bibliotecas, registros de embarque y cartas de venta.

En cuanto a los precios excepcionalmente bajos de la colección perteneciente al licenciado de Monzón (10.8 reales por volumen, como media), hay que notar que la tasación fue realizada después de la muerte del oidor en Madrid en 1594, al final de una larga y complicada vida pública. Sus libros debieron haber estado fuertemente usados o aun deteriorados, lo cual sería la explicación para su bajo precio. Por otro lado, las colecciones seiscentistas pertenecientes al arzobispo Hernando Arias de Ugarte y al obispo Manuel de Mollinedo y Angulo muestran unas cotizaciones promedio radicalmente más altas. Esto podría entenderse a causa de los efectos inflacionarios, del progresivo refinamiento en el arte tipográfico y del exquisito gusto que se desarrolló entre los prelados ricos para coleccionar objetos de lujo.

Tabla nº 1 — Evolución de los precios de libros

Año	Lugar	Propietario	Valor promedio (por volumen)
1545	Sevilla	Diego de Narváez	15.9 reales
1582	Sevilla	Antonio Dávalos	17.5 reales
1590	Lima	Lic. Cristóbal Ferrer de Ayala	18.6 reales
1594	Madrid	Lic. Juan Bautista de Monzón	10.8 reales
1614	Lima	Dr. Hernando Arias de Ugarte	47.8 reales
1673	Lima	Dr. Manuel de Mollinedo y Angulo	45.9 reales

Los talleres de imprenta se multiplicaron a lo largo de América hispana especialmente durante la época de los Borbones, y se calcula que en todo el período colonial se editaron en las Indias algo así como 17.000 títulos. En las centurias más tempranas que enfoca este volumen, sin embargo, la mayoría de los libros registrados en las bibliotecas peruanas provenían directamente del Viejo Mundo. Aparte los centros editoriales más importantes de la Península, como Salamanca, Alcalá de Henares, Medina del Campo, Madrid, Zaragoza y Toledo, el material impreso era también originario de lugares como Amberes, Lyon, Venecia y Colonia. Aunque no poseemos confirmación de índole estadística, tal vez el 80 u 85 por ciento de los textos identificados en las colecciones virreinales eran importados de Europa; sólo una porción menor de ellos habían sido impresos en México o Lima (cf. Hampe Martínez 1993: 221-222).

En cuanto a la distribución temática de los materiales traídos a América, podemos utilizar a guisa de ejemplo los resultados obtenidos por Carlos A. González Sánchez (1989: 96-97) en su investigación sobre los libros que se embarcaron en Sevilla en 1605 en las flotas con destino a México y el Perú. Cubriendo una muestra de 2.098 volúmenes, González Sánchez asigna el 25.1 por ciento a libros ascéticos y místicos, el 16.2 por ciento a obras teológicas varias, el 13.7 por ciento a catecismos e instrumentos de adoctrinamiento, el 11 por ciento a poesía y prosa de ficción, el 10.8 por ciento a regulaciones eclesiásticas, el 4.8 por ciento a hagiografías, el 4.5 por ciento a materias profanas diversas (por ejemplo, la jurisprudencia) y el 3.1 por ciento a disciplinas humanísticas, entre los rubros principales. Estos valores porcentuales tendieron a variar, por cierto, conforme evolucionaban los gustos de lectura y las demandas de material impreso en el continente.

Al contrario de la referida clasificación, nuestro estudio de las bibliotecas privadas del Perú revela un extraordinario predominio de las obras jurídicas. Esto halla su explicación si reparamos en que la mayoría de las colecciones analizadas en la presente obra pertenecieron a hombres implicados en el ejercicio del gobierno y de la judicatura: un virrey, un escribano, dos abogados, cuatro magistrados de audiencias, cinco oficiales de la Inquisición. Tal preponderancia del Derecho parecería ser un fenómeno único, particular al Perú, y no aplicable de modo general al resto de las Indias. Fuentes documentales de otra naturaleza, como registros de embarque o inventarios de tiendas de libros, han seguramente de confirmar la presencia mayoritaria de textos religiosos, destinados sobre todo a las ricas bibliotecas de los conventos (cf. Barnadas 1974: 151).

No todas las colecciones bibliográficas examinadas en el presente volumen se hallaban realmente en el Perú, pero todas eran propiedad de gente relacionada de algún modo con la sociedad colonial peruana, ya sea por sus puestos oficiales o sus actividades privadas. Los datos originales provienen de inventarios de bienes y de algunos registros de embarque y transacciones de compraventa, a veces con estimación del precio de los libros, que han sido ubicados en archivos diversos de Lima, Cuzco, Huancayo, Madrid, Sevilla y Córdoba.

Protocolos notariales, expedientes judiciales, autos inquisitoriales y procedimientos para la distribución de herencias constituyen las fuentes principales de dichos documentos.

La mayoría de los propietarios de estas colecciones poseían empleos en el clero y la alta burocracia. Entre ellos había eminentes prelados diocesanos y humildes curas de provincia; virreyes, magistrados de las audiencias, oficiales de la administración fiscal y funcionarios del Santo Oficio. La lista comprende también algunos personajes curiosos, como un escribano condenado a muerte por deslealtad hacia el rey y un abogado herético, castigado por la Inquisición con la reconciliación pública en auto de fe y la pérdida de todos sus bienes, incluyendo su excelente biblioteca. Otro caso peculiar atañe al cacique indígena Milachami, que vivía en un remoto poblado andino del valle del Mantaro y dedicaba su tiempo libre a leer tratados místicos, crónicas de la historia de España y las comedias de Lope de Vega.

El último ítem de nuestro *registro de colecciones* (cf. *infra*) posee carácter excepcional. Se trata de la biblioteca perteneciente al convento de Nuestra Señora de la Almudena, en el Cuzco: la única que corresponde a una institución y no a un individuo, aunque su pequeña envergadura —184 volúmenes— contrasta con los extensos fondos librescos que solían tener las comunidades religiosas en América colonial.

Como ya lo mencionáramos, la historia del libro en Hispanoamérica puede ser emprendida desde, por lo menos, tres puntos de vista diferentes. Una perspectiva, que ha sido específicamente asumida en nuestro estudio, es la que enfatiza los factores ideológicos, considerando a los libros como un reflejo de la mentalidad colonial; su objeto de análisis es la difusión de ideas y textos europeos, especialmente por medio de inventarios de bibliotecas. Otra perspectiva complementaria sería la mercantil, concentrada en aspectos de la producción y circulación de los libros, procurando trazar las rutas que siguieron estos objetos desde los talleres de imprenta hasta las manos de los lectores. Un tercer punto de vista sería el tecnológico, interesado en el desarrollo de la tipografía, o sea en el proceso de recepción de los modelos europeos y de creación de métodos originales por parte de los impresores criollos.

Adicionalmente, sería conveniente explorar el impacto de los estudios académicos y las imágenes literarias de Europa tanto en la pintura colonial como en la literatura producida en las Indias. Es conocido el hecho de que los frescos de las iglesias se hallan generalmente cubiertos de referencias textuales. Aquí se encuentran, pues, caminos abiertos a los investigadores del futuro, que pueden contribuir a una interpretación global, más ajustada, del rol del libro en la cultura y la sociedad virreinales.

No existe para el área iberoamericana, hasta donde sepamos, ningún esfuerzo parecido al que ha realizado François Géal (1994) en su reciente tesis doctoral, donde se estudian las representaciones imaginarias de la biblioteca en la España de los siglos XVI y XVII. Estas configuraciones idealizantes poseen la virtud de relacionar los libros con una determinada jerarquía de los saberes y con el mantenimiento de la memoria colectiva; así se desprende, por ejemplo, de los tratados específicos sobre catalogación bibliográfica y de las evocaciones de bibliotecas que aparecen en textos literarios, políticos, autobiográficos, etc. Dicha novedosa línea de aproximación — divorciada de lo estrictamente "real histórico" — pasa por una deconstrucción de la epistemología y del mundo imaginario, en la cual se conjugan los objetivos de la estética, la antropología, la historia de las ideas, de las mentalidades, de los saberes y de las técnicas (Géal 1994: 5). He aquí un reto particularmente sugestivo, digno de ser tomado en cuenta en nuestra aproximación al fenómeno global del libro en las colonias del Nuevo Mundo.

La presente investigación podría ser complementada, de hecho, con otras fuentes de archivo y otras facetas del ambiente cultural de aquella época. Documentación de interés particular está representada por catálogos de tiendas de libros e inventarios de bibliotecas académicas y de comunidades religiosas; listas de propiedades confiscadas por la Inquisición; ordenanzas y programas de estudio de universidades y colegios; actas de exámenes, grados y oposiciones a cátedra; relaciones de méritos y servicios personales, entre otros. Sólo después de haber enfocado este amplio cuerpo de información será posible formular algunas afirmaciones definitivas sobre el influjo que ejerció la divulgación de libros e ideas europeos en el desarrollo social y cultural del virreinato del Perú (y de toda América hispana).

* * *

Los 25 ensayos que componen este libro vieron la luz originalmente entre 1983 y 1994, en diversas obras colectivas, revistas y periódicos del viejo y del nuevo continentes. Los mismos han sido ligeramente retocados y reestructurados frente a su versión original, con el propósito de formar un conjunto orgánico de aportes a la problemática en cuestión. En algunos casos se observará una inevitable repetición de puntos de vista y datos históricos, que resultaban sin embargo necesarios para la mejor comprensión de cada trabajo. El conjunto de aportaciones ha sido organizado en cuatro secciones fundamentales: (I) aproximaciones de conjunto a las bibliotecas particulares del Perú colonial; (II) monografías detalladas sobre algunas de las bibliotecas y su ambiente intelectual; (III) reseñas breves sobre otras bibliotecas y el ambiente intelectual; (IV) ensayos sobre el mercado de libros.

Los ocho inventarios de bibliotecas tratados en la sección II se encuentran minuciosamente expuestos en el apéndice documental de este volumen, donde se brindan las listas completas de los textos que integraban dichas colecciones, con la identificación de sus respectivos títulos, autores y señas editoriales. Para realizar esta identificación hemos consultado varios repertorios bibliográficos europeos y americanos, que permiten un conocimiento del material impreso en la época que analizamos. Entre tales repertorios hay que destacar especialmente los de Adams 1967, British Museum 1965-66, Catálogo Colectivo 1972-84,

Catalogue Général 1924-81, Medina 1898, 1904-07 y 1907-12, National Union
Catalog 1968-80, Palau y Dulcet 1948-76, Simón Díaz 1960 y Voet 1980-83
(cuyos respectivos datos aparecen en la bibliografía, al final del trabajo).

La procedencia bibliográfica original de los ensayos incluidos en este libro
es la siguiente:

1. *Bulletin Hispanique* [Bordeaux] 89: 1987, 55-84.

2. Bénassy-Berling, M.-C. y otros (eds.) 1993. *Langues et cultures en
   Amérique espagnole coloniale*. Paris: Presses de la Sorbonne Nouvelle,
   1993, 75-101.

3. Rose de Fuggle, Sonia (ed.). 1992. *Discurso colonial hispanoamericano*. Amsterdam/Atlanta, GA: Rodopi, 77-99.

4. *Fénix* [Lima] 28/29: 1983, 71-90.

5. *Revista Andina* [Cuzco] 10: 1987, 527-564.

6. *Anuario de Estudios Americanos* [Sevilla] 41: 1984, 143-193.

7. *Revista de Indias* [Madrid] 46: 1986, 385-402.

8. *Historia Mexicana* [México, DF] 142: 1986, 251-271.

9. *Investigaciones y Ensayos* [Buenos Aires] 36: 1987, 483-496.

10. *Atenea* [Concepción] 455: 1987, 237-251.

11. *Thesaurus* [Bogotá] 42: 1987, 337-361.

12. *El Comercio*, Lima, 15 de diciembre de 1987, A2.

13. *El Comercio*, Lima, 30 de junio de 1986, A2.

14. *El Comercio*, Lima, 6 de agosto de 1986, A2.

15. *El Comercio*, Lima, 18 de abril de 1986, A2.

16. *El Comercio*, Lima, 22 de junio de 1987, A2.

17. *El Comercio*, Lima, 11 de julio de 1986, A2.

18. *El Comercio*, Lima, 26 de enero de 1986, A2.

19. *El Comercio*, Lima, 22 de abril de 1988, A2.

20. *El Comercio*, Lima, 30 de marzo de 1994, A2.

21. *El Comercio*, Lima, 21 de marzo de 1989, A2.

22. *El Comercio*, Lima, 30 de enero de 1987, A2.

23. *Revista Histórica* [Lima] 34: 1983/84, 103-112.

24. *Fénix* [Lima] 28/29: 1983, 83-85.

25. *El Comercio*, Lima, 13 de enero de 1994, A2.

Registro de colecciones y siglas

1. **VAL (1542)**
   Biblioteca de Fray Vicente de Valverde, O.P., obispo del Cuzco, miembro de la expedición conquistadora del Perú. 178 volúmenes. Inventario de bienes, Lima, 1542.

2. **NAR (1545)**
   Biblioteca de Diego de Narváez, vecino del Cuzco, miembro de la expedición conquistadora del Perú. 30 volúmenes. Registro de embarque, Sevilla, 1545.

3. **RIQ (1548)**
   Biblioteca de Alonso Riquelme, tesorero de Nueva Castilla miembro de la expedición conquistadora del Perú. 15 volúmenes. Inventario de bienes, Lima, 1548.

4. **TEJ (1549)**
   Biblioteca del Dr. Lisón de Tejada, oidor de la Audiencia de Lima, muerto en camino a España. 22 volúmenes. Inventario de bienes, Lima, 1549.

5. **GAL (1554)**
   Biblioteca de Toribio Galíndez de la Riba, escribano público de Lima, ahorcado por traición a la Corona. 8 volúmenes. Inventario de bienes, Lima, 1554.

6. **ISA (1576)**
   Biblioteca de Francisco de Isásaga, encomendero de Carangas, miembro de la expedición conquistadora del Perú. 38 volúmenes. Inventario de bienes, Lima, 1576. [cf. Guibovich Pérez 1986]

7. **QUI (1576)**
   Biblioteca del Dr. Agustín Valenciano de Quiñones, abogado, encomendero de Camán, condenado por herejía ante la Inquisición. 354 volúmenes. Inventario de bienes, Cuzco, 1576.

8. **CUE (1581)**
   Biblioteca del Dr. Gregorio González de Cuenca, oidor de la Audiencia de Lima, luego presidente de la Audiencia de Santo Domingo. 349 volúmenes. Inventario de bienes, Santo Domingo, 1581.

9. **DAV (1582)**
   Biblioteca de Antonio Dávalos, tesorero de Nueva Castilla, de camino al Perú. 97 volúmenes. Registro de embarque, Sevilla, 1582.

10. CER (1583)
Biblioteca del Lic. Serván de Cerezuela, inquisidor de Lima, muerto en camino a España. 105 volúmenes. Inventario de bienes, Cartagena de Indias, 1583.

11. ENR (1583)
Biblioteca de Don Martín Enríquez, virrey de Nueva España, luego virrey del Perú. 70 volúmenes. Inventario de bienes, Lima, 1583.

12. ALC (1586)
Biblioteca del Lic. Juan Alcedo de la Rocha, fiscal de la Inquisición de Lima. 116 volúmenes. Inventario de bienes, Lima, 1586. [cf. González Sánchez 1990]

13. FER (1590)
Biblioteca del Lic. Cristóbal Ferrer de Ayala, fiscal de la Audiencia de Lima, luego oidor de la Audiencia de Quito. 266 volúmenes. Carta de venta, Lima, 1590. [cf. Eguiguren 1940-51, II: 287-291]

14. MAL (1591)
Biblioteca del P. Alonso de Torres Maldonado, cura y vicario de Leimebamba. 60 volúmenes. Inventario de bienes, Leimebamba, 1591.

15. MON (1594)
Biblioteca del Lic. Juan Bautista de Monzón, fiscal y luego oidor de la Audiencia de Lima, muerto en España. 46 volúmenes. Inventario de bienes, Madrid, 1594.

16. SOL (1606)
Biblioteca del Lic. Tomás de Solarana, fiscal de la Inquisición de Lima. 100 volúmenes. Inventario de bienes, Lima, 1606.

17. ORD (1611)
Biblioteca del Dr. Pedro Ordóñez Flórez, inquisidor de Lima, luego arzobispo de Bogotá. 208 volúmenes. Inventario de bienes, Lima, 1611. [cf. Guibovich Pérez 1989]

18. ARI (1614)
Biblioteca del Dr. Hernando Arias de Ugarte, obispo de Quito, luego arzobispo de Bogotá, de Charcas y de Lima. 640 volúmenes. Inventario de bienes, Lima, 1614.

19. GAR (1616)
Biblioteca del Inca Garcilaso de la Vega, mestizo cuzqueño, residente la
mayor parte de su vida en España. 200 volúmenes. Inventario de bienes,
Córdoba, 1616. [cf. Durand 1948]

20. MED (1635)
Biblioteca del Dr. Cipriano de Medina, abogado, catedrático de Dere-
cho canónico y rector de la Universidad de Lima. 746 volúmenes.
Inventario de bienes, Lima, 1635.

21. PER (1635)
Biblioteca de Manuel Bautista Peres, comerciante de origen portugués,
condenado por herejía ante la Inquisición. 155 volúmenes. Inventario de
bienes, Lima, 1635. [cf. Guibovich Pérez 1990]

22. HUR (1636)
Biblioteca del Dr. Juan Hurtado de Vera, canónigo de la catedral de
Lima. 691 volúmenes. Inventario de bienes, Lima, 1636.

23. DUR (1641)
Biblioteca de Fray Antonio Rodríguez Durán, O.S.A., lector en el
convento de San Agustín de Lima. 179 volúmenes. Carta de venta,
Lima, 1641. [AGN, Protocolo notarial de Cristóbal de Arauz, 1641,
fol. 302]

24. AVI (1648)
Biblioteca del Dr. Francisco de Avila, doctrinero y visitador de idola-
trías en Huarochirí, luego canónigo de las catedrales de Charcas y
Lima. 3.108 volúmenes. Inventario de bienes, Lima, 1648.

25. AVE (1656)
Biblioteca del Dr. Fernando de Avendaño, catedrático de teología,
arcediano de la catedral y juez calificador de la Inquisición de Lima.
750 volúmenes. Inventario de bienes, Lima, 1656. [cf. Guibovich Pérez
1993]

26. MIL (1662)
Biblioteca de Don Pedro Milachami, cacique principal de los cañaris de
Luringuanca. 16 volúmenes. Inventario de bienes, Concepción, 1662.

27. BRA (1670)
Biblioteca del Dr. Alonso Bravo de Paredes, catedrático en el Seminario
de San Antonio Abad, cura y vicario de Quiquijana. 258 volúmenes.
Inventario de bienes, Quiquijana, 1670. [cf. Cisneros y Guibovich 1982]

28. MOL (1673)
    Biblioteca del Dr. Manuel de Mollinedo y Angulo, obispo del Cuzco, de camino a su diócesis. 696 volúmenes. Inventario de bienes, Lima, 1673.

29. ALM (1698)
    Biblioteca del convento de Nuestra Señora de la Almudena, del Cuzco, entregado al poder de la congregación betlemita. 184 volúmenes. Inventario de bienes, Cuzco, 1698. [cf. Cisneros y Loayza 1955]

Siglas de archivos y bibliotecas consultados

AAC — Archivo Arzobispal del Cuzco
ADC — Archivo Departamental del Cuzco
AGI — Archivo General de Indias, Sevilla
AGN — Archivo General de la Nación, Lima
AHN — Archivo Histórico Nacional, Madrid
AHPM — Archivo Histórico de Protocolos de Madrid
AHPU — Archivo Histórico Provincial y Universitario,
Valladolid
AHRA — Archivo Histórico Riva-Agüero, Lima
ANZ — Archivo de la Notaría Zevallos, Huancayo
APS — Archivo de Protocolos de Sevilla
BNP — Biblioteca Nacional del Perú, Lima
BPR — Biblioteca del Palacio Real, Madrid
BRME — Biblioteca del Real Monasterio de El Escorial

I

APROXIMACIONES DE CONJUNTO

1) La difusión de libros e ideas en el mundo colonial: análisis de bibliotecas particulares (siglo XVI)

La historia de las mentalidades en la sociedad hispánica del Perú colonial es un tema que aún no ha sido suficientemente desarrollado, pues son pocos los investigadores que se han detenido a examinar la riqueza de las bibliotecas, el activo comercio libresco y otros aspectos de la densa cultura que hubo en aquella sociedad. Es cierto que una ponderación exacta del influjo de los libros significa inmensa tarea, que requiere dosis casi inagotables de paciencia y de conocimientos en diversos ramos del saber. Se trata de un esfuerzo tan grande que bien merece realizarse en equipo, a fin de determinar con certeza la repercusión de autores, corrientes ideológicas y avances científicos en la producción intelectual del virreinato (cf. Lohmann Villena 1971: 20). Entre las varias fuentes disponibles para rastrear la historia de las mentalidades se encuentran los inventarios de bibliotecas particulares, los cuales nos servirán en esta ocasión para exponer los libros e ideas que más circularon en el antiguo territorio incaico durante las décadas iniciales de la presencia española.

1. Sobre libros y bibliotecas en Hispanoamérica

Al lado de los programas de cursos universitarios o de los títulos de obras impresas en la propia América, el conjunto de materiales bibliográficos que circularon durante el coloniaje representa uno de los objetos de estudio más valiosos para aproximarse a la cultura de ese tiempo. Las series de libros importados, vendidos o poseídos en el Nuevo Mundo aportan unos datos excelentes (y cuantificables), que permiten calibrar el bagaje intelectual y las actitudes mentales de los colonizadores peninsulares y criollos (Solano 1985: 69-71). Son fuentes reveladoras de los escritores, géneros literarios o tendencias ideológicas que llamaban la atención de una sociedad donde la posesión de nutridas bibliotecas — era tanto por el elevado costo de los libros como por la dificultad en transportarlos — un privilegio abierto solamente a una minoría, a la elite que ocupaba los más altos puestos.

En tal sentido, no hay duda de que los inventarios de bibliotecas particulares constituyen fuentes de extraordinario valor para analizar la cultura de una sociedad como la del siglo XVI. Conforme es sabido, suelen ubicarse en los protocolos notariales, como parte de las escrituras que se hacían (de acuerdo a las formalidades de rigor) tras la muerte de algún personaje. Entonces, junto con los bienes raíces, el menaje doméstico, las alhajas o las cabezas de ganado y esclavos que poseía el difunto, es posible ubicar una lista detallada de los volúmenes que tenía en su hogar, libros que debían servirle para su entrenamiento profesional, para su comunicación con Dios o para mero entretenimiento.

La mayor o menor cantidad de libros que forman las bibliotecas privadas, así como el tipo de materias en ellas contenido, aportan naturalmente una información riquísima sobre las mentalidades de antaño. Aunque se trata de un elemento fragmentario respecto al conjunto social, es desde luego útil para recomponer los caracteres intelectuales del tiempo pasado. Con el objeto de superar esa deficiencia de alcance sociológico y armar una noción global sobre el fenómeno de la lectura, se requiere confrontar los inventarios de bibliotecas de gente diversa en una misma época o — mejor aún — cotejar series de múltiples inventarios en el marco de una ciudad o región determinada (Chevalier 1976: 38, 47).

Sin embargo, el manejo de tales documentos requiere de suma cautela, ya que son testimonios históricos que plantean muchos inconvenientes, según lo ha indicado con acierto Maxime Chevalier (1976: 41-43). Hay que considerar: 1) la falta de precisión en las anotaciones de los escribanos, que por carencia de suficiente instrucción tienden a resumir, traducir o alterar los nombres de autores y títulos de las obras; 2) muchos inventarios revelan únicamente los libros profesionales o de estudio, ignorando los textos de simple diversión que pudo haber manejado el personaje; 3) de igual modo que en la actualidad, no faltan los dueños de abundantes bibliotecas que habían leído muy poco o casi nada de los volúmenes que se alineaban en sus estantes; 4) la gente pudo haber leído otros textos que no figuran en los inventarios, bien porque los hubieran desechado antes de su muerte o porque fueran consultados a préstamo (en la biblioteca de alguna corporación gremial o religiosa).

¿Cuántos de los libros mencionados en los inventarios fueron realmente leídos, asimilados y ejercieron profunda influencia en la cultura de sus dueños? Es una cuestión de difícil respuesta, que sólo puede ensayarse en el caso de individuos que hayan dejado textos de su propia redacción, donde podría verificarse la repercusión intelectual de los volúmenes que tenían en su poder. Sea como sea, lo evidente es que aquellas relaciones bibliográficas proporcionan noticia acerca de libros que — fuera de toda duda — existieron y circularon en Hispanoamérica durante el período colonial, y es en tal virtud que dichos materiales constituyen ahora objeto de nuestro estudio. Somos conscientes de que una cabal historia de las mentalidades debería contemplar asimismo otras fuentes de información, susceptibles de ratificar o matizar los datos que surgen de los inventarios de bibliotecas: he aquí una tarea insoslayable para el futuro.

Para fijar la clase de público que tenía acceso a las piezas bibliográficas es necesario tomar en cuenta los precios que poseían los libros en el siglo XVI. No eran precisamente un objeto al alcance de todos los bolsillos, y menos lo eran en las lejanas colonias hispánicas de América, donde el valor de los impresos variaba según la distancia respecto a la metrópoli y según la riqueza económica de cada provincia (cf. Aulet Sastre 1946: 312). El espacio peruano, por cierto, contenía uno de los mercados librescos de más altos precios. Un temprano envío de libros con fines comerciales (que data de 1549)[1] revela que las partes de la *Suma teológica* de Santo Tomás costaban algo más que una espada; que las novelas de caballerías, que se contaban entre los textos más

---

[1]Ms. en AGN, Protocolo 160, fº 1219. Veáse el cap. 24, *infra*.

baratos, equivalían a tres pares de botines; y que un misal dominico valía tanto como un jubón...

Por lo tanto, es forzoso reconocer que nos movemos dentro de un ámbito selecto, privilegiado, de la sociedad perulera, que sólo implica a los estratos más distinguidos de la "república de españoles". Haciendo un análisis del público ilustrado que existía durante el Siglo de Oro, se ha afirmado que los consumidores de libros se reclutaban en España entre los siguientes grupos: el clero, la nobleza, los profesionales — funcionarios, catedráticos, letrados, notarios, médicos, arquitectos —, los mercaderes y una fracción de los artesanos y criados de mediana categoría. Aunque todos ellos eran capaces de leer y estudiar los textos, no siempre se hallaban en condiciones de adquirir buenas cantidades de material bibliográfico, debido a su elevado costo (Chevalier 1976: 20-24).

Poseer una biblioteca en aquella época era, pues, un privilegio de clase. En la centuria que tratamos, el fenómeno de la lectura representa la historia de una minoría social; pero debe advertirse que la difusión de la cultura — de igual modo que en los siglos anteriores a la imprenta y que en la moderna era de los medios de comunicación masiva — no estaba restringida únicamente a los libros, de suerte que no eran sólo los hombres alfabetos quienes aprovechaban las enseñanzas de las ciencias y las letras. La gente marginada de la cultura libresca se instruía a base de refranes, cuentos, romances, canciones, o bien en tertulias donde se leía en alta voz pasajes de alguna novela o comentario moral (*ibid.*: 19; Solano 1985: 69).

Roger Chartier (1987: 353-354), en su estudio sociológico sobre las lecturas en la Francia del antiguo régimen, afirma que lo escrito se hallaba en el seno mismo de la cultura analfabeta; estaba presente en los lugares de trabajo, en los espacios públicos, en los rituales festivos. Observa que debe entenderse como una sola la voluntad que trata de depurar los textos y las fiestas, las lecturas y las actitudes, los pensamientos y las conductas, en fin, todo cuanto pudiera ofender a la religión, la moral o la decencia.

El problema de los libros y las bibliotecas se plantea, conforme a lo que vemos, como algo fundamental para desentrañar el ámbito de las mentalidades en Hispanoamérica. Junto con los inventarios de bibliotecas, otras fuentes de semejante valor informativo son las listas de embarque que registraba la Casa de la Contratación en Sevilla, las cuales permiten asimismo examinar la divulgación de ideas políticas, conceptos estéticos, pensamientos filosóficos y avances científicos en el mundo indiano (cf. Solano 1985: 72; Lohmann Villena 1944: 228). A través de esas listas de obras importadas puede detectarse que los colonizadores estaban por lo general bien informados, se preocupaban de obtener las novedades bibliográficas que salían en Europa. Por ello, afirmar "que los hombres más ilustrados de América, durante la era colonial, carecían de los necesarios elementos de cultura, es negar la realidad de los hechos", según anota el erudito Torre Revello (1940: 132-133).

Al lado de las bibliotecas privadas que formaban para su instrucción o deleite los letrados, funcionarios u hombres comunes, sobresale la riqueza de los fondos bibliográficos en poder de instituciones, especialmente comunidades religiosas. Es sabido que los dirigentes del clero solían encargar la adquisición de grandes lotes de impresos en el viejo continente. De esta manera lograron reunirse en los conventos nutridas y valiosas bibliotecas, caracterizadas por el rigor en la selección de los títulos y por el afán de mantenerse al día; allí era posible tomar contacto con las corrientes ideológicas más avanzadas del universo cristiano (Lohmann Villena 1971: 21).

En fin, si toda biblioteca (ya sea de propiedad individual o institucional, antigua o moderna) refleja el espíritu de su dueño, esta verdad se acentúa mucho más referida a los tiempos pasados, por el sacrificio y empeño que demandaba la obtención de los textos. Más aún, la difusión del feliz invento de Gutenberg no alteró de inmediato la fe que tradicionalmente habían inspirado los libros en tanto que infalibles fuentes de sabiduría y testimonios de la verdad histórica. En la decimosexta centuria, la mayor parte de los impresos — aun relatos ficticios como las novelas de caballerías — habían perdido poco de su mística trascendencia y eran, por tanto, capaces de moldear firmemente el espíritu de sus lectores (cf. Leonard 1953: 39).

2. Características de la difusión cultural

Una corriente historiográfica basada en documentos de la legislación indiana e imbuida de un sentido antihispanista puso anteriormente en circulación la idea de que los siglos de dominio español representaron para las colonias de América un período de oscurantismo y atraso cultural, debido a las severas restricciones que existieron sobre lecturas e ideas[2]. Sucesivos hallazgos documentales, empero, han destruido esa falsa imagen; se comprueba que abundaron los libros, inclusive desde los primeros tramos de la Conquista, y que las obras formalmente prohibidas se expandieron sin demasiado problema por este continente, donde muchas de ellas aun se traducían e imprimían en la clandestinidad. Queda claro que en ése, como en tantos otros aspectos de la organización colonial, hubo un divorcio entre la legislación y la realidad (Millares Carlo 1970: 25-26). Las leyes se acataron, pero no se cumplieron...

En general, había tres clases de obras prohibidas de pasar a las Indias: a) textos de pura imaginación literaria, como las novelas de caballerías; b) libros considerados heréticos y comprendidos en los Indices del Santo Oficio; c) obras de carácter político opuestas al regalismo y contrarias a los intereses de la monarquía castellana. Una rigurosa censura pesaba sobre las crónicas que tocaban problemas americanos — la licitud del dominio ibérico —, por ejemplo, con el propósito de evitar críticas o discusiones que pudiesen alterar la tranquilidad interior de las colonias (Torre Revello 1940: 47; Friede 1959: 59-60).

---

[2]Cabe anotar, por ejemplo, la tesis de Barreda y Laos 1964: 106.

Pero la continuada repetición de normas legales de sentido prohibitorio, así como las evidencias de inventarios de bibliotecas y registros de embarque, demuestran que ese rígido esquema no se observó a cabalidad. ¿Cómo se explica la presencia en América de relatos de ficción y otros libros "perniciosos"?

Parece que la respuesta se halla en que los ministros de la Inquisición, oficialmente encargados de controlar la entrada y salida de todo impreso, dejaban libremente transitar a los libros que no estuvieran incluidos en los Indices o catálogos expurgatorios, sin tomar en cuenta que estuviesen comprendidos en otras disposiciones legales. Así pudieron circular diversas obras, en teoría prohibidas, que no ofendían excesivamente a la moral o la religión ni tampoco afectaban a la estabilidad de la monarquía (Millares Carlo 1970: 26). En tono rotundo, un profundo conocedor de la historia virreinal peruana como Guillermo Lohmann Villena (1971: 20) asienta que "lo real y verdadero es que de aquella legislación proscriptora se hizo tabla rasa al impulso de la avidez por la lectura de todo género de libros, incluidos precisamente aquellos sobre los cuales se extremaba el rigor censorio".

Numerosas cédulas emitidas en la Corte, desde los primeros decenios del siglo XVI, trataron de impedir la exportación de obras de ficción a las colonias americanas. Los documentos mencionan expresamente a los libros de *Amadís*, el más importante ciclo de novelas de caballerías, y aluden con repudio a otros textos similares "de materias profanas y fabulosas e historias fingidas". Es interesante destacar que, según lo admiten esas cédulas, el propósito fundamental de la Corona no era privar de deleite a los peninsulares y criollos, sino evitar que las piezas de literatura ligera llegasen a poder de los indígenas. Se temía que los nativos pudieran confundir la ficción (nociva) con los hechos (edificantes), lo cual estropearía el plan de su adoctrinamiento en la fe católica (cf. Leonard 1953: 80-83; Friede 1959: 48).

Con todo, se sabe que dichas novelas arribaron en grandes cantidades al Nuevo Mundo. Esas extravagantes narraciones de las hazañas de héroes militares en países exóticos impresionaban profundamente a los lectores que, en su mayoría, aceptaban sin crítica la veracidad de los relatos y se identificaban con los personajes, moldeando su conducta y mentalidad de acuerdo al ejemplo de ellos. Se estableció así una curiosa interacción entre lo imaginario y lo real. En tal virtud, Irving A. Leonard (1953: 36-37) ha procurado demostrar cómo el espíritu creado por esas "mentirosas historias" sirvió para activar la conquista de América, haciendo que miles de aventureros estuviesen dispuestos a viajar hacia tierras lejanas, animados por la curiosidad de experimentar maravillas semejantes a las que habían conocido a través de los libros; y más aún, añade el citado filólogo, las acciones de los conquistadores llegaron a superar en emoción y temeridad a las hazañas novelescas.

Bajo el reinado de Carlos V, las novelas de caballerías fueron el más popular de los géneros de ficción: gozaban de acogida en prácticamente todos los estratos sociales, desde los círculos del emperador hasta las moradas de humildes artesanos. Se ha afirmado que, mediante un sutil proceso, el idealismo y arrojo de los héroes caballerescos — modelos de perfecta honra y piedad inquebrantable — repercutieron en la sobrehumana energía de los conquistadores y de los místicos, unos poetas insuperables de la acción y otros poetas incomparables del espíritu[3].

Como si fuese una moneda de dos caras, el alma de los españoles quinientistas mostraba también una faz espiritual, piadosa, que les permitió acoger al humanismo cristiano de posición crítica frente a la religiosidad tradicional. Hubo una minoría selecta — eran sobre todo miembros del clero y gente de formación académica — que despreció las maravillosas ficciones de las novelas y optó, en cambio, por el ideal humanístico de sabiduría y piedad, que divulgó principalmente Erasmo. Trátase de una corriente de renovación espiritual, que propugnaba una moderación en las costumbres y un desapego de lo exterior, a fin de poder alcanzar una comunicación íntima, directa, con Dios. Marcel Bataillon (1950, II: 429-433) ha explicado cómo el erasmismo, movimiento cultural enriquecido en España con el aporte de los cristianos nuevos provenientes del judaísmo, impulsó una verdadera revolución religiosa, que poco más tarde sería frenada por la Contrarreforma, para la cual aquellas ideas resultaban demasiado audaces.

El humanismo de Erasmo, deseoso de fundar un cristianismo renovado, encontró terreno propicio para su implantación en las colonias de ultramar. Allí la labor evangelizadora de los frailes podría convertir en realidad sus postulados. De hecho, entre los colonizadores que pasaron a América hubo muchos que eran aficionados al pensamiento erasmiano, según lo prueban diversas menciones documentales; esos hombres hallaban buen alimento espiritual en las lecturas morales y devotas, comprometidas con la esencia de la persona humana (Bataillon 1950, II: 435-443). Y no sólo simpatizaban con el humanista de Rotterdam, sino también con el predicador sevillano Constantino Ponce de la Fuente, tachado de hereje, en quien bullía un evangelismo radical, utópico.

En general, los registros bibliográficos manifiestan que algo así como un 70% de los textos leídos en el Nuevo Mundo durante el siglo XVI eran de carácter religioso, ya fuesen comentarios morales, estudios teológicos o manuales litúrgicos (Leonard 1953: 99-100). Esta mayoritaria inclinación por la literatura ascética y doctrinal se comprende bien en virtud de las preocupaciones básicas del hombre quinientista. Lo que se buscaba era una respuesta para las inquietudes más hondas de la vida, como la satisfacción de los pecados, la justificación por la fe, la seguridad ante la muerte, la salvación del alma. Para ello se consultaban las Sagradas Escrituras y los tratados de graves autores, que figuran (como se verá más abajo) en los testimonios oriundos del Perú.

---

[3]Leonard 1953: 22 y Jones 1974: 91-93. Sobre el predominio de la ideología aristocrática en las novelas del Siglo de Oro, cf. Chevalier 1976: 29.

Queda por explicar, entonces, un margen de alrededor del 30% de las lecturas usuales en las colonias indianas. Dejando aparte a las obras puramente imaginativas — libros de caballerías y otros géneros de ficción, como la novela pastoril o la picaresca — es menester referirse a los textos de estudio científico. Aquella es una época en que se profundiza el sentido de la investigación de los hechos del pasado y se fomenta el desarrollo de una Historia verdaderamente docente, que busca explicar las motivaciones de los sucesos y trata de ofrecer consejos de prudencia política (García López 1973: 226). Tal historiografía es uno de los ramos del saber que se recomiendan en la preparación de los dirigentes gubernativos: la historia se concibe bajo la clásica forma de "maestra de la vida", como una manera de prolongar hacia atrás la propia experiencia, reforzando el conocimiento empírico adquirido por cuenta propia.

En cuanto a la formación que se consideraba indispensable para quienes pretendían desempeñar funciones públicas en el Siglo de Oro, hay que mencionar la decisiva contribución que ha brindado recientemente Mariluz Urquijo. Apunta este investigador que el Derecho (parte fundamental de los estudios universitarios) era tomado como el saber básico para los cargos vinculados a la administración de justicia y como un instrumento útil para el ejercicio de las tareas de gobierno. Sin embargo, había conciencia de que no bastaba un conocimiento puramente teórico del Derecho, pues era necesario complementarlo con el saber que brinda la experiencia. Gobernantes y tratadistas repetían a menudo el concepto de que la auténtica escuela del funcionario es el escritorio, o sea el continuo trato con los papeles y las personas, siguiendo el aserto de Torquemada de que la "experiencia vence a toda ciencia natural y especulativa" (Mariluz Urquijo 1984: 252, 259).

¿Cuál era el tipo de jurisprudencia vigente durante el período que enfocamos? Imperaba la escuela de "ambos Derechos" — el canónico y el civil —, representativa de la coexistencia de los poderes eclesiástico y regio; ambas ramas legislativas se complementaban, prestándose mutuamente autoridad y sacralidad. El sistema jurídico que formaron los compiladores, glosadores y comentaristas del Medioevo, ya firmemente delineado hacia el siglo XIV, se presentó como el más perfecto y con validez universal, como un verdadero *ius commune* de la cristiandad. Fue el sistema que se exponía en todos los centros universitarios de Europa, y más tarde la imprenta contribuyó a difundir con mayor amplitud sus textos (García Gallo 1975, I: 87-102).

La formación e irradiación del Derecho común representa, sin duda, uno de los fenómenos más trascendentes que se dieron en el orbe cristiano a lo largo de la baja Edad Media y el Renacimiento. Hay que entenderlo ante todo como un fenómeno cultural, que alcanzó extensa repercusión gracias a su fusión de elementos jurídicos, éticos y religiosos. Su influjo escapó en gran parte al control de las fuerzas políticas. Los juristas alineados en la escuela de "ambos Derechos" trataron de conformar la estructura legislativa de sus respectivos países a las normas generales de dicho sistema, con el propósito de facilitar las relaciones entre los pueblos cristianos.

Con el advenimiento de la Edad Moderna, ese sistema jurídico evoluciona mediante la aparición de nuevos rasgos, que ha señalado claramente Bartolomé Clavero (1979: 155-158). Surge una especialización por materias o ámbitos del Derecho, junto con una propensión al tratamiento monográfico de instituciones y problemas, una aproximación a capítulos específicos de los textos fundamentales de "ambos Derechos", una mayor atención sobre los asuntos de carácter mercantil y financiero y, en general, una particularización por reinos o territorios. Además, para garantizar la vigencia de los clásicos maestros de dicha escuela, se editaron obras compilatorias tales como índices, repertorios, diccionarios, antologías de sentencias y consejos, que apuntan a establecer un Derecho común "vulgar". Pero, inevitablemente, se plantea a partir del siglo XVI una divergencia entre el *mos italicus*, tendencia más afecta a la Escolástica medieval, y el *mos gallicus*, más permeable a la renovación cultural del humanismo.

Tales rasgos de la cultura libresca pueden apreciarse a través de las obras que circularon en el Perú en las primeras décadas del coloniaje. Al hacer un inventario de los títulos que mencionan los documentos, sorprende encontrar numerosos especímenes que fueron incluidos en los catálogos expurgatorios de la Suprema Inquisición (y de los cuales cabe recordar, especialmente, los de 1551, 1559 y 1583)[4]. Dichos catálogos mandaron prohibir la circulación de diversas Biblias, libros de horas y la mayor parte de la obras de Erasmo, del doctor Constantino y de fray Luis de Granada, las mismas que — pese a la censura oficial — resultaron bastante difundidas entre los vecinos perurelos. También hubo la orden de vedar el paso a diversos textos de San Juan de Avila, del cardenal Tomás de Vio, del cartujano Rickel y de los clásicos Pompeyo y Josefo; aunque, como veremos, la realidad discurrió por un camino diferente que el de la legislación...

3. Bibliotecas particulares en el Perú colonial

Las más antiguas referencias acerca de material bibliográfico en este país corresponden a la propia actuación de la hueste conquistadora dirigida por Pizarro. El único de los integrantes de la tropa que había cursado estudios superiores era el dominico fray Vicente de Valverde, consagrado obispo del Cuzco, quien al morir dejó una apreciable colección de más de 170 volúmenes; a él precisamente le tocó exponer el requerimiento a Atahualpa y entregarle un libro — tal vez una Biblia o un breviario — en la plaza de Cajamarca, antes de la captura del Inca. Consta que otros miembros del ejército pizarrista, como Diego de Narváez o Francisco de Isásaga, y aun el ladino tesorero Riquelme, poseían también sendas colecciones bibliográficas, destinadas a brindar recreo y estudio a sus momentos de ocio. Así se demuestra, pues, que "todos los

---

[4]Cf. Martínez de Bujanda 1984: 689-713 y 742.

conquistadores no eran analfabetos, ni menos lo eran sus hijos ni los ayos de éstos", según advierte Riva-Agüero (1962: 594).

La existencia de un público ávido de lecturas en las principales ciudades del virreinato, que formaban mayormente clérigos, juristas y estudiantes, llevó a algunos mercaderes a dedicarse al comercio libresco desde la primera mitad del siglo XVI. Parece que el negociante pionero de este ramo en la capital peruana fue Juan Antonio Musetti, un hombre oriundo de Medina del Campo que llegó en 1544, integrando el séquito del contador general Zárate. No están suficientemente claras las actividades mercantiles que realizó en Lima, mas no es descabellado suponer que vendería las mismas obras que su hermano Juan Pedro (librero y editor) publicada por entonces en Castilla, o sea el Ordenamiento de Montalvo y las poesías de Boscán y Garcilaso, entre otras[5].

Hay varias noticias posteriores sobre los negocios de comerciantes de libros, que solían encargar la adquisición de dichas mercaderías en España y las distribuían luego por diferentes ciudades del Perú; noticias que ha recogido el investigador Pedro Guibovich en un valioso artículo reciente (1984-85: 85-88). Especialmente conocida es la actividad de Francisco Butrón, poseedor de una de las mayores tiendas de libros en Lima a finales de la centuria que nos interesa. Por otra parte, es digno recordar el trabajo que llevó a cabo el impresor turinés Antonio Ricardo, establecido en la metrópoli del Rímac desde los años de 1580, y al cual se deben los primeros libros editados en América del Sur (Medina 1904-07, I: xxvi-xxx).

Grande es la diversidad de obras que se leían por ese tiempo en el viejo país de los incas. Ya otros historiadores se han ocupado de analizar el influjo que ejercieron las novelas de caballerías, en cuya popularidad se aprecia una merma paulatina, a causa del desengaño que sufrieron los conquistadores al comprobar que la realidad no estaba a la altura de los sueños que los habían empujado a la aventura... (Leonard 1953: 75). Se han observado, asimismo, las huellas que dejó el humanismo reformista de origen erasmiano y se han acumulado datos sobre la presencia de libros de fray Luis de Granada, que revelan el interés existente en el Perú por los tratados ascéticos y de depuración espiritual del ilustre teólogo dominico (cf. Rivara de Tuesta 1970: 30-32; Miró Quesada 1982a: 18-19). A manera de complemento, sería útil comparar las evidencias documentales de este país con lo que se ha investigado sobre materias similares en otros territorios, como por ejemplo el virreinato de México (caso para el cual se ha estudiado de forma sistemática una serie de registros de embarque de la Casa de Contratación)[6].

El análisis que enseguida presentamos se basa en un grupo de 14 colecciones bibliográficas particulares que han sido examinadas y publicadas durante los últimos años. Se trata de las bibliotecas siguientes:

---

[5]Véase el cap. 23, *infra*.
[6]Cf. Kropfinger-von Kügelgen 1973.

VAL (1542)	CUE (1581)
NAR (1545)	DAV (1582)
RIQ (1548)	CER (1583)
TEJ (1549)	ENR (1583)
GAL (1554)	FER (1590)
ISA (1576)	MAL (1591)
QUI (1576)	MON (1594)

Nos hallamos, pues, ante un variado grupo de hombres con inclinación hacia el cultivo de las letras: soldados de la hueste conquistadora, individuos del clero regular y secular, funcionarios del ramo hacendístico, magistrados de las audiencias indianas, un virrey, un inquisidor, un letrado acusado de hereje, un escribano rebelde. La cortedad de las bibliotecas más antiguas se explica, naturalmente, por las dificultades de transporte en aquellos lustros de primitivo asentamiento y por la falta de sosiego reinante a causa de las guerras civiles. Más tarde, la afirmación del dominio colonial permitirá instalar nutridas colecciones bibliográficas, que estarán en manos de un público con amplia cultura y con inquietud por acceder a las corrientes ideológicas más novedosas de su época. De esa serie de bibliotecas particulares extraemos los datos para componer nuestro ensayo de síntesis sobre los libros, autores e ideas que circularon en el Perú quinientista.

4. Aficiones intelectuales: ensayo de síntesis

Partiendo de una base cuantitativa, montada sobre las evidencias que suministran los inventarios de bibliotecas y registros de embarque hasta ahora estudiados, tratamos de diseñar un cuadro de las obras más difundidas o leídas en el Perú del siglo XVI. Frente a la realidad que se advierte en otros territorios hispanoamericanos y frente a las observaciones hechas por anteriores investigadores del tema, sorprende constatar la supremacía que disfrutaron los estudios de jurisprudencia, orientados según la doctrina del Derecho común. Quizá pueda explicarse este fenómeno por la abundancia de títulos que poseen las bibliotecas de juristas (que son por lo menos cinco en nuestra serie), y así es natural que se repitan los textos jurídicos, pues virtualmente todos los hombres de leyes poseían entonces la misma formación. En general, los comentarios expuestos en las líneas siguientes se ordenan conforme a tres áreas temáticas: jurisprudencia, religión, humanidades y otras materias.

A. Jurisprudencia

Para empezar, hallamos sendas colecciones de los textos fundamentales de Derecho canónico y civil. Como es sabido, el *corpus juris canonici* — obra de variable envergadura — incluía el Decreto de Graciano, los cinco libros de Decretales compilados por San Raimundo de Peñafort, el libro sexto de esta misma serie, las constituciones de Clemente V, entre otros textos. Por su lado, el *corpus juris civilis* comprendía cinco partes bien diferenciadas: el Digesto viejo, el Infortiatum, el Digesto nuevo, los primeros nueve libros del Código y el misceláneo tomo llamado el Volumen, en que se ubicaban los últimos tres libros del Código, la Instituta y las Auténticas o nuevas constituciones de Justiniano, junto con algunas leyes del derecho feudal (cf. García Gallo 1975, I: 458-460 y 463-465).

Aquellas normas legislativas sirvieron de base para desarrollar la escuela del Derecho común. Esta fue construida por obra de los compiladores, glosadores y comentaristas medievales, que se aplicaron a estudiar los textos fundamentales de ambas ramas en unos voluminosos códices, los cuales — llevados más tarde a la imprenta — formarían el núcleo de toda biblioteca jurídica durante el período que enfocamos. En cuanto a Derecho canónico, las colecciones de vecinos peruleros incluyen los comentarios del maestro Baldo de Ubaldi, del papa Inocencio IV, del abad panormitano Nicolás de Tudeschi y del obispo Felino María Sandeo en torno a las Decretales; las glosas de Giovanni d'Andrea, Filippo de Franchi, Pietro d'Ancarano y Domenico de San Gemignano sobre el libro sexto de dicha serie; la lectura del arcediano Guido de Baisio acerca del Decreto y la del cardenal Francesco Zabarella sobre el tomo de Clementinas. Notamos, pues, un claro predominio de los jurisconsultos itálicos, ligados particularmente al foco universitario de Bolonia.

Similares rasgos se observan en el conjunto de obras dedicadas a examinar los textos del *corpus juris civilis*, algunas de las cuales son tan gruesas que llegan a ocupar hasta diez volúmenes. Hay que mencionar en primer término la reiterada presencia de Bártolo de Sassoferrato, el jefe de la escuela de los comentaristas, que representa la figura central en el Derecho de la Edad Media[7]. Las obras de este autor (los "bártulos", en el sentido original de la palabra) se encuentran acompañadas de los comentarios generales de otros civilistas como Baldo, Cino de Pistoia, Paulo de Castro y el más moderno Jasón de Maino. Existen asimismo referencias que certifican la divulgación de Andrea d'Isernia y del propio Baldo, con sus exámenes sobre los libros de feudos; del boloñés Bartolomeo Saliceto, que trata sobre el Código; del perusino Pier Filippo Corneo, que analiza el libro sexto del Código; de Joannes de Platea, quien estudia los tres últimos libros del Código; de Angelo de Ubaldi, comentarista de la Instituta. Por añadidura, el caballero francés Faure de Roussines, jurisconsulto de la primera mitad del XIV, aporta un par de tratados sobre esas mismas materias.

Uno de los aspectos que tipifican la modernización del Derecho común en el quinientos es la propensión a estudiar títulos o leyes específicas de los textos fundamentales canónicos y civiles. Abundan en nuestro terreno de investigación los comentarios relativos a partes concretas del Código y el Digesto. Maino se ocupa del título *de actionibus* y el milanés Decio enfoca el *de regulis juris*. El

---

[7] Sus comentarios de Derecho civil se encuentran en las bibliotecas de TEJ (1549), QUI (1576), CUE (1581) y FER (1590), todos ellos juristas.

francés André Tiraqueau trata la ley *Si unquam* (sobre revocación de donaciones), el castellano Rodrigo Suárez la ley *Quoniam* (sobre testamentos) y el lusitano Manoel da Costa la ley *Gallus* (sobre legados póstumos).

Además, otros rasgos característicos de la modernidad son el tratamiento monográfico de problemas y el análisis de la legislación particular de determinados territorios. Esto se corrobora mediante los inventarios de bibliotecas, que manifiestan la circulación de libros en que Matteo de Afflitto comenta las leyes del reino de Sicilia y las resoluciones del consejo de Nápoles, Barthelemy de Chasseneux las costumbres del ducado de Borgoña, Nicolás Bohier la obra legislativa del senado de Burdeos, Guy Pape las sentencias del parlamento del Delfinado, etc. Otra corriente de jurisconsultos se encarga de investigar materias importantes en aquel tiempo: los beneficios (Baron), los maleficios (Gambilioni), las penas legales (Tiraqueau), el orden judiciario (Maranta), los crímenes de lesa majestad (Giganti), el método de estudio civilista (Gribaldi).

Las *practicas* eran obras en que los hombres de leyes volcaban con fines didácticos su experiencia en el campo jurisprudencial o forense, y las *consilia* eran recopilaciones de sentencias de tratadistas famosos sobre asuntos diversos. De ambos géneros, que corresponden al propósito de vulgarizar las enseñanzas del Derecho común, aparecen numerosas muestras en la documentación. Por ejemplo, el obispo francés Guillermo Durand figura con su divulgado *Speculum juris*, una especie de catálogo de instrucciones relativas al procedimiento judicial[8]; a su lado hallamos la práctica del protonotario apostólico Andrea Alciati, la del catedrático salernitano Roberto Maranta, la de Lanfranco da Oriano y la de Giampietro Ferrari. Hay sitio igualmente para una larga serie de consejos de maestros italianos, la mayoría de ellos vinculados a la escuela de Bolonia, y entre los cuales cabe destacar a Oldrado da Ponte, Alessandro Tartagna, Ippoliti de Marsili, el romano Lodovico Gozzadini, Mariano Socini, Bartolomeo Cepolla y el aretino Francesco Accolti.

Algunos otros profesionales del Derecho merecieron el honor de que sus obras completas fuesen reunidas y dadas a publicidad, con la buena fortuna de que llegaran hasta las colonias hispanas de América. Tal es el caso del célebre jurisconsulto Alciati, ya anteriormente mencionado, el cual ejerció cátedra en diferentes universidades de Francia e Italia. Similar condición pertenece al humanista alemán Ulrico Zasius, que fue catedrático en Friburgo, al inquisidor piamontés Paris de Puteo, al parlamentario tolosano Juan de Coras (quien abrazó el protestantismo) y al salmantino Rodrigo Suárez, que se desempeñó como oidor de la chancillería de Valladolid; todos ellos figuran en los repertorios bibliográficos que hemos analizado.

Dentro del ordenamiento legislativo de Hispanoamérica eran muy importantes las normas dictadas en la metrópoli, ya que para todo asunto que no estuvie-

---

[8]Se lo encuentra en bibliotecas de juristas como las de TEJ (1549), QUI (1576), CUE (1581) y FER (1590).

ra directamente contemplado en la legislación indiana gozaba de plena validez el Derecho castellano, y es así que debe explicarse la repetida presencia de textos fundamentales de la jurisprudencia ibérica en el Perú. Abunda sobre todo la Nueva Recopilación, promulgada en 1567 por Felipe II, que era el más reciente de los instrumentos oficiales de índole compilatoria[9]; figuran también las siete Partidas y el Fuero Real de la época de Alfonso el Sabio (mediados del siglo XIII), que fueron dictados con la intención de unificar la estructura legal en los dominios de Castilla; se halla el Ordenamiento Real elaborado por el doctor Díaz de Montalvo, ilustre consejero de los Reyes Católicos. Existen igualmente otros libros de consulta bastante usual, como un repertorio de pragmáticas, una recopilación de leyes, pragmáticas y bulas concernientes a España y el popular *Repertorio de las leyes de todos los reinos de Castilla*, formado por el jurisperito de origen itálico Hugo de Celso. Una colección de ordenanzas de la chancillería de Granada, además, debía servir de modelo para la administración judicial en la audiencia de Lima.

Imitando el sistema que valió para desarrollar el Derecho común, aquellas normas fundamentales de legislación merecieron en España los comentarios de eruditos juristas, que eran en su mayoría catedráticos, magistrados o consejeros reales. Mencionaremos el análisis del ya citado Díaz de Montalvo en torno al Fuero Real, el examen del licenciado Gregorio López, oidor del consejo de Indias, sobre las Partidas y la lectura del doctor Diego Pérez de Salamanca acerca del Ordenamiento Real. Pero el corpus que generó mayor cantidad de estudios fue el de las leyes de Toro, de 1505: cabe hacer referencia a los comentarios del alcarreño Diego del Castillo, del consejero López de Palacios Rubios, del maestro salmantino Antonio Gómez, de Miguel de Cifuentes, de Fernando Gómez Arias y de Tello Fernández Messía.

La Edad de Oro de la civilización hispánica, bien conocida en el campo de las letras, bien visible en el aspecto político, tocó igualmente al ámbito de la jurisprudencia. Una extensa lista podría formarse con los tratados de autores españoles que abordan con penetrante lucidez temas jurídicos concretos. Para dar una idea de la riqueza de este género, nos limitaremos a citar las siguientes obras: la reflexión de fray Domingo de Soto, el sabio dominico, sobre justicia y derecho; el epítome de delitos de Plaza y Moraza; las notas del obispo Luis Gómez acerca de las reglas de cancillería; los comentarios de Avilés y Núñez de Avendaño respecto a la administración de los corregidores; la monografía de Arce de Otárola sobre el estatuto nobiliario; la *práctica criminal canónica* del consejero y obispo Díaz de Lugo; la *práctica civil y criminal* de Gabriel de Monterroso; el tratado del doctor Juan de Medina, catedrático de Alcalá, en torno a restituciones y contratos; el análisis de la institución matrimonial por el agustino Alonso de la Veracruz, etc.

---

[9] Se lo ubica en las bibliotecas privadas de QUI (1576), CUE (1581), ENR (1583), FER (1590) y MON (1594).

Por último, las bibliotecas privadas del siglo XVI comprenden una amplias recopilaciones de estudios jurídicos, obras bien voluminosas en que se reunían los dictámenes de hombres de leyes ilustres sobre diferentes materias. Hemos ubicado una serie de "tratados de los doctores", junto con una colección de "repeticiones" o lecciones sobre Derecho civil y otra que se titula *Singularia doctorum*. Además, era habitual el manejo de compilaciones de sentencias de determinados tribunales, como la Sacra Rota o la capilla de Tolosa, que marcaban pautas para la resolución de litigios en el universo cristiano.

B. Religión

Un importante rubro de las obras más difundidas en el virreinato peruano está formado por escritos religiosos, hecho que se entiende debido a que los dogmas de la Iglesia y las enseñanzas básicas de la moral cristiana estaban en el fondo de virtualmente todos los aspectos de la vida intelectual. Como es fácil presumir, la Biblia es una de las piezas que aparecen con más frecuencia en los inventarios[10]; a su lado suelen figurar unas *concordantiae*, instrumento muy utilizado en aquella época para facilitar el manejo de la Sagrada Escritura. Hay varias exégesis sobre partes específicas de uno y otro Testamento, como la interpretación de San Agustín y la del capuchino flamenco Titelman acerca de los Salmos, la lectura moral de San Gregorio el Magno (monje benedictino y papa de finales del siglo VI) en torno al libro de Job y los comentarios del apologista germano Wild, predicador de la catedral de Maguncia, sobre la parábola del hijo pródigo.

En cuanto a materiales litúrgicos, existe reiterada mención de breviarios, misales y libros de horas. Más de una vez queda especificado que se trata de textos del "nuevo rezado", vale decir, acordes a las normas contrarreformistas emanadas del concilio de Trento, y de aquí es sencillo deducir que serían volúmenes impresos en los talleres del prototipógrafo del reino, Cristóbal Plantin, establecido en Amberes. Varios documentos anotan la presencia de un "libro para rezar el oficio divino", denominación genérica que parece comprender a manuales con instrucciones relativas a la liturgia. Más significativa es la constancia de que fue bastante divulgado el tomo con los cánones y decretos conciliares de Trento, resultado de la asamblea ecuménica que fijó las normas de actuación de la grey católica durante la Edad Moderna[11].

Tomás de Aquino, el doctor angélico, representa el auténtico manantial del pensamiento religioso que se extendió por el mundo ibérico e hispanoamericano en la época que tratamos; no sorprende, pues, registrar documentalmente a la *Suma teológica*, cabal expresión de la ortodoxia católica, y a la complementaria

---

[10]Se halla, en uno o más ejemplares, dentro de las bibliotecas de QUI (1576), CUE (1581), ENR (1583), MAL (1591) y MON (1594).

[11]Se lo ubica en las bibliotecas privadas de QUI (1576), CER (1583), ENR (1583) y MAL (1591).

Suma contra gentiles. Su modelo de tratamiento de los problemas espirituales fue imitado en las centurias siguientes por numerosos autores, identificados con la corriente escolástico-tomista, que publicaron sus respectivas "sumas". Entre las más leídas hay que señalar a la del beato franciscano Angel de Clavasio, la del dominico piamontés Silvestre de Prierio, la del obispo gaetano Tomás de Vio y la del catedrático coimbricense Juan de Pedraza, que se hallan en varias bibliotecas privadas del Perú[12]. Asimismo, es pertinente indicar la resonancia que gozaron los comentarios de fray Domingo de Soto al cuarto libro de las Sentencias del maestro Pedro Lombardo, otra figura de notable influjo en el ambiente teológico de la Escolástica.

Interesante es la serie de tratados canónicos y ascéticos que ubicamos. Puede decirse que encabeza la lista fray Luis de Granada, el pensador dominico cuyas meditaciones incitaban a la reforma de la vida espiritual, quien aporta a nuestro elenco su *Guía de pecadores* y su traducción del *Contemptus mundi* del monje alemán Kempis (cf. Jones 1974: 127-129). Por su parte, el obispo Diego de Simancas (maestro de Carlos V) ofrece sus estudios sobre heréticos y sobre instituciones católicas; el franciscano Alfonso de Castro examina las puniciones contra herejes; Azpilcueta, el célebre doctor Navarro, brinda su manual para confesores y penitentes; el discutido arzobispo Carranza de Miranda, hereje condenado, rastrea la historia de los concilios; el franciscano Estella denuncia las vanidades del mundo; y el sacerdote catalán Ramón Sabunde, en su *Theologia naturalis*, propone la contemplación de la naturaleza como vía para descubrir el mensaje del Evangelio.

Una obra curiosa es el *Malleus maleficarum* del inquisidor Sprengel, que contiene valiosas informaciones sobre las prácticas de brujería en la Alemania del siglo XV. Adicionalmente, el grupo de textos de materia religiosa se completa con las epístolas de San Jerónimo, con las elocuentes homilías de San Juan Crisóstomo, patriarca de Constantinopla, con la historia de la reina de Saba narrada por el beato agustino Alonso de Orozco, con el *Flos sanctorum* o catálogo de las vidas de Santos y con un par de vocabularios eclesiásticos.

C. Humanidades y otras materias

El humanismo del Renacimiento supone, como es de sobra conocido, una aproximación a las obras clásicas de la antigüedad griega y romana, un tiempo "dorado" del cual se pretendía recoger su sabiduría y su elegancia literaria. Por lo que atañe al mundo de la Hélade, ubicamos las obras filosóficas de Platón junto con la *Biblioteca histórica* de Diodoro Sículo, las famosas vidas paralelas de Plutarco y la compilación de textos antiguos ("tesauro de los griegos")

---

[12]Sorprende constatar que la *summa sylvestrina* del dominico Prierio es la obra más difundida de todas cuantas aparecen en los documentos que hemos estudiado. Figura en los inventarios de las bibliotecas de QUI (1576), CUE (1581), ENR (1583), FER (1590), MAL (1591) y MON (1594).

realizada por Juan Estobeo. Más extensa es la relación de autores pertenecientes a la cultura latina, donde hay que realzar las *Metamorfosis* de Ovidio, los estudios lingüísticos y políticos de Cicerón, los poemas de Virgilio, las comedias de Terencio, el relato de las *Noches áticas* de Aulo Gelio, las décadas con la historia de Roma de Tito Livio, las historias de asuntos judaicos de Flavio Josefo y la historia de Macedonia trazada por Trogo Pompeyo, de la que únicamente subsiste el extracto que hiciera Justino. Esta múltiple presencia de lo clásico ratifica el vigor con que se desarrolló la tendencia renacentista tanto en el viejo como en el nuevo continente.

Tan importante como ese movimiento de retorno a la sabiduría antigua es la floración de tratados y manuales humanísticos, testimonio de la intelectualidad europea del XVI. Nebrija, ciertamente el autor más difundido en Hispanoamérica durante la era colonial[13], aporta su vocabulario de "ambos Derechos", su diccionario latino-español y su arte o gramática de la lengua de Cicerón; el príncipe de los humanistas, Erasmo de Rotterdam, ejerce profunda influencia a través de su *Enchiridion* o manual del caballero cristiano, de sus adagios y otros libros menores; Constantino Ponce de la Fuente, el ilustre y vituperado predicador sevillano, se alinea en la misma corriente del humanismo reformista mediante la *Suma de doctrina cristiana*; el prelado franciscano Antonio de Guevara figura con el libro denominado *Monte Calvario* y con sus populares epístolas, llenas de pintoresca erudición y afectada prosa[14]; el monje Ambrosio Calepino es mencionado repetidamente con su *Dictionarium*, una suerte de enciclopedia en varios idiomas. Hay también referencias a obras de Juan Luis Vives y del humanista siciliano Lucio Marineo.

En cuanto al género didáctico-moralizante, los documentos anotan la presencia de *El cortesano*, tratado en que el conde Castiglione expone las enseñanzas adquiridas a lo largo de su carrera diplomática, y a su lado se ubican los "emblemas" o sentencias morales del jurisconsulto Alciati y los *Elogios de caballeros antiguos y modernos* del obispo lombardo Paolo Giovio. Similar inclinación educativa se aprecia en los estudios de historia. Debemos mencionar señaladamente la historia pontifical del clérigo Gonzalo de Illescas, en la cual se contienen —según reza la portada— "las vidas y hechos de todos los summos pontífices romanos"[15]; la historia de los Césares redactada por el latinista sevillano Pedro Mejía; la crónica general de España (hecha por mandato regio), cuyos primeros libros dio a publicidad el canónigo zamorano Florián de Ocam-

---

[13]Tomamos la afirmación de un investigador tan versado en estas materias como Torre Revello 1940: 207.

[14]El *Monte Calvario* se ubica en las bibliotecas privadas de NAR (1545), DAV (1582), MAL (1591) y MON (1594).

[15]Se lo encuentra en las bibliotecas de ISA (1576), CUE (1581), DAV (1582) y MON (1594).

po; la crónica de Hernando del Pulgar sobre los Reyes Católicos; y el compendio histórico que elaboró el genealogista Garibay y Zamalloa.

La literatura castellana del Siglo de Oro también está representada en los inventarios de bibliotecas que hemos analizado. Gran acogida merecieron las obras de Garcilaso de la Vega, el valeroso militar toledano, que imitó la métrica petrarquista para componer una poesía de notable calidad retórica y léxica, muy rica en lenguaje y color (cf. Jones 1974: 63). Asimismo, fueron objeto de constante lectura los proverbios del marqués de Santillana, destinados a la instrucción moral del infante Enrique, y las coplas de don Jorge Manrique (otro aristócrata del siglo XV) a la muerte de su padre, en que es admirable la compenetración del propio dolor individual con el sentimiento humano universal. Profusamente circuló la tragicomedia de Calisto y Melibea, la archifamosa *Celestina* del bachiller Fernando de Rojas, que significa un vívido retrato de los devaneos amorosos en la sociedad hispánica de aquel tiempo. Y las novelas de caballerías — en teoría prohibidas de ingresar al Perú — se manifiestan especialmente a través de la historia de los "invictos y magnánimos caballeros", príncipes de la fabulosa tierra de Trapisonda, llamados don Cristalián y el infante Luzescanio; relato de aventuras guerreras y sentimentales que se atribuye a la dama vallisoletana Beatriz Bernal.

Finalmente, aparecen un par de títulos referidos a una disciplina práctica de enorme valor: la medicina. Se leía con asiduidad la *Historia medicinal* del doctor Monardes, sevillano, que fue uno de los primeros en considerar los aportes de la naturaleza americana a la ciencia de Galeno. También hay alusión a ciertos "libros de albeitería", cuya paternidad no es fácil de determinar con certeza; de todas formas, debe comprenderse este interés de los vecinos peruleros por los tratados de veterinaria en razón de la importancia que entonces poseían los animales (caballos o mulas) como vehículos de transporte y como bienes de costosa inversión.

Los comentarios sobre autores, libros y campos intelectuales que aquí hemos efectuado no son más que el resultado de una operación estadística sobre los datos que ofrecen listas de embarque e inventarios de bibliotecas particulares en el Perú del siglo XVI. Pese a las limitaciones informativas que suponen dichas fuentes, quedamos enterados de las obras que más circularon, de los textos que realmente existieron en el virreinato durante las primeras décadas de dominio español. Dejando a un lado los materiales bibliográficos ya anotados, ¿qué ausencias importantes pueden advertirse dentro de ese conjunto de títulos? Llama sobre todo nuestra atención la escasez de crónicas o estudios concernientes a la realidad americana, a sus orígenes precolombinos, a sus pobladores, a sus lenguas y costumbres, a sus recursos naturales, lo cual parece denotar que los colonos indianos empleaban los libros básicamente como un instrumento para mantenerse en contacto con los ambientes cultos de Europa.

En efecto, la cultura libresca desarrollada en el Perú muestra una directa sintonía con las corrientes ideológicas que por el mismo tiempo se divulgaban en el continente europeo. Los tratados religiosos escolástico-tomistas, las modernas tendencias del Derecho común y las más sugestivas obras del humanismo renacentista gozaron de amplia acogida en el virreinato, a pesar de las trabas oficialmente impuestas para controlar la difusión de ideas. Podemos afirmar, en consecuencia, que hubo una profunda curiosidad intelectual y una notable apertura ideológica en el manejo de los libros a lo largo de la época quinientista en este territorio.

Quizás puedan afinarse o matizarse tales impresiones primigenias a base de nuevos trabajos de investigación, aumentando la serie de inventarios de bibliotecas disponibles y extendiendo el universo de datos mediante el empleo de otras fuentes complementarias. Así podrá calarse con más hondura en el complejo terreno de la historia de las mentalidades del Perú colonial.

2) Lexicografía y cultura: diccionarios de lenguas europeas e indígenas en las bibliotecas del Perú

Inventarios de bibliotecas particulares y registros de mercaderes de libros son un par de los testimonios más confiables para rastrear la presencia y difusión de corrientes intelectuales en Hispanoamérica colonial. Haciendo uso de dichos testimonios, en la presente contribución nos proponemos analizar el influjo que ejercieron los instrumentos lexicográficos — diccionarios, glosarios y primitivas enciclopedias — en la cultura urbana del virreinato del Perú, durante los siglos XVI y XVII. Los documentos revelan la existencia de vocabularios multilingües y glosarios especializados en teología, jurisprudencia o literatura, así como de diccionarios en lengua latina, griega, italiana, portuguesa, quechua, náhuatl y, desde luego, castellana. Se observa, pues, que los idiomas nativos americanos atraen, junto a las lenguas clásicas y vernáculas de Europa, el interés de los evangelizadores y los pobladores hispánicos más cultos del virreinato.

Dieciocho inventarios de bibliotecas particulares y siete registros de merca-deres de libros, algunos ya publicados, otros todavía inéditos, forman la base documental de nuestro estudio. Las referencias a obras lexicográficas darán ocasión para inspeccionar el trasfondo ideológico y social de la cultura libresca desarrollada en los núcleos urbanos del Perú colonial. Por esta vía trataremos de responder algunas cuestiones fundamentales en torno a la cualidad lingüística de los primigenios lexicógrafos del Renacimiento, la utilización de los dicciona-rios entre los burócratas, juristas y clérigos y la medida en que dichos ins-trumentos sirvieron para modelar el bagaje intelectual de los colonizadores ibéricos.

1. Los diccionarios y su lugar en la cultura del Renacimiento

Muchos autores han enfatizado con acierto las penalidades que supone la tarea lexicográfica en general: el humanista Giulio Cesare Scaligero, por ejemplo, advertía en el siglo XVI que los peores criminales no deberían ser ejecutados ni sentenciados a trabajos forzados, sino condenados a compilar diccionarios, por lo tortuoso de esta labor... (cf. Zgusta 1971: 15). El lexicógrafo está llamado a realizar una tarea minuciosa y a la vez sintética, una especie de "síntesis significante", que tome en consideración tanto la estructura global de la lengua en cuestión como todos los aspectos culturales de la respectiva comunidad lingüística. Por su relación inmediata con la sociedad circundante, los diccionarios constituyen — según la definición de C.C. Berg — listas sistemáticamente organizadas de formas lingüísticas socializadas[1].

---

[1]La definición literal de Berg reza así: "A dictionary is a systematically arranged list of socialized linguistic forms compiled from the speech-habits of a given speech-community and commented on by the author in such a way that the qualified reader understands the meaning [...] of each separate form and is informed of the relevant facts concerning the function of that form in its community" (*apud* Zgusta 1971: 197).

Una de las mayores dificultades para el trabajo lexicográfico proviene de la movilidad e informidad propias de la lengua; puesto que las situaciones lingüísticas que reflejan los diccionarios se hallan en continuo movimiento, todo repertorio léxico viene a estar ligado a un momento o época precisa, sujeto al ritmo de la evolución social e intelectual. Así es posible diseñar a través de la historia una suerte de "filosofía" o espíritu de la confección de diccionarios y una "sociología" de la difusión de las obras lexicográficas. Los vocabularios y enciclopedias entran plenamente en el campo de estudio de la historia de las ideas, de las mentalidades. Se trata de objetos culturales, testimonios de una civilización determinada (Matoré 1968: 25-27; Dubois y Dubois 1971: 8).

Los diccionarios (de cualquier clase que sean) están destinados a cumplir una función pedagógica de primera línea. Ellos sirven para llenar la distancia que separa a los lectores de las normas lingüísticas y culturales preestablecidas. Antes que *leídos*, los repertorios léxicos son *consultados*, con el propósito netamente práctico de facilitar la comunicación humana, de armonizar el lenguaje de los diferentes grupos profesionales, culturales, regionales, nacionales, etc. (comp. Dubois y Dubois 1971: 11 y Zgusta 1971: 16-17). Estos instrumentos no están hechos para exponer los problemas lexicográficos, sino para resolverlos sencillamente ante los usuarios.

En la baja Edad Media podemos ubicar los orígenes de la lexicografía moderna. Dentro del programa educativo de la Escolástica se consideraba básico el aprendizaje del latín, una lengua "muerta" que se mantenía viva como vehículo de comunicación académica y religiosa y que fomentaba, además, el bilingüismo — si no el plurilingüismo — en todos los círculos intelectuales de Europa. En el curso de este proceso surgirán los *vocabularia* o glosarios, con listas de los comentarios hechos por autores famosos a términos contenidos en los manuscritos y códices más usuales en la época. Tom McArthur ha señalado el carácter incierto de esas primitivas recopilaciones léxicas:

> Nothing was certain or fixed in the early glossaries: not alphabetization or thematization, not vertical or horizontal listing, not glossing within Latin or bilingually (McArthur 1986: 76).

El ordenamiento alfabético, que resultaba en cierto modo ofensivo al espíritu gnoseológico integrador de la Escolástica, terminó imponiéndose con la introducción de la imprenta de tipos movibles a mediados del siglo XV. Este mismo hecho fomentó el reconocimiento intelectual de las lenguas vulgares nacionales, que ganaron notoriedad en virtud del ascenso social de los mercaderes y artesanos, grupos normalmente desligados del mundo académico; de tal manera se perdió la impresión de que los idiomas vernáculos eran "inferiores" respecto al latín, griego o hebreo. Y con ello quedaron fijadas las condiciones para la profusa labor traductora de los lexicógrafos del Renacimiento, que se dedicaron a publicar diccionarios bilingües (mayormente en el sentido lengua clásica-lengua vernácula), siguiendo el ejemplo marcado en 1492 por el célebre *Dictionarium latino-hispanicum* de Antonio de Nebrija[2].

Las empresas de traducción en sentido "vertical", clásico-vernáculo, fueron sucedidas en el siglo XVI por las traducciones de sentido "horizontal", entre las lenguas vernáculas de Europa y entre el castellano y los idiomas nativos de América. Proliferó entonces la composición de diccionarios políglotas o *calepinos* (sucedáneos del vocabulario normativo latino-griego de Ambrosio Calepino), instrumentos dotados de una abundante nomenclatura, ideal para engrosar la frondosa erudición de los sabios y pedantes humanistas (Matoré 1968: 57-58). En buena medida corresponden dichos instrumentos a la categoría de diccionarios enciclopédicos, pues se ocupan preferentemente del ámbito cultural, extralingüístico, y obedecen al propósito de dar orientación en todos los ramos del conocimiento humano, de ayudar al trabajo intelectual en el sentido más amplio. Los pensadores del Humanismo entendían bajo "enciclopedia" la reunión de los saberes de todas las artes liberales[3].

La floración de diccionarios bilingües y multilingües debía tropezar, por cierto, con múltiples barreras idiomáticas, aun cuando los lexicógrafos de aquel tiempo confiaran alegremente en un relativo isomorfismo de las lenguas. Ladislav Zgusta (1971: 214) advierte al respecto:

> To indicate the lexical equivalents of more than two languages simultaneously is usually possible only if we absolutely neglect polysemy and take into consideration only the dominant senses of the single words. The situation is easier if the languages in question are closely related, but even in this case the difficulties are formidable.

Sin embargo, el *Dictionarium* políglota conocido con el nombre de Calepino llegó a ser editado hasta en once idiomas tan diversos como el latín, griego, hebreo, italiano, castellano, francés, alemán, flamenco, inglés, polaco y húngaro. Se consideraba, pues, virtualmente idéntica la sintaxis de las lenguas o los estados de lengua relacionados, hasta el punto de fijar equivalencias de morfemas entre la lengua-origen (el latín) y aquella variedad de lenguas paralelas o subordinadas[4].

Debido a esa precariedad en el método científico, Georges Matoré considera que los diccionarios y enciclopedias publicados en la época del Renacimiento no son verdaderamente merecedores de tal nombre. Desprovistos de las modernas concepciones de vulgarización e información, aquellos textos resultaban engo-

---

[2]Dubois y otros 1979: 392-393. Véase también Mc Arthur 1986: 77-82.

[3]Cf. Wendt 1941: 1-2; Collison 1964: 80. La palabra "enciclopedia" figura inauguralmente en los títulos de obras del flamenco Joachim Stergk van Ringelbergh (1529), del inglés Sir Thomas Elyot (1538) y del italiano Giulio Cesare Scaligero (1559).

[4]Cf. Dubois y otros 1979: 393. Gallina 1959: 112-119, ofrece una relación de las ediciones del Calepino en tres, cuatro, cinco, seis, siete, ocho, nueve, diez y once lenguas, publicadas durante los siglos XVI a XVIII.

rrosas aglomeraciones de términos y citas de obras clásicas, compuestas bajo el primado de la erudición más indigesta y la pedantería más ostentosa (Matoré 1968: 57, 68). Aunque se manejaba con frecuencia la noción de "sistema", aplicada para coordinar los diferentes ámbitos del saber, todavía hacía falta que Bacon y Descartes sentaran en el siglo XVII los fundamentos de la ciencia moderna.

Donde quizá mejor se aprecian los avances logrados por la lexicografía del Renacimiento es en la publicación de diccionarios monolingües, creados para difundir normativas sobre el habla y la escritura en lenguas vernáculas. Estos repertorios léxicos de sentido uniformador — posteriores en orden de aparición a los vocabularios políglotas — surgieron al calor de la disputa renacentista sobre la corrección o incorrección de absorber las lenguas clásicas "superiores" en el cuerpo de las modernas lenguas nacionales. Los autores de diccionarios monolingües, dedicados a un extendido plagiarismo (muy usual en la época), perseguían el objetivo de aumentar la base social de gente cultivada; sus obras se dirigían sobre todo a los no académicos, las mujeres de las clases acomodadas, los mercaderes, los artesanos (McArthur 1986: 84-87).

Ya está señalada la enorme influencia que gozó el *Dictionarium* de Calepino, editado por primera vez en 1502, una obra de prodigiosa erudición que circuló muy ampliamente por Europa, y también en la América hispánica, modelando la composición de vocabularios en diferentes lenguas. Su gran popularidad originó la denominación de "calepinos" para toda clase de diccionarios o compilaciones de extractos[5]. Por otra parte, también interesa resaltar la impronta fijada por el *Dictionarium latino-hispanicum* de Nebrija, que sirvió de pauta a muchos autores de repertorios bilingües, inclusive en países de habla no española. En cuanto a vocabularios "standard" de un solo idioma, conviene mencionar el *Tesoro de la lengua castellana* de Sebastián de Covarrubias (1611), que contribuyó a enriquecer y normalizar el florido lenguaje del Siglo de Oro (Gallina 1959: 329-330)

El fraile dominico Domingo de Santo Tomás, inscrito en las coordenadas del humanismo cristiano, el espíritu lascasista y la defensa de la identidad cultural de los indios, inauguró en 1560 los estudios de lexicografía peruanista. Ese año dió a la estampa en Valladolid su tratado de gramática y su *Lexicón o vocabulario de la lengua general del Perú*, o sea el quechua[6]. Ambas obras pertenecen a una etapa decisiva en la lucha por la justicia en la colonización de América y por la salvaguarda de la autonomía política de las comunidades indígenas; se esfuerzan por demostrar lo pulido y delicado del quechua, su discreta polisemia

---

[5]Comp. Gallina 1959: 112 y Matoré 1968: 58-59. La primera de ambas obras citadas resume la extensa difusión del Calepino así: "Dell'enorme vitalità di questo dizionario è prova anche il fatto che gli altri vocabolari assunsero per lungo tempo il nome del suo autore come nome comune, divenuto sinonimo appunto di vocabolario".

[6]Porras Barrenechea 1968: 25-26. Véase también Hampe Martínez 1990.

y su sencilla pronunciación, entre otros aspectos. "Y si la lengua lo es, la gente que usa della, no entre bárbara sino con la de mucha policía la podemos contar", declara el autor (Santo Tomás 1560, Prólogo, fol. vi). Por lo demás, Domingo de Santo Tomás anota explícitamente que la ordenación alfabética de su vocabulario se ajusta al modelo de Nebrija[7].

Así queda en evidencia cómo el espíritu renovador de los diccionarios en la cultura europea del Renacimiento se traslada, bajo similares criterios e idénticos modelos, a las colonias hispánicas del Nuevo Mundo. También en la otra ribera del Atlántico adquieren los vocabularios en la mentalidad popular (de las ciudades) el encanto de una fuente de sabiduría accesible, la imagen casi de una divinidad doméstica. El fenómeno queda redondeado en la feliz descripción de Matoré (1968: 37):

> le dictionnare est le guide, l'ami à qui l'on confie ses doutes, le fil conducteur qui va permettre les explorations fructueuses. Et pour les gens simples qui respectent la science et qui n'imaginent pas qu'un livre d'erudition puisse mentir ou se tromper, le dictionnaire est, plus que beaucoup d'autres oeuvres de l'esprit, nimbé d'une vertu singulière: il est une sorte de résumé du savoir universel.

2. Instrumentos lexicográficos en las bibliotecas del Perú colonial

Las tareas de compilación lexicográfica fueron incentivadas en el virreinato del Perú, como en el resto del mundo colonial hispanoamericano, por la necesidad que tenían los gobernantes de establecer una comunicación directa con las poblaciones autóctonas. Aparte del propósito oficialmente declarado de expandir el mensaje evangélico, era necesario tratar con la fuerza laboral indígena para dirigir sus faenas en la agricultura, ganadería, minería, textilería, servicio doméstico, etc. Por esto el virrey don Francisco de Toledo, el "supremo organizador" del país, instituyó en 1573 la cátedra de lengua general de los indios en la Universidad de San Marcos de Lima, la cual fue regentada mayormente por clérigos. A la misma tónica corresponden las investigaciones etnológicas y lingüísticas auspiciadas por el III Concilio provincial limense, que desembocaron en el establecimiento de la imprenta en el Perú, la edición de catecismos, sermonarios y confesionarios en lenguas aborígenes y la publicación del *Arte y vocabulario en la lengua quichua* (sin nombre de autor), en 1586 (cf. Porras Barrenechea 1968: 26-29; Rose-Fuggle 1993).

El anónimo *Arte y vocabulario* recoge el trabajo pionero emprendido por fray Domingo de Santo Tomás en los pueblos de la costa e incorpora experiencias del contacto con comunidades quechuahablantes de otras regiones del virreinato. El libro fue reeditado sin variaciones en 1603, 1604 y 1614, la segunda de estas veces indicando como autor al agustino Juan Martínez de

---

[7]Prólogo al *Lexicón o vocabulario de la lengua general del Perú* (1560), reproducido en Medina 1898, I: 298.

Ormachea, catedrático de lengua quechua en la Universidad de San Marcos[8]. Con el paso del tiempo se produjo un natural acercamiento y fusión entre el castellano y los idiomas nativos, que adoptaron no sólo la terminología pertinente al adoctrinamiento católico, sino también vocablos de plantas, animales, artefactos o instituciones que eran desconocidos antes de la colonización ibérica. Este fenómeno de mestización del lenguaje fue registrado en las décadas finales del siglo XVI y principios del XVII por el laborioso jesuita Diego González Holguín, un hidalgo cacereño, que acumuló gran información durante sus años de doctrina y magisterio en las ciudades del Cuzco, Juli, Quito, Chuquisaca, Asunción y Mendoza (véanse las noticias biográficas que ofrece Porras Barrenechea 1952: xx-xxii).

La recopilación léxica de González Holguín se encuentra plasmada en su *Vocabulario de la lengua general de todo el Perú*, de 1608, que multiplica en cuatro veces el conjunto de términos presentado en el vocabulario del III Concilio limense. Copioso y sesudo, este instrumento refleja el habla popular de la región cuzqueña en la época madura del coloniaje, con abundancia de comentarios fonéticos, sintácticos y morfológicos. En tono de elogio, Raúl Porras Barrenechea sitúa al laborioso jesuita "a la cabeza de todo el movimiento lingüístico quechua, como maestro y orientador, con la suprema autoridad de una academia de la lengua" (*ibid.*: xx).

Después de González Holguín, el conocimiento de los idiomas aborígenes del virreinato siguió perfeccionándose gracias al aporte de otros investigadores, en su mayoría religiosos provenientes de la Compañía de Jesús. Tal es el caso de Ludovico Bertonio, autor de un insuperado vocabulario de la lengua aymara (1612), y de Diego de Torres Rubio, quien compuso un arte o gramática del aymara (1616) y otra del quechua (1619).

La capitalidad administrativa de Lima determinó que esta ciudad — en cuyas prensas se editaron estudios del puquina, mapuche, guaraní y otros idiomas de provincias vecinas — se constituyera en la sede matriz de la "cultura antártica", en el lugar donde se concentraban las experiencias lingüísticas de casi toda América del Sur[9].

Que los hombres de iglesia y los sectores dirigentes del virreinato estaban interesados en manejar las lenguas amerindias, junto con los idiomas clásicos y vernáculos de Europa, se observa claramente a través de los inventarios de bibliotecas particulares y remesas comerciales de libros en aquella época. Durante el último decenio la historiografía peruanista se ha enriquecido con una valiosa serie de investigaciones, basadas en dicha clase de fuentes documentales, que han servido para desterrar la falsa imagen de oscurantismo y atraso cultural que pendía sobre el período del coloniaje. Se ha comprobado, por el

---

[8]Cf. Medina 1904: I, 30-34 y 91-93, con datos sobre las ediciones de 1586 y 1604, respectivamente.

[9]Comp. Porras Barrenechea 1952: x-xiii y 1968: 30-32.

contrario, que hubo nutridas bibliotecas, un activo comercio de libros y una extraordinaria curiosidad y apertura ideológica, no obstante las censuras oficialmente impuestas por la monarquía española.

Para el presente estudio, en concreto, hemos consultado más de treinta listas documentales tanto publicadas como inéditas relacionadas con la difusión de materiales impresos en el Perú colonial durante los siglos XVI y XVII. Aquí se toman en consideración especialmente 18 inventarios de bibliotecas particulares y 7 registros de mercaderes de libros, ubicados cronológicamente entre 1549 y 1698, por ser los que contienen referencias a obras de carácter lexicográfico. Será conveniente hacer primero una relación somera de tales documentos; luego, en la parte siguiente del trabajo, analizaremos el contenido de los diccionarios, glosarios y enciclopedias que se difundieron en el virreinato peruano.

Colecciones de libros particulares

TEJ (1549), con 1 obra lexicográfica
ISA (1576), con 3 obras lexicográficas
QUI (1576), con 3 obras lexicográficas
CUE (1581), con 2 obras lexicográficas
ENR (1583), con 2 obras lexicográficas
ALC (1586), con 2 obras lexicográficas
FER (1590), con 3 obras lexicográficas
MAL (1591), con 3 obras lexicográficas
SOL (1606), con 3 obras lexicográficas
ARI (1614), con 5 obras lexicográficas
GAR (1616), con 2 obras lexicográficas
MED (1635), con 6 obras lexicográficas
HUR (1636), con 6 obras lexicográficas
DUR (1641), con 2 obras lexicográficas
AVI (1648), con 17 obras lexicográficas
BRA (1670), con 2 obras lexicográficas
MOL (1673), con 3 obras lexicográficas
ALM (1698), con 1 obra lexicográfica

54

Remesas de libros comerciales

1. Sevilla, 1549. El comerciante Alonso Cabezas hace inventario de mercadería enviada a Tierra Firme y el Perú, cargada en la nao *La Madalena* y consignada a su socio Pero Ortiz, en Nombre de Dios. Contiene 12 ejemplares de obras lexicográficas, por valor de 38 reales[10].

2. Lima, 1583. Juan Jiménez del Río, librero, encarga a Francisco de la Hoz la compra en España de una remesa de libros. Contiene 10 ejemplares de obras lexicográficas[11].

3. Lima, 1601. Lorenzo Vásquez, morador en esta ciudad, y su fiador el librero Antonio Fernández de Acosta pagan 1.498 pesos a Alonso Rodríguez de León (apoderado de un comerciante de Sevilla) por la adquisición de una remesa de libros. Contiene 2 ejemplares de obras lexicográficas, por valor de 16 reales[12].

4. Lima, 1606. Miguel Méndez, mercader de libros, recibe un cargamento de 45 cajas de libros del poder de Juan de Sarriá el mozo, procedente de España. Contiene 4 ejemplares de obras lexicográficas, por valor de 32 reales[13].

5. Lima, 1606. Juan de Sarriá el mozo (hijo de un comerciante de Alcalá de Henares), recibe un lote de libros del mercader Miguel Méndez para llevarlo y venderlo en la ciudad del Cuzco y otras partes. Contiene 2 ejemplares de obras lexicográficas, por valor de 100 reales[14].

6. Lima, 1641. Julián Santos de Saldaña, mercader de libros, recibe un cargamento de 66 cajones de libros, los cuales toma en consignación para venderlos en su tienda a nombre de los herederos de Manuel Alvarez Osorio. Contiene 17 ejemplares de obras lexicográficas[15]

7. Lima, 1651. Inventario y almoneda de los libros que quedaron por muerte del comerciante Tomás Gutiérrez de Cisneros, incluyendo tanto los que estaban en su tienda de Lima como las 30 cajas de libros provenientes de España que fueron depositadas en el Callao. Contiene 57 ejemplares de obras lexicográficas[16].

---

[10]Veáse el cap. 24, *infra*.
[11]Leonard 1953, Apéndice, doc. III: 290-299.
[12]AGN, Protocolo notarial de Diego López, 1601, fol. 1769v.
[13]Leonard 1953, Apéndice, doc. VIII: 348-355.
[14]*Ibid*., Apéndice, doc. IX, p. 356-358.
[15]AGN, Protocolo notarial de Bartolomé de Cívico, 1641, fol. 1496.
[16]Veáse el cap. 25, *infra*.

Dejando aparte el carácter peculiar, misceláneo, de las operaciones comerciales de los mercaderes de libros, la lista precedente manifiesta que nuestra base documental está formada sobre todo por las bibliotecas privadas pertenecientes a una diversidad de individuos que, siendo en su mayoría de origen foráneo, vivieron y actuaron profesionalmente en el Perú durante los siglos XVI y XVII. Se aprecia que estos propietarios de bibliotecas constituyeron un grupo social relativamente homogéneo. Casi todos eran graduados universitarios con título de licenciado o doctor, habían cursado estudios de jurisprudencia o teología y estaban ligados a las más altas esferas del poder (en la corte virreinal, la Audiencia o la Inquisición), o bien formaban parte de la jerarquía eclesiástica. Por la misma razón todos los conjuntos bibliográficos se parecen bastante entre sí, pues aquella diversidad de individuos — aunque provenientes de diferentes centros académicos — habían sido educados en el común espíritu del Renacimiento y de la Escolástica tardía. Estaban imbuidos, pues, de fidelidad hacia la moral y los dogmas del catolicismo y de respeto hacia las "autoridades" del humanismo clásico, creían firmemente en el Derecho como supremo conocimiento social y guardaban escepticismo ante los métodos de una nueva cientificidad racional, experimental (Millares Carlo 1970; Solano 1985: 69 ss.)

3. Diccionarios, glosarios y enciclopedias: notas sobre su difusión

Aunque las referencias a diccionarios, glosarios y enciclopedias se multiplican en los catálogos bibliográficos del virreinato del Perú (hay 80 menciones a obras de esta clase en nuestra serie documental), se trata en realidad de un conjunto de datos fácilmente manejable, puesto que las mismas obras se repiten una y otra vez en las bibliotecas coloniales. El acento de los usuarios recae sobre los vocabularios especializados del ramo teológico y jurídico, los repertorios léxicos de lengua latina y los diccionarios políglotas o primitivas enciclopedias, destinadas a reforzar la divulgación de la cultura humanística. Los instrumentos lexicográficos propios de la Europa del Renacimiento, publicados en idiomas clásicos y vernáculos del viejo continente, superan ampliamente en número a los vocabularios de lenguas indígenas de América, como el quechua y el náhuatl; las obras editadas en el continente americano apenas representan un 6% del conjunto que aquí estudiamos.

Las notas que se exponen a continuación están orientadas a reseñar las piezas lexicográficas más usuales en los siglos XVI-XVII y a caracterizar su difusión en los ambientes intelectuales, urbanos, del virreinato peruano.

A. Vocabulario eclesiástico. — Denominación genérica que se corresponde durante los primeros decenios del coloniaje con el *Vocabularium ecclesiasticum* del maese Rodrigo Fernández de Santaella, clérigo andaluz (1ª ed. Sevilla, 1493), que fue reimpreso muchas veces. Posteriormente, a partir de la edición príncipe de Salamanca, 1565, le aventajará en popularidad el *Lexicon ecclesiasticum latino-hispanicum* del fraile dominico Diego Ximénez Arias, el cual en algunas ediciones lleva en la portada este ufano mensaje: "Quanta ventaja haga este vocabulario al más nuevo de Rodrigo de Sanctaella, no sólo en millares de más vocablos, mas en otras cosas, cotejándolos lo conocerás"[17]. La obra es una catálogo alfabético de personas, lugares, instituciones y términos cristianos, tomados de las Sagradas Escrituras, decretos conciliares, bulas papales, vidas de santos, sermones, etc. Se trata del instrumento lexicográfico más consultado en el virreinato, pues comprende 17 referencias documentales, que abarcan casi todo el período aquí enfocado (1549 a 1670).

B. Diccionario de Nebrija. — Un investigador tan versado en materias bibliográficas como José Torre Revello (1940: 207) adelantó con certeza la opinión de que Antonio de Nebrija fue el autor más difundido en Hispanoamérica durante la era colonial. Este *Dictionarium latino-hispanicum et viceversa hispanico-latinum* (publicado por primera vez en Salamanca, 1492-95, 2 vols.) figura, junto con su complementaria arte o gramática de la lengua de Cicerón, en casi todas las bibliotecas privadas e institucionales del Nuevo Mundo. Teniendo en cuenta la situación de Nebrija como erudito humanista, cronista áulico y catedrático universitario, no sorprenderá que la primera parte del diccionario — con el latín como lengua-origen — sea mucho más extensa que la segunda: es porque en la parte castellana faltan las abundantes referencias a obras literarias del mundo clásico, virtualmente indispensables para un estudioso del Renacimiento. El texto aparece 14 veces en nuestro conjunto documental (1576 a 1698).

C. Diccionario de Calepino.— Ya hemos apuntado cómo la popularidad del glosario multilingüe de Calepino se trasladó de la Europa quinientista a las colonias españolas de Indias. El *Dictionarium* de Ambrosio Calepino, monje agustino, surgió discretamente en Reggio, 1502, como un vocabulario normativo latino y griego, pero fue luego engrosado por la labor de otros filólogos que, conservando la estructura original de la obra, le añadieron equivalencias léxicas en varios idiomas modernos (Gallina 1959: 95-96). Para el caso particular que nos ocupa, conviene señalar las ediciones octolingües (en latín, griego, hebreo, italiano, castellano, francés, alemán e inglés) preparadas por el humanista francés Jean Passerat, las cuales son mencionadas específicamente en más de una biblioteca del Perú colonial. El diccionario de Calepino cuenta con 14 referencias documentales (1576 a 1673).

D. Vocabulario italiano. — Se trata inicialmente del *Vocabulario de las dos lenguas toscana y castellana* (Sevilla, 1570), obra sencilla pero correcta, compuesta por el sevillano Cristóbal de las Casas y nutrida con más de 25.000 traducciones entre ambas lenguas. Después tendió a ser sustituida en el mundo académico por el *Vocabulario italiano e spagnolo* del florentino Lorenzo

---

[17]Tomado del *Lexicon ecclesiasticum latino-hispanicum* en la ed. de Salamanca: Vincentius de Portonariis, 1585, 4to.

Franciosini, cuya edición príncipe salió en Roma, 1620; texto más grueso y ambicioso, éste fue reimpreso frecuentemente durante los siglos XVII y XVIII, casi sin variaciones. En el prólogo a su diccionario Franciosini se declara "aficionado a la lengua y nación española"[18]. Ambos vocabularios italianos suman 6 referencias documentales (1606 a 1651).

E. Vocabularium utriusque juris. — Manuales de este género circularon ampliamente en la civilización cristiana desde la baja Edad Media, en la época de mayor influencia de la escuela jurídica del Derecho común, fundada en las dos ramas civil y canónica (cf. Clavero 1979: 155-158). Aunque los documentos no especifican nombres de compiladores, podemos suponer que se trataría en alguna oportunidad del *Vocabularium utriusque juris* editado por el maestro Nebrija (1506), el cual fue posteriormente retomado y ampliado en la obra homónima publicada por Alexander Scot (1591). En ciertas ediciones el texto se complementa con alguna versión revisada del clásico *Lexicon juris civilis* del siglo XIII, obra del glosador boloñés Accursio. Este vocabulario o manual jurídico aparece en 6 piezas documentales (1549 a 1648).

F. Diccionario de Alberico. — Otra obra de referencia en el ámbito jurídico, destinada a facilitar el aprendizaje de los estudiantes de leyes y guiar el trabajo de los profesionales implicados en la práctica forense. Es un catálogo alfabético latino de "verbis ambiguis, peregrinis et plura significata hantibus" en el Derecho civil y canónico, confeccionado por el jurista bergamasco Alberico de Rosate (muerto en 1354)[19]. En el proemio a este *Dictionarium juris,* el autor expone una serie de ilustres predecesores en la tarea lexicográfica, comenzando por Séneca en su libro de proverbios y San Isidoro de Sevilla en sus *Etimologías*. El diccionario de Alberico cuenta con 2 referencias documentales (1576, 1648).

G. Alphabetum aureum. — Perteneciente también al grupo de repertorios léxicos identificados con la escuela del Derecho común, el *Alphabetum aureum* es obra del jurisconsulto Pietro Tommai de Ravenna (muerto hacia 1508). Contiene frecuentes citaciones de los glosadores y comentaristas italianos de la Edad Media, como Bártolo, Baldo, Paulo de Castro, Juan Andrés, Angelo de Ubaldi, Guido de Baisio, Ancarano, Imola, etc. Lleva después del diccionario

---

[18]Tomado del *Vocabulario español e italiano* de Franciosini (2ª parte) en la ed. príncipe de Roma: Giovanni Paolo Profilio, 1620, 8ᵛᵒ. Véanse los comentarios filológicos que sobre ambos vocabularios italianos expone Gallina 1959: 167-171 (sobre Las Casas) y 268-274 (sobre Franciosini).

[19]Hemos consultado el *Dictionarium juris tam civilis quam canonici* en la ed. corregida y aumentada por Joannes Franciscus Decianus (Venecia: Societas Librorum Legalium, 1601); la cita está tomada del proemio, fol. 3.

una colección de dichos notables y otra de alegaciones en materias consuetudi-narias[20]. De esta obra hay 2 referencias documentales (1635, 1636).

H. Nomenclator de Hadrianus. — El *Nomenclator omnium rerum propria nomina* (Amberes, 1567), en ocho lenguas, refleja bien la vasta cultura de su autor, el médico y humanista holandés Hadrianus Junius. Es una suerte de rudimentaria enciclopedia temática, con definiciones de vocablos — en su mayoría nombres propios — ordenados por materias en casi un centenar de capítulos, que se ocupan de diversos aspectos de la vida cotidiana, el mundo natural, las instituciones políticas, las ciencias y las artes. Tiene el latín como idioma de origen y lleva traducciones de los vocablos en griego, alemán, castellano, flamenco, francés, italiano e inglés[21]. Está basado en una larga serie de poetas, filósofos, narradores, historiadores, teólogos, jurisconsultos y médicos de la Antigüedad clásica, así como en varios escritores del Renaci-miento, que se detallan al comienzo del libro. Posee 2 referencias documentales (1641, 1648).

I. Diccionario histórico y poético. — También reviste carácter enciclopédico el divulgado *Dictionarium historicum ac poeticum* de Charles Estienne (1553), miembro de una conocida familia de impresores y humanistas parisinos. La obra recoge nombres de pueblos, individuos, lugares, ríos y montes, tomados de "antiqua recentioraque ad sacras ac prophanas historias poetarumque fabu-las", según lo declara el subtítulo en la portada[22]. El texto en latín, el idioma por excelencia del Humanismo, está ordenado alfabéticamente. Cuenta con 2 referencias documentales (1576, 1548).

J. Lexicon medicum. — Por la coincidencia en el título y el formato en octa-vo, es muy probable que sea el *Lexicon medicum graeco-latinum* de Bartolomeo Castelli (muerto en 1607). Este diccionario alfabético, compendio de las defini-ciones aportadas en textos de Hipócrates, Galeno, Avicena y otros médicos famosos, fue editado repetidamente durante el siglo XVII y principios del XVIII. Es un glosario para uso del público general, concebido y redactado en lengua latina[23]. Posee una sola mención en nuestra serie documental (1648).

---

[20]Hemos consultado el *Alphabetum aureum* en la ed. preparada por Gualtherius Tangeri (Colonia: Quentell, 1508).

[21]Cf. Gallina 1959: 133-137. Al revés de lo ocurrido con el diccionario políglota de Calepino, la obra de Hadrianus Junius tendió a ser abreviada luego de su muerte y reimpresa en versiones sintéticas para el público escolar.

[22]Hemos consultado el *Dictionarium historicum ac poeticum* en la ed. príncipe de París: Carolus Stephanus, 1553, 4to. Modernamente Collison (1964: 79), ha dado a esta obra la calificación de "first indigenous French encyclopaedia".

[23]Hemos consultado el *Lexicon medicum graeco-latinum* en la ed. preparada por Emma-nuel Stupanus (Basilea: Johannes Jacobus Genathi, 1628).

K. Tesoro de Covarrubias. — El *Tesoro de la lengua castellana o española* (Madrid, 1611) de Sebastián de Covarrubias Orozco, maestrescuela de la catedral de Cuenca, es un instrumento indispensable para todo cuanto filólogo que se ocupa de los clásicos hispánicos. A la vez diccionario de lengua y enciclópedico, se enriquece con la puntual indicación de la etimología de las palabras. En su carta nuncupatoria al rey Felipe III, Covarrubias le pide licencia para dar el nombre de *tesoro* a su obra "por conformarme con las demás naciones que han hecho diccionarios copiosos de sus lenguas", y en seguida agrega: "de esto no sólo gozará la [nación] española, pero también todas las demás que con tanta codicia procuran deprender nuestra lengua, pudiéndola agora saber de rayz, desengañados de que no se debe contar entre las bárbaras, sino igualarla con la latina y la griega y confesar ser muy parecida a la hebrea en sus frasis y modos de hablar"[24]. Sorprendentemente, hay sólo una referencia documental de esta obra (1648).

L. Diccionario de Barbosa. — Agostinho Barbosa, prelado y jurisconsulto portugués aparece en las bibliotecas coloniales del siglo XVII con varios de sus estudios de Derecho canónico. Aquí se trata de su *Dictionarium lusitanico-latinum* (Braga, 1611), pieza albergada únicamente en la enorme y variada colección de Francisco de Avila[25]. Por lo tanto, una referencia documental (1648).

M. Vocabulario quechua. — Una mención especifica permite identificar indubitablemente al *Vocabulario de la lengua general de todo el Perú* (Lima, 1608), compuesto por el jesuita extremeño Diego González Holguín, cuyas virtudes de meticuloso recopilador del quechua colonial ya han sido destacadas adelante. En el proemio, el jesuita declara que la principal responsabilidad de la obra recae sobre los muchos indios del Cuzco a quienes ha entrevistado para averiguar la significación de cada vocablo. El padre Juan Vásquez, llamado a emitir una censura sobre las propiedades del texto (1607), anota: "El vocabulario está muy bien trabajado, porque tiene de aumento — que es lo que en estas obras se debe advertir — cuatro tantos más que el pasado, y tiene de aumento más la ortografía nueva"[26]. Por otra parte, es de suponer que las menciones suplementarias de los documentos a un "arte y vocabulario de la lengua de indios" se referirán al compendio del agustino fray Juan Martínez de Ormachea, *Vocabulario en la lengua general del Perú* (Lima, 1604), que es una reproducción fiel del trabajo originalmente editado bajo los auspicios del III Concilio

---

[24]Tomado del *Tesoro de la lengua castellana o española* en la ed. príncipe de Madrid: Luis Sánchez, 1611, fol. ix.

[25]En la misma colección de Avila se hallan otros cuatro libros de Agostinho Barbosa.

[26]Aprobación del *Vocabulario de la lengua general de todo el Perú* (1608), reproducida en Medina 1904-07, I: 111.

limense. Ambos vocabularios quechuas reúnen cuatro referencias documentales (1614 a 1648).

N. Vocabulario mexicano. — Se contiene exclusivamente en la biblioteca del virrey don Martín Enríquez, quien durante su gobierno en México dio la licencia para imprimir este *Vocabulario en lengua castellana y mexicana* realizado por el franciscano Alonso de Molina (2ª ed. México, 1571). El empeñoso fraile, guardián del convento de San Antonio de Texcoco y gran conocedor del idioma náhuatl, advierte en la epístola nuncupatoria que su objetivo fundamental es contribuir a la instrucción de los aborígenes en la fe católica (Medina 1907-12, I: 188). También expresa haber seguido las pautas lexicográficas de Nebrija, colocando los verbos en el infinitivo y poniendo todas las voces en orden alfabético (1583).

O. Otras referencias. — Los inventarios bibliográficos del Perú colonial incluyen además, de manera errónea o confusa, otras siete referencias a materiales de carácter lexicográfico. Errónea es la denominación de "lexicón" para el conocido tratado de Matteo Gribaldi, *De methodo ac ratione studendi in jure*, que ofrece en realidad una metodología para el tratamiento de problemas del Derecho civil. Confusas son las referencias a un "lexicón jurídico", sin mayor especificación (en 1590, 1636, 1648), un "diccionario de cuatro lenguas" (1614), un "nomenclator" (1648) y un "vocabulario teológico" (1673). No hay que descartar, por cierto, la probabilidad de que sean repeticiones de obras ya descritas en este trabajo.

4. Hacia una interpretación de la cultura libresca en el virreinato

En esta parte final se trata de incorporar los resultados de nuestro estudio sobre la difusión de instrumentos lexicográficos, ya detallados, al conjunto de evidencias que se poseen respecto a la circulación de libros y su rol en la cultura hispánica (o urbana) del Perú colonial. Ante todo, no debe sorprender la neta preponderancia de los diccionarios y enciclopedias provenientes de Europa, cuya porción comprende 75 de las 80 referencias documentales ubicadas para los siglos XVI y XVII.

Tal preponderancia coincide con el perfil general de las bibliotecas privadas del virreinato, en las cuales se aprecia una notable escasez de crónicas y estudios relativos al continente americano, sus civilizaciones autóctonas, sus lenguas y costumbres, sus recursos naturales, su situación bajo el dominio español. Esta carencia de materiales americanistas no ha de explicarse simplemente por la restringida actividad de las imprentas criollas en Indias, sino ante todo por el propósito que orientaba la formación de las bibliotecas, con libros en su mayoría importados del Viejo Mundo. Está claro que los textos impresos fueron utilizados en la sociedad colonial fundamentalmente para mantener el contacto con la ideología y la cultura europeas, y no para adquirir un conocimiento más científico de la realidad que los colonizadores confrontaban en su vida cotidiana. Los individuos particulares y las comunidades religiosas hacían grandes desembolsos para mantener colecciones bien nutridas y actualizadas de libros transportados desde lejanas metrópolis[27].

El contenido de los elementos lexicográficos aquí reseñados permite comprobar el predominio de los postulados intelectuales del Renacimiento y la escuela tomista en los círculos sociales más encumbrados del virreinato peruano. Por una parte, los glosarios especializados en materias jurídicas y teológicas debían favorecer la profundización de los estudios cursados en las facultades de leyes, cánones y teología, que se consideraban primordiales en la Universidad. Los diccionarios multilingües o primitivas enciclopedias (como los de Calepino, Hadrianus Junius y Charles Estienne) servían para delimitar el nivel general de conocimientos que se esperaba de todo buen humanista en aquella época. De otro lado, la presencia mayoritaria de vocabularios en lengua toscana refleja la influencia que ejercía la cultura italiana del Renacimiento dentro del mundo hispánico; influencia que se puede rastrear claramente en las áreas de la literatura petrarquista o la pintura manierista, por ejemplo[28].

Otra constatación procedente de nuestra pesquisa documental atañe a la cualidad del latín como idioma nuclear de la lexicografía del Renacimiento: era la lengua matriz sobre la cual se organizaban virtualmente todos los diccionarios y enciclopedias, dándole el lugar preferente en las traducciones o explicaciones de los vocablos. Esta percepción llevaba a los compiladores de repertorios en lenguas vernáculas a buscar una asimilación con el rango "superior" del latín y de otros idiomas antiguos. El ideal de escapar a la tacha de "barbarie" en el campo lingüístico queda demostrado en el *Tesoro de la lengua castellana* de Covarrubias, donde se afirma (como ya ha sido citado) que el español es semejante en sintaxis y pronunciación al hebreo, al latín y al griego. Más explícitamente, el quechuista Domingo de Santo Tomás declara:

Lengua [...] tan polida y abundante, regulada y encerrada debaxo de las reglas y preceptos de la latina como es ésta [la quechua], no bárbara — que quiere dezir (según Quintiliano y los demás latinos) llena de barbarismos y de defectos, sin modos, tiempos, ni casos, ni orden, ni regla, ni concierto — sino muy polida y delicada se puede llamar (Santo Tomás 1560, Prólogo, fol. v).

La supuesta inferioridad de las lenguas vernáculas, y particularmente de la española, llega a tomar contornos singulares, que debieran merecer una detenida explicación por parte de los especialistas. Se observa repetidamente en los diccionarios bilingües que la parte que lleva al castellano como lengua-origen

---

[27]Hemos adelantado algunos de estos conceptos en nuestro trabajo "The diffusion of books and ideas in colonial Peru" (Hampe Martínez 1993).

[28]Para el caso de la pintura manierista, comp. Stastny 1981 y Chichizola Debernardi 1983.

es más breve que las partes que empiezan con idiomas foráneos, característica que se prolonga hasta bien entrada la Edad moderna. Tal fenómeno es visible, por ejemplo, en el diccionario hispano-latino de Nebrija (1495), el vocabulario castellano-toscano de Las Casas (1570), el vocabulario castellano-mexicano de Molina (1571) o el vocabulario castellano-quechua de González Holguín (1608).

Parcialmente, esa desigualdad en volumen puede ser explicada por el respeto que los humanistas guardaban hacia la literatura clásica greco-romana, de la cual se extraían múltiples citas con el objetivo de "autorizar" las definiciones ofrecidas en los diccionarios. También hay que mencionar la precariedad metodológica propia de los trabajos científicos en el Renacimiento, una época despreocupada de la puntual exactitud en las traducciones morfemáticas y caracterizada por un extendido plagiarismo. Al respecto Annamaria Gallina, en su útil contribución sobre la lexicografía española e italiana de los siglos XVI y XVII, pone de relieve las virtudes modélicas que ejerció Antonio de Nebrija con su *Dictionarium latino-hispanicum*, publicado el mismo año en que Colón pisaba por primera vez las tierras americanas. Dicha obra pionera fue retomada más tarde generalmente sin ser citada en la confección de nomenclaturas políglotas, como las de Calepino y Hadrianus, y en la composición de vocabularios bilingües, como los de Las Casas y Franciosini (Gallina 1959: 329).

La función modélica del célebre humanista andaluz halló también vigencia en las colonias del Nuevo Mundo: aquí Nebrija representó sin duda el autor más consultado durante la era de la dominación española y su *Dictionarium* guió la tarea creativa de los lexicógrafos en lenguas amerindias. En el virreinato del Perú, los mayores avances en el conocimiento gramatical y léxico de los idiomas nativos se dieron durante el primer tercio del siglo XVII, un período de verdadero apogeo tanto en la esfera intelectual como en la económica, y que coincide con las campañas más duras para la extirpación de la "idolatrías" aborígenes[29]. Así como en lo religioso tuvo lugar un sincretismo que combinó — más de fachada que en profundidad — elementos de las creencias tradicionales con el catolicismo, también en el plano de la lengua ocurrió una progresiva incorporación de términos de origen castellano o surgidos de la colonización ibérica.

Según los datos que han registrado algunas investigaciones tocantes a la exportación de libros a Hispanoamérica, se sabe que la gran mayoría de las remesas (aproximadamente 70%) estaba formada por textos religiosos, incluyendo obras de moral, doctrina, liturgia, hagiografía y regulaciones eclesiásticas; una proporción menor correspondía a piezas literarias de narrativa y poesía (aprox. 11%), jurisprudencia y otras materias profanas (aprox. 4,5%), disciplinas humanísticas (aprox. 3%), etc.[30] No se puede afirmar que la serie de

---

[29]Cf. Lohmann Villena, Estudio preliminar a Francisco López de Caravantes, 1985: I, ix-xxiv.

[30]Datos basados principalmente en el estudio de González Sánchez 1989.

obras lexicográficas anotadas en las bibliotecas peruanas coincida proporcional-
mente con esa distribución por materias, pues había un interés repartido de
manera casi equitativa entre los glosarios especializados de teología y jurisprudencia, las enciclopedias generales y los diccionarios de lenguas. Para poder
enjuiciar más razonadamente el peso de la cultura libresca en el virreinato será
necesario, en todo caso, complementar el trabajo de investigación con otras
fuentes de archivos. Habrá que recurrir a las listas de bienes confiscados por la
Inquisición, las ordenanzas y programas de cursos en las universidades, los
expedientes de graduaciones, exámenes y concursos de cátedras y curatos, las
relaciones de méritos y servicios, y utilizar más inventarios de mercaderes de
libros, entre otros documentos.

3) El eco de los ingenios: literatura española del Siglo de Oro en las bibliotecas y librerías del Perú colonial

La investigación histórica ha demostrado que los clásicos de la literatura española del Siglo de Oro hallaron un excelente mercado en las colonias de Hispanoamérica, donde las novelas y las comedias, los poemas y los tratados de historia se pusieron al alcance del público letrado con sorprendente rapidez. El presente estudio analiza el flujo de esa literatura hacia el virreinato del Perú durante los siglos XVI y XVII; se basa en fuentes archivísticas de primera mano, como los inventarios de bibliotecas particulares y registros de mercaderes de libros, que son un par de los testimonios más confiables para rastrear la presencia y difusión de corrientes intelectuales en el mundo colonial. Además de presentar unos datos cuantitativos sobre las obras más populares del Siglo de Oro, se trata de determinar aquí qué influencia ejercieron dichas piezas literarias en la mentalidad y en la actividad creadora de los lectores hispanoamericanos. De la confrontación con el ambiente cultural de las Indias y el trasfondo ideológico-social del mercado libresco, se desprende un panorama bastante complejo: aunque hubo profunda curiosidad intelectual y notable variedad de lecturas en el virreinato, la literatura desarrollada en el Perú (y las demás colonias del Nuevo Mundo) siguió de preferencia los caminos y destinos trazados por la oficialidad.

1. Elementos para una historia social del libro en Hispanoamérica

En sugerente análisis, Maxime Chevalier (1976: 13-31) ha planteado las circunstancias sociales y económicas que tendían a reducir el público de la literatura de entretenimiento en la España de los siglos XVI y XVII. Por un lado estaba el problema del analfabetismo, que dejaba a por lo menos 80% de la población española impedida de acceder directamente a la cultura libresca; por otro lado influía el elevado costo del papel y de los libros, que dejaba fuera del mercado a una buena porción de aquellos que se encontraban formalmente capacitados para leer y escribir, como los curas de parroquia, los funcionarios de mediana jerarquía y la mayoría de los hidalgos. De ahí resulta que el segmento de población en el cual se podían reclutar coleccionistas y lectores de obras de entretenimiento era realmente ínfimo, una verdadera elite, de la que formaban parte miembros del alto clero, la nobleza, los letrados y catedráticos y los mercaderes adinerados[1].

---

[1]Sin embargo, debe advertirse que la difusión de la cultura — al igual que en los siglos anteriores a la imprenta y en la moderna era de los medios de comunicación masiva — no estaba restringida únicamente a los libros. Así, no eran sólo las personas alfabetas quienes aprovechaban las enseñanzas de las ciencias y las letras: la gente marginada de la cultura libresca se instruía a base de refranes, cuentos, romances, canciones, o bien en tertulias donde se leía en alta voz pasajes de alguna novela o comentario moral.

Si los principales consumidores de la literatura en aquella época eran gente aristocrática, no debe sorprender el predominio de la ideología caballeresca — no burguesa — en la mayoría de novelas del siglo XVI. Hay una correlación evidente entre las aficiones literarias de la nobleza española y el éxito comercial que obtuvieron las novelas de caballerías y toda suerte de relatos de aventuras y acontecimientos extravagantes: en el fondo de todas estas narraciones primaba la imagen sublimada, nostálgica, de los caballeros de la Edad Media (Chevalier 1976: 90-102). Por lo tanto, teniendo en cuenta la mentalidad aristocrática y el alto costo de los libros, no cabe afirmar que las novelas de caballerías representasen una "lectura popular". Pero no cabe tampoco negar que las fantásticas imágenes de aquellas narraciones se difundieron extensamente por la sociedad española, promoviendo una curiosa interacción entre lo imaginario y lo real, que estimuló el viaje a América de muchos de los conquistadores (Leonard 1953: 36-37).

Los colonizadores del Nuevo Mundo, identificados con la mentalidad y conducta de los héroes caballerescos, viajaron al otro lado del Atlántico portando consigo abundantes ejemplares de las novelas de caballerías. Así lo demuestran repetidas normas de la legislación indiana, como una real cédula de 1543 dirigida a la audiencia de Lima, en la cual se prohibía la introducción en su territorio de "libros de romance y materias profanas y fabulosas, como son el *Amadís* y otros de esta calidad de mentirosas historias" (Lohmann Villena 1944: 227). La intención fundamental de los legisladores no era privar de deleite a los españoles radicados en ultramar, sino proteger la incipiente evangelización de los pobladores aborígenes, quienes podrían verse confundidos al contrastar el mensaje de la Biblia con el sentido de esas fabulosas narraciones.

Aparte de los textos de pura imaginación literaria, hubo otras clases de libros que estuvieron también prohibidos de pasar a América. A partir de 1556 se puso especial cuidado en impedir la entrada de obras consideradas heréticas, contenidas en los índices expurgatorios de la Inquisición, y ese mismo año se ordenó prohibir la publicación y venta de libros tocantes a la realidad americana — su historia, geografía, civilización — que no contaran con especial licencia del Consejo de Indias (Friede 1959: 57-61). Después se prohibió asimismo la circulación de tratados políticos, editados sobre todo en las naciones enemigas de España, que difundieran un mensaje negativo para la monarquía de los Habsburgo. Sin embargo, anota Guillermo Lohmann Villena (1971: 20), "lo real y verdadero es que de aquella legislación proscriptora se hizo tabla rasa al impulso de la avidez por la lectura de todo género de libros, incluidos precisamente aquellos sobre los cuales se extremaba el rigor censorio".

Otro de los puntos que deben tomarse en cuenta al evaluar la divulgación de la cultura libresca en el mundo hispánico es la vigorosa pervivencia que, durante el Siglo de Oro, conservó el manuscrito como vehículo de la literatura. Gran parte de la poesía y las novelas cortas de la época se difundieron en pliegos manuscritos, cuyos títulos no figuran generalmente en los inventarios de bibliotecas; además, era común que las materias novelescas se divulgaran de manera oral, en tertulias donde se leía en alta voz algún pasaje particularmente interesante o moralizador. Al mismo tiempo se mantuvo en España una rica y variada cultura popular, compuesta de romances, canciones, refranes, historietas, leyendas, etc., que fue trasladada por los colonizadores a las tierras del Nuevo Mundo (Chevalier 1976: 45-46; Bennassar 1983: 274).

Se ha comprobado, por ejemplo, el firme arraigo con que se implantó en las provincias americanas el tradicional romance castellano, cuya forma de poesía cantada lo hacía semejante a las canciones de gesta que eran habituales en las sociedades precolombinas (Díaz Roig 1982: 303). Los repertorios bibliográficos de los siglos XVI y XVII manifiestan, en efecto, la amplia circulación que gozaron en el virreinato del Perú las sucesivas ediciones del *Romancero general* (1600), así como la colección de refranes del comendador Hernán Núñez (1555) y la recopilación de apotegmas de Juan Rufo (1596).

En cuanto al género dramático, se ha dicho en este contexto que el teatro de Lope de Vega sirvió como un guardián eficaz del tesoro folklórico español, pues sus populares comedias recuperan y utilizan ampliamente los romances y cuentecillos tradicionales, que eran conocidos en todas las capas sociales (cf. Wilson y Moir 1985: 114 ss.). De hecho, las piezas de teatro constituyeron uno de los mejores agentes de relación entre la cultura popular y los minoritarios ambientes intelectuales. Pero sería exagerado afirmar, con algunos críticos, que "el teatro español era sobre todo una asombrosa variación sobre el tema del honor" (Bennassar 1983: 279).

Problema más importante consiste en relacionar las comedias de Lope o los autos sacramentales de Calderón con el impacto general que ejercieron los libros en la sociedad española e hispanoamericana de la época del Barroco; una sociedad dramática, contorsionada, gesticulante, sometida al absolutismo monárquico y sacudida por apetencias de libertad (Maravall 1983: 11). Con ayuda de los títulos que ofrecen los inventarios de bibliotecas y registros de mercaderes de libros, será oportuno plantearse *cómo* era recibida y asimilada la literatura metropolitana en el mundo colonial.

Las características que señalamos al principio respecto al público lector de las obras de entretenimiento en España se agudizan al tratar de la situación en Indias, un ambiente donde el grupo de personas afecto a la cultura europea formaba una pequeñísima minoría, que vivía encerrada en los muros de los conventos, universidades o palacios, de espaldas al resto de la población. En estas circunstancias la actividad literaria sólo podía desarrollarse en núcleos cortesanos como México o Lima, en los cuales existía una aristocracia poderosa, promotora de academias y certámenes, poseedora del monopolio de la expresión (Sánchez 1950-51, III: 62; Concha 1976: 31). Sólo la clase gobernante y sus allegados podían crear o practicar la literatura "oficial", sólo ellos podían escucharla o leerla, sólo ellos tenían acceso a la imprenta y sólo ellos estaban en capacidad de reunir bibliotecas con piezas devotas o profanas, ligeras o eruditas, importadas del viejo continente.

2. Comercio de libros e inventarios de bibliotecas en el Perú colonial

En las últimas décadas numerosas contribuciones documentales han desbaratado la falsa imagen de atraso y oscurantismo intelectual que pendía sobre las colonias de Hispanoamérica y que había sido lanzada por una prejuiciosa historiografía basada en una legislación que en realidad nunca se cumplió (cf. Millares Carlo 1970). Se ha comprobado, por el contrario, que existió un activo comercio de libros, abundaron las bibliotecas ricamente surtidas y hubo una larga serie de autores dotados de profunda cultura. Si hasta el momento no se han explotado suficientemente las fuentes disponibles sobre el impacto de los libros en el desarrollo de la cultura ultramarina, es porque se trata de una tarea ingente que requiere grandes dosis de paciencia y conocimientos en casi todos los ramos del saber. Se necesita en verdad un trabajo en equipo para poder calibrar a fondo las influencias de autores, corrientes ideológicas y avances científicos en la producción intelectual del Nuevo Mundo (Lohmann Villena 1971: 18-20; Solano 1985: 69-74).

En el territorio peruano, las primeras noticias referentes a materiales impresos están vinculadas al fraile dominico Vicente de Valverde, primer obispo del Cuzco, que participó en la expedición conquistadora del Tahuantinsuyu. Fue él quien en el famoso encuentro de Cajamarca le mostró al inca Atahualpa una Biblia o un breviario, y fue él quien tras su horrible muerte a manos de los indios dejó una curiosa biblioteca personal, compuesta de 178 volúmenes, que fue subastada en la plaza mayor de Lima en 1542. En cuanto al comercio de libros, las referencias más antiguas corresponden a la actividad de Juan Antonio Musetti, un mercader oriundo de Medina del Campo, quien llegó a Lima en 1544 formando parte del séquito del contador general — y luego cronista — Agustín de Zárate. Pocos años más tarde, en 1549, el comerciante sevillano Alonso Cabezas ordenaba una remesa de libros con destino a Tierra Firme y el Perú, en un lote que incluía manuales litúrgicos, tratados escolásticos y diez novelas de caballerías (caps. 23 y 24, *infra*).

Siguiendo esos ejemplos pioneros, durante el resto del siglo XVI se multiplicó la actividad de los mercaderes de libros en Lima, dedicados a importar grandes cantidades de impresos desde Europa para satisfacer las demandas de una población española y criolla en constante aumento. Hay constancia de los negocios que realizaron comerciantes como Juan Jiménez del Río, Francisco Butrón o Francisco del Canto (Guibovich Pérez 1984/85: 86-87); y para el siglo XVII se conoce, por ejemplo, el inventario de la bien surtida tienda que poseía Tomás Gutiérrez de Cisneros, un librero-mecenas que se dio el lujo de enviar una competente suma de dinero a España para que con ella pudiera ordenarse en la iglesia el poeta Pérez de Montalbán (Lohmann Villena 1944: 232). Es bien sabido que las obras clásicas del Siglo de Oro hallaron un provechoso mercado en los dominios de Hispanoamérica: los comerciantes de libros se ocupaban de abastecer prontamente a los colonizadores con las piezas más recientes de la literatura española.

Ya hemos señalado cómo el elevado precio de los libros y el alto porcentaje de analfabetismo, o no incorporación a la cultura hispánica, hacían que el público lector constituyera en las Indias un sector privilegiado de la sociedad. Las investigaciones de los últimos años han revelado para el virreinato peruano los inventarios de bibliotecas pertenecientes a letrados, magistrados de la audiencia, funcionarios de hacienda, inquisidores, obispos y virreyes, así como también a humildes curas doctrineros, soldados de la hueste conquistadora y algún cacique indígena (cf. *registro de colecciones*, p. 15-18). En este conjunto destaca la relativa abundancia de bibliotecas que pueden considerarse "medianas" — según los parámetros propuestos por Chevalier (1976: 39) para España —, o sea dotadas con 100 libros o poco más.

Tanto los inventarios de bibliotecas como los documentos comerciales y registros de embarque trabajados hasta la fecha nos permiten conocer la distribución temática de los impresos que circulaban en Hispanoamérica colonial. Se comprueba que aproximadamente el 70% eran obras religiosas, incluyendo tratados ascéticos, estudios morales, instrumentos doctrinales, regulaciones eclesiásticas y hagiografías; el 30 % restante estaba formado por tratados de jurisprudencia, materias humanísticas y científicas y literatura de entretenimiento (González Sánchez 1989: 96-97). Esa preponderancia de los textos religiosos se explica no sólo por el carácter misional de la empresa colonizadora, sino especialmente por la fuerte capacidad de compra de las comunidades religiosas, que solían encargar la adquisición de grandes lotes de libros en los centros editoriales del Viejo Mundo. Los conventos albergaban las más nutridas bibliotecas de las colonias, enormes y actualizadas colecciones donde era posible acceder a los más variados ramos de la cultura universal y seguir de cerca el movimiento intelectual europeo (Lohmann Villena 1971: 21-22; Barnadas 1974: 151).

No será necesario insistir aquí en las complicaciones que habitualmente plantea el manejo de inventarios de bibliotecas privadas, fuentes que constituyen la base fundamental de nuestro estudio. Aparte la dificultad en descifrar las equívocas anotaciones de los escribanos, está el problema de resolver en qué medida los textos señalados en los inventarios fueron realmente leídos o asimilados; además, siendo normal que los lectores tiendan a abandonar sus libros conforme evolucionan sus gustos literarios, es probable que los registros de bibliotecas hechos después de la muerte revelen de preferencia las lecturas de un anciano, antes que las aficiones intelectuales de un hombre maduro (Chevalier 1976: 44). De todas formas, aún con tales limitaciones, está claro que dichas fuentes ponen en evidencia los libros que circularon en América durante la época colonial y brindan valiosas pistas para analizar la profundidad de las influencias europeas en conceptos estéticos, conocimientos científicos, ideas políticas, lecturas de entretenimiento, etc.

Entre las fuentes suplementarias que están a disposición para completar el panorama social del libro en Hispanoamérica, hemos preferido aquí los registros de comerciantes de libros — testimonios de compras, pedidos o inventarios de mercancías —, que nos dan una idea de los materiales que tenían mayor demanda en los mercados urbanos del nuevo continente. También sería interesante utilizar adicionalmente las series de registros de embarque de los pasajeros a Indias, conservados en los archivos de la Casa de la Contratación de Sevilla, los cuales son "particularmente valiosos por revelarnos las lecturas de unos hombres jóvenes que gustaban de comprar en las tiendas sevillanas y de leer en los largos días de la travesía libros de entretenimiento" (Chevalier 1976: 49). Es evidente que sólo la confrontación de fuentes y metodologías variadas aportará los elementos necesarios para construir, algún día ojalá no muy lejano, una sólida historia de la lectura y de la cultura en los territorios indianos.

La presente contribución reposa en datos cuantitativos de inventarios de bibliotecas particulares y registros de mercaderes de libros de los siglos XVI y XVII.[2] Se han consultado más de treinta documentos entre ambos géneros — unos ya publicados, otros todavía inéditos —, que poseen como común denominador su localización geográfica en el virreinato del Perú o su relación directa con el mercado de libros en este país. Para confeccionar la tabla de *Obras de la literatura española más frecuentes en el Perú colonial* hemos utilizado un conjunto selecto de 18 bibliotecas privadas y 9 registros comerciales, cuyos códigos y características externas más notables se presentan a continuación.

Colecciones de libros particulares

NAR (1545)	ARI (1614)
RIQ (1548)	GAR (1616)
ISA (1576)	MED (1635)
QUI (1576)	HUR (1636)
DAV (1582)	AVI (1648)
MAL (1591)	MIL (1662)
MON (1594)	BRA (1670)
SOL (1606)	MOL (1673)
ORD (1611)	ALM (1698)

---

[2]En su tantas veces citado estudio sobre los libros en la España del Siglo de Oro, Chevalier (1976: 47-48) ha prevenido contra el falaz deslumbramiento que puede ocasionar el trasplante de métodos cuantitativos a la historia de la lectura. Para evitar este fetichismo se requiere un análisis crítico de los inventarios de bibliotecas y una meditada confrontación.

Registro de libros comerciales

RIO (1583) — Escritura de acuerdo otorgada por Juan Jiménez del Río, librero, encargando a Francisco de la Hoz la compra en España de una remesa de libros. Lima, 1583 (publ. en Leonard 1953: 290-299).

BUT (1591) — Escritura de obligación otorgada por Francisco Butrón, merca der, comprometiéndose a hacer un pago a Luis de Padilla para completar la suma de 2.767 pesos (ensayados), correspondiente a una remesa de libros que compró de él. Lima, 1591 (publ. en Guibovich Pérez 1984/85).

ACO (1601) — Escritura de pago certificando el abono de 1.498 pesos hecho por Lorenzo Vásquez, morador en Lima, y su fiador el librero Antonio Fernández de Acosta, por la compra de una remesa de libros. Lima, 1601 (AGN, Protocolo notarial de Diego López, 1601, fol. 1769v).

MEN (1606) — Escritura de recibo otorgada por Miguel Méndez, mercader de libros, certificando la adquisición de 45 cajas de libros de manos de Juan de Sarriá el mozo, procedente de España. Lima, 1606 (publ. en Leonard 1953: 336-347).

SAR (1606) — Escritura de recibo otorgada por Juan de Sarriá el mozo (hijo de un comerciante de Alcalá de Henares), certificando haber tomado del poder de Miguel Méndez un lote de libros para llevarlos y venderlos en el Cuzco. Lima, 1606 (publ. en Leonard 1953: 348-355).

CHA (1613) — Escritura de obligación otorgada por Juan Flores Chacón, mercader, comprometiéndose a pagar a Juan de Sarriá el mozo la suma de 740 pesos por la compra de una remesa de libros. Lima, 1613 (publ. en Leonard 1953: 334-335).

SAL (1641) — Escritura de recibo otorgada por Julián Santos de Saldaña, mercader de libros, certificando haber tomado en consignación 66 cajones de libros para venderlos en su tienda a nombre de los herederos de Manuel Alvarez Osorio. Lima, 1641 (AGN, Protocolo notarial de Bartolomé de Cívico, 1641, fol. 1496).

CIA (1651) — Inventario y almoneda pública de los libros que quedaron por muerte de Tomás Gutiérrez de Cisneros, comerciante de Lima, en su tienda de esta ciudad. Lima, 1651 (AGN, Protocolo notarial de Fabián Fernández, 1651, fol. 554).

CIB (1651) — Inventario de 30 cajas de libros consignadas al comerciante Tomás Gutiérrez de Cisneros, que vinieron de España de mano de Jusepe de Buendía y fueron depositadas en el Callao. Lima, 1651 (AGN, Protocolo notarial de Fabián Fernández, 1651, fol. 570v).

Tabla n° 2

OBRAS DE LA LITERATURA ESPAÑOLA MAS FRECUENTES EN EL PERU COLONIAL (SIGLOS XVI-XVII)

	NAR	RIQ	ISS	QUI	DAV	RIO	BUT	MAL	MON	ACO	MEN	SAR	SOL	ORD
Rojas, *La Celestina*	4x			x		12x	22x			3x		3x		
Guevara, *Epístolas*		x					2x			4x				
Ocampo, *Crónica España*		x			x									
Mejía, *Silva Varia*	x					6x	x							
Mejía, *Historia Imperial*	x		x	x										
Guevara, *Marco Aurelio*						14x				3x	22x	6x		
Ercilla, *La Araucana*					x	12x	4x			18x	7x	2x		
Garcilaso, *Obras*					x	6x	x	x	x					
Zurita, *Anales Aragón*					x									
Rades, *Crónica Ordenes*					x									
Dantisco, *Galateo Esp.*						x				32x	6x			
Guerrero, *Viaje Jerus.*										5x	18x			
Romancero General									144x	14x	3x			
Sandoval, *Alfonso VII*									x			x		
Sandoval, *Carlos V*										17x	x			
Alemán, *Pícaro Guzmán*											2x			
Cervantes, *Don Quijote*										72x	9x			
Mariana, *Historia Esp.*										9x	x	x		
Herrera, *Historia Ind.*											x			
Lope, *Partes Comedias*										x	2x			
Lope, *La Arcadia*										11x	2x			
Lope, *Pastores Belén*														

Tabla n° 2 (continuación)

OBRAS DE LA LITERATURA ESPAÑOLA MAS FRECUENTES EN EL PERU COLONIAL

	CHA	ARI	GAR	MED	HUR	SAL	AVI	CIA	CIB	MIL	BRA	MOL	ALM
Rojas, *La Celestina*			x			3x						x	
Guevara, *Epístolas*	x		x			6x	x		10x				
Ocampo, *Crónica España*							x						
Mejía, *Silva Varia*	x		2x				x	6x				x	
Mejía, *Historia Imperial*					x		x					x	
Guevara, *Marco Aurelio*		x					x						
Ercilla, *La Araucana*					x	2x	x						
Garcilaso, *Obras*					x		2x						
Zurita, *Anales Aragón*	x	x			x		x	x					
Rades, *Crónica Ordenes*			x		2x		x	x				x	
Dantisco, *Galateo Esp.*						2x							
Guerrero, *Viaje Jerus.*						10x	x						
Romancero General	x												
Sandoval, *Alfonso VII*				x	x		x						
Sandoval, *Carlos V*							x			x		x	x
Alemán, *Pícaro Guzmán*	74x		x				x	35x					
Cervantes, *Don Quijote*						3x	x	6x	16x			x	
Mariana, *Historia Esp.*						x	x	8x	3x		x	x	
Herrera, *Historia Ind.*		x					x					x	
Lope, *Partes Comedias*						6x				3x			
Lope, *La Arcadia*							x	6x	10x			x	
Lope, *Pastores Belén*						3x	x	12x	12x				

3. Difusión de la literatura española del Siglo de Oro (poesía, novela, teatro, historia)

Nuestra tabla de *Obras de la literatura española más frecuentes en el Perú colonial*, resumen estadístico de la investigación practicada en inventarios de bibliotecas particulares y registros de mercaderes de libros, contiene los 22 títulos más corrientemente citados durante los siglos XVI y XVII. Preciso es advertir que esta indagación ha dejado la margen la literatura religiosa, por lo cual no se toman en cuenta poesías ni ensayos místicos o ascéticos, ni tampoco obras de historia eclesiástica. De todas maneras, la tabla es fuente de sugestiva información y permite una serie de lecturas diversas. En ella se deja observar, por ejemplo, la evolución de los gustos literarios en la sociedad colonial: así mientras en la época de asentamiento del dominio hispánico (hasta 1580, más o menos) predominan la *Celestina* y las obras de humanistas como Antonio de Guevara o Pedro Mejía, a partir del siglo XVII se produce un cambio con la introducción masiva del *Guzmán de Alfarache* y el *Quijote*, las diversas creaciones de Lope de Vega y las historias generales de Prudencio de Sandoval, Juan de Mariana o Antonio de Herrera.

Interesante es contemplar la diferenciación de las piezas literarias del Siglo de Oro según el tipo de público. Hay por una parte libros que se pueden considerar típicamente "personales", porque se ubican sobre todo en las bibliotecas privadas: son crónicas y tratados historiográficos como los de Ocampo, Mejía, Rades, Sandoval y Herrera. Por otro lado hay libros típicamente "comerciales", que abundan sobre todo en los registros de mercaderes: son obras de entretenimiento, como el *Galateo español* de Gracián Dantisco, el *Viaje de Jerusalén* de Guerrero, el *Romancero general* y las comedias de Lope. Y hay además un tipo de lecturas de popularidad "constante", que figuran tanto en los inventarios privados como en los mercantiles: este grupo privilegiado incluye a la *Celestina*, la *Araucana* y el *Quijote*, las poesías de Garcilaso y las *Epístolas familiares* de Guevara, la *Silva de varia lección* de Mejía y la *Historia general de España* de Mariana.

Como otros investigadores lo han adelantado (cf. Lohmann Villena 1944: 243-244), se comprueba en nuestro trabajo que Lope de Vega fue el autor predilecto en las Indias durante la época madura del coloniaje. Los registros bibliográficos consultados para el virreinato peruano manifiestan la primacía de sus comedias, sea en cuadernillos sueltos o recopiladas en las famosas "partes" (desde 1604); le siguen en popularidad su pastoril narración de la *Arcadia* (1598), la novela a lo divino de los *Pastores de Belén* (1612), el *Isidro* (1599), la *Hermosura de Angélica* (1602), el *Peregrino en su patria* (1604) y las *Rimas sacras* (1614)[3]. Se ha dicho que los temas de las comedias lopescas deleitaban

---

[3]Normalmente se indica entre paréntesis el año de la primera edición, y de la primera parte, de las obras citadas.

a la mayoría de la población, que gozaba con sus frecuentes representaciones en los "corrales" de Lima y otras ciudades, pero que su estilo no era del agrado de los escritores criollos, pues veían en él una excesiva simplicidad expresiva (Sánchez 1950-51, III: 98).

Quizá fuera mayor la capacidad de atracción intelectual ejercida por el inge- nio conceptista de Francisco de Quevedo, cuyas composiciones inundaron también en el siglo XVII el mercado de libros colonial. En las bibliotecas peruanas se registran su *Política de Dios* (1626), los *Sueños* o *Juguetes de la niñez* (1627) y la *Vida de Marco Bruto* (1644), así como las recopilaciones póstumas de sus poemas y de sus prosas satíricas, políticas y devotas. Al igual que la poesía de Góngora — que figura con menor frecuencia en nuestros documentos —, las composiciones de Quevedo hacen una utilización excepcional de los conceptos y las palabras y demuestran las ansias de la literatura de querer "ser más", invadiendo en su afán de sensación completa el campo de las demás artes; se trata en realidad de construcciones extraordinariamente modernas, de auténticas investigaciones sobre el lenguaje (Picón Salas 1944: 124; Bennassar 1983: 299).

Dentro de la poesía española, salvando a los grandes autores ya mencionados, las preferencias del público lector se orientan en la vena lírica por Garcilaso de la Vega, quien a finales de siglo XVI introdujo mediante las compilaciones póstumas de sus versos la métrica italiana de la "octava real". En la vena épica sobresale por supuesto la *Araucana* de Alonso de Ercilla, con sus tres sucesivas partes (1569, 1578, 1589), que no sólo cantan la epopeya de la fundación española de Chile, sino al mismo tiempo constituyen una crónica americana de profunda visión estética y precisión descriptiva (Pierce 1968: 267-271; Anderson Imbert 1970: 71-73). Otras composiciones poéticas que aparecen frecuentemente en las bibliotecas son el cancionero de Jorge de Montemayor (1571), las obras en metro tradicional de Cristóbal de Castillejo (15-73), la recopilación de varias poesías de Pedro de Padilla (1580), el *Viaje entretenido* de Agustín de Rojas Villandrado (1603) y las rimas de Lupercio Leonardo de Argensola (1634).

Paralelamente con la poesía culta se desarrolló la afición por el tradicional romance castellano, canto narrativo que — como arriba hemos dicho — halló profunda acogida en las sociedades mestizas americanas. Es digna de nota la rapidez con que circularon el *Romancero general* de 1600 y su segunda parte o "romancero nuevo" de 1605, que aparecen casi inmediatamente de la publicación en los registros comerciales de libros enviados con destino al Perú. Ambas publicaciones contribuyeron a consolidar la moderna forma del romance, exclusivamente poético (leído), y sirvieron para difundir una exaltada imagen de dicho género: en el prólogo atribuido a Lope de Vega se presenta al romance como el ejemplo más genuino de poesía natural y se alaba su valor de género propiamente español (Menéndez Pidal 1953, II: 158-160).

De acuerdo con los testimonios de archivos, las exuberantes historias de las novelas de caballerías ocupan la atención de los colonizadores iberoamericanos hasta la primera década del siglo XVII, en que son reemplazadas por otras clases de relatos de ficción. Para entonces ya habían casi plenamente satisfecho el apetito popular por las aventuras y lo exótico, echando a rodar historias fantásticas y sentimentales de toda especie (Leonard 1953: 231-239). Las obras más solicitadas en este género fueron las crónicas de *Don Florisel de Niquea*, por Feliciano de Silva (1532), *Don Belianis de Grecia*, por Jerónimo Fernández (1547), el *Caballero del Febo*, por Diego Ortúñez de Calahorra (1562), y *Lepolemo o el Caballero de la Cruz*, por Alonso de Salazar (1563).

A dichos títulos pueden agregarse otras crónicas de batallas y personajes, algunos medio legendarios, otros medio novelados, que figuran asimismo en las bibliotecas del Perú colonial. Destaca en este grupo de "novelas históricas" la vivaz e imaginativa *Historia de las guerras civiles de Granada*, obra de Ginés Pérez de Hita (1595), junto con la *Crónica del rey Don Rodrigo*, atribuida tradicionalmente a Pedro del Corral. Les acompañan la crónica del rey Alfonso el Sabio, la crónica del rey Juan II, la crónica del Gran Capitán y la crónica del capitán Jorge Castrioto, todas estas de dudosa paternidad.

La caída en popularidad de los relatos de aventuras caballerescas se explica por la aparición de otros géneros de novelas — pastoril, picaresca, cortesana, moralista — que irrumpen masivamente en Hispanoamérica a comienzos del siglo XVII. Las investigaciones de Irving A. Leonard (1953: 215-252) se han ocupado de mostrar convenientemente los caminos por los cuales el *Guzmán de Alfarache* de Mateo Alemán (2 partes, 1599-1604) y el *Don Quijote de la Mancha* de Miguel de Cervantes (2 partes, 1605-1615) penetraron en los mercados de libros de Lima y el Cuzco, en grandes cantidades, muy poco después de su salida de las prensas metropolitanas. Más allá de las locuras quijotescas, Cervantes fue leído con avidez en la sociedad colonial porque se apreciaba en sus narraciones la virtud de reflejar la vida cotidiana sin subterfugios ni ocultamientos (Sánchez 1950-51, III: 98)[4]. Al lado de esas piezas clásicas, el campo novelesco propiamente dicho estuvo dominado por la bucólica *Diana* de Jorge de Montemayor (1559), las *Novelas ejemplares* de Cervantes (1613), los *Sucesos y prodigios de amor* de Juan Pérez de Montalbán (1624), las *Experiencias de amor y fortuna* de Francisco de Quintana (1626), la farragosa *Argenis* de José Pellicer de Tovar (1626) y las *Harpías en Madrid* de Alonso de Castillo Solórzano (1631).

La prosa didáctica fue otro de los géneros más difundidos en el ambiente perulero. Aquí se incluyen obras misceláneas como recopilaciones de sentencias, proverbios, refranes y emblemas: compilaciones que nos permiten formar

---

[4]El mismo Sánchez (1950-51, III: 104) ha afirmado empero, con cierta exageración, que las letras coloniales son de naturaleza anticervantina. Su postulado es que una literatura ayuna de novelas como la de Hispanoamérica tenía que mirar con desconfianza a un novelista ciento por ciento: por esto Cervantes fue "publicado bastante, leído mucho, imitado nada" (*ibid.*: 103).

un concepto de la cultura oral española en el Siglo de Oro, que impactaba tanto a los lectores como a los oyentes (Chevalier 1976: 60-61)[5]. Más específicamente, los inventarios de bibliotecas revelan la popularidad de las *Epístolas familiares* (1539) del franciscano Antonio de Guevara, que comprenden una serie de jugosas misivas auténticas y falaces; el mismo Guevara, cronista regio y obispo de Mondoñedo, aporta su divulgada obra de preceptiva política titulada *Reloj de príncipes* o *Libro áureo de Marco Aurelio* (1529)[6]. También pertenecen a la corriente didáctico-moralizante la *Silva de varia lección* del latinista Pedro Mejía (1540), el *Galateo español* o tratado de costumbres, "para ser bien quisto o amado por las gentes", de Lucas Gracián Dantisco (1582), y el relato del *Viaje de Jerusalén* que hizo el compositor sevillano Francisco Guerrero (1590).

Ya hemos apuntado al inicio que la *Celestina* de Fernando de Rojas (1499), obra que virtualmente inaugura la Edad de Oro de las letras hispánicas, gozó de vigencia inalterada en el mundo colonial durante los siglos XVI y XVII. La tragicomedia de Calisto y Melibea no debió de quedar guardada sólo en la estantería de las bibliotecas, sino que fue llevada tal vez con alguna con frecuencia al escenario en las ciudades para el deleite del público criollo o mestizo. Está comprobado que el primer patio de representación de comedias fue instalado en Lima ya a finales del siglo XVI, respondiendo al interés de la gente de la corte y los oficiales de guerra, que gustaban de los coloquios, fantasías y farsas, y también de los graves autos sacramentales (Sánchez 1950-51, III: 67-72). Luego de la *Celestina* y las numerosas piezas de Lope, gozaron también de buena acogida las comedias de Lope de Rueda, las de Tirso de Molina y las de Calderón de la Barca, sobre todo la escenificación del *Sitio de Breda* (1636), que aparece en más de uno de nuestros documentos.

La historiografía española merecería tal vez un estudio aparte para medir la profundidad de su impacto sobre los cronistas y autores eruditos de Indias; aquí, sin embargo, no hemos querido pasar por alto a los exponentes más significativos de este tradicional campo de las letras (cf. Jones 1974; 280-281; Alborg 1970-82, I: 990 ss.). La primacía en orden de divulgación parece corresponderle justificadamente al P. Juan de Mariana, estudioso jesuita, por el espíritu lúcido y crítico de su *Historia general de España* (1601). Le siguen en importancia estadística la *Historia imperial y cesárea* de Pedro Mejía (1545), la *Historia del emperador Carlos V* de Prudencio de Sandoval (1604) y la *Historia del emperador de España Don Alfonso VII* del mismo autor (1600) la *Crónica de las órdenes de Santiago, Calatrava y Alcántara* de Francisco de Rades

---

[5]Lamentablemente, no me ha sido posible acceder al estudio de Margit Frenk, Lectores y oidores: la difusión oral de la cultura del Siglo de Oro. En: *Actas del VII Congreso de la Asociación Internacional de Hispanistas* (Venecia, 1980).

[6]Por ser una obra de carácter teológico, no hemos incluido aquí el *Monte Calvario* de fray Antonio de Guevara (2 partes, 1542-1549), que fue otra de las lecturas más divulgadas en el Perú colonial.

(1572), los *Anales de la corona de Aragón* de Jerónimo Zurita (1562), la *Crónica general de España* de Florián de Ocampo (1543) y *la Historia general de las Indias* de Antonio de Herrera (1601).

Otras composiciones históricas que se mencionan con frecuencia en los inventarios consultados son el *Viaje del príncipe Felipe* por Calvete de Estrella (1552), el compendio historial de Garibay y Zamalloa (1571), la crónica general de Ambrosio de Morales (1574; continuación de la de Ocampo), la historia de los reyes godos de Julián del Castillo (1582), la historia de la China de González de Mendoza (1585), la *Historia trágica del duque de Birón* por Mártir Rizo (1629) y la historia del rey Enrique III de Gil González Dávila (1638)[7]. Por el hecho de que muchas de estas obras surgieron de encargos oficiales, sirviendo los autores el puesto de cronista regio en la corte, puede decirse que el interés historiográfico de los colonizadores siguió una tendencia marcadamente oficialista. Aunque también podría proponerse la hipótesis de que la censura de lecturas establecida por la monarquía resultó en este ámbito particularmente rigurosa o efectiva.

Sea ello como fuere, quedan por referir en último término algunas piezas que escapan al campo estricto de la literatura española del Siglo de Oro. Los documentos permiten apreciar que todavía en la época que enfoca esta investigación conservaban plena vigencia ciertos clásicos de la literatura castellana medieval, como el cantar de Mío Cid, el *Laberinto de fortuna* de Juan de Mena y las coplas de Jorge Manrique; traspasadas a la ribera opuesta del Atlántico, estas obras maestras de la poesía mantuvieron por largo tiempo su valor de modelos literarios (cf. Chevalier 1976: 56). Por otra parte, semejante debió ser el influjo ejercido por Luis de Camoens con la epopeya portuguesa de sus *Lusiadas* (1572), un texto que — bien en su lengua original o en traducción castellana — aparece con notable asiduidad en las bibliotecas del Perú virreinal.

4. Las letras coloniales: reflejo del ambiente cultural de Indias

Extendiendo ese bosquejo de las letras españolas del Siglo de Oro al campo de la americanística, habrá que señalar la significativa escasez de crónicas y estudios relativos al mundo americano que se aprecia en las bibliotecas coloniales. Se manifiesta un desinterés generalizado por la historia del Nuevo Mundo, sus civilizaciones autóctonas, sus lenguas y costumbres, sus recursos naturales, etc. En los documentos utilizados para esta investigación destaca sólo la repetida presencia de la *Historia natural y moral de las Indias* del jesuita José de Acosta (1590) y de la *Historia del Perú* del palentino Diego Fernández (1571), la cual — pese a haber sido censurada por el Consejo de Indias — circuló evidentemente en los dominios de ultramar (Friede 1959: 64-65). Tratando de

---

[7]A manera de complemento cabe señalar la *Historia pontifical y cathólica* del clérigo Gonzalo de Illescas (2 partes, 1565-1573), que fue seguramente la obra más consultada en el virreinato en materia de historia eclesiástica.

explicar ese desapego de los colonizadores hacia los relatos y descripciones de los cronistas de Indias, Lohmann Villena (1944: 238) ha escrito: "No tenían de ellos la misma [favorable] opinión los colonos, en quienes hemos de suponer que carecería de mayor atractivo leer, en prosa desmayada, descripciones de panoramas o de hechos históricos en que habían sido actores o testigos".

Pensamos que la carencia de materiales americanistas se explica fundamentalmente por el propósito que orientaba la formación de las bibliotecas coloniales, con libros en su mayoría importados del Viejo Mundo. Está claro que los textos impresos fueron utilizados en la sociedad indiana ante todo para mantener el contacto con la ideología y la cultura europeas, y no para adquirir un conocimiento más exacto de la realidad que se confrontaba día a día; los individuos particulares y las comunidades religiosas hacían grandes desembolsos para mantener colecciones bien nutridas y actualizadas de libros transportados desde lejanas metrópolis. Es por ello que se observan marcados cambios de gusto en las lecturas del virreinato peruano, conforme evolucionan las modas literarias en la Península. Baste recordar por ejemplo el caso de las novelas de caballerías, que desaparecen completamente de los registros de embarque a partir de la primera década del siglo XVII, o sea en coincidencia con la masiva introducción del *Quijote* — enemigo declarado de las novelas caballerescas — y de otros géneros, como las populares comedias de Lope de Vega (Leonard 1953: 256-257).

¿Qué grado de influencia ejercieron los clásicos hispánicos en el desarrollo de la literatura colonial de América? Hubo una recepción mediatizada, una limitada vitalidad de los modelos, porque el aislamiento geográfico, la falta de estímulo social y los obstáculos materiales forzaban a los escritores criollos a mirar humildemente las creaciones literarias de España. Se ha afirmado que los prosistas y versificadores indianos "miraban deslumbrados esos distantes brillos, sintiéndose pobres" (Anderson Imbert 1970: 78), y que los hombres de letras en el Nuevo Mundo experimentaban una condición de marginalidad cultural, que los mantenía dependientes, atrasados, frente al ritmo de evolución de la literatura metropolitana (Concha 1976: 45).

A pesar de esas limitaciones, y no obstante el corto número de obras de Góngora que figuran en los inventarios de bibliotecas peruanas, Luis Alberto Sánchez (1950-51, III: 99-102) ha insistido en el vigor con que la escuela culterana debió haber servido de patrón a la mayoría de escritores en el virreinato. El estilo gongorino, propenso al adorno y la ceremonia, encajó perfectamente en una sociedad como la limeña, protocolaria y galana, acostumbrada al boato de la corte; ya desde el temprano siglo XVI se había manifestado en el Perú el gusto por las expresiones retorcidas y la abundancia de citas grecolatinas. Más que Cervantes o Lope, es Góngora quien habría representado el modelo por excelencia de los literatos coloniales. Lo lamentable es que el aire renovador de "poesía pura" que transmitía el culteranismo fue puesto en Hispanoamérica al servicio de intenciones claramente apologéticas del orden colonial, como instrumento de reverencia hagiográfica (Concha 1976: 44-46).

El barroco literario de las Indias asumió, en consecuencia, un carácter particularmente superficial, aparente. Para lograr reconocimiento en la sociedad, los intelectuales criollos debían someterse al juego de los certámenes poéticos, las tertulias palaciegas y las funciones ceremoniales, donde se realizaban lucidos artificios verbales. Así se desarrolló una literatura oficialista de aspecto ornamental, ingenioso, pero que al mismo tiempo servía para alienar al auditorio de la realidad cotidiana, envolviendo el mundo colonial bajo una falsa apariencia de armonía (Picón Salas 1944: 127-131). Las exquisiteces del ejercicio poético — que no descartaban el eventual surgimiento de sátiras mordaces — se practicaban en el marco de una reducida elite, formada por burócratas diletantes, soldados curiosos y allegados de la corte. El fenómeno ha sido descrito por Enrique Anderson Imbert (1970: 57-58), con tono cáustico, inmejorablemente:

> en las colonias la literatura era ejercicio de reducidos núcleos cultos, apretados en torno de minúsculas instituciones, islas humanas en un medio de masas iletradas, en encogida actitud imitativa, aficionados incapacitados para un esfuerzo perseverante en el aprendizaje artístico, desprovistos del aparato legal, comercial y técnico de la industria del libro, desanimados por las dificultades materiales.

El formalismo recargado y la imposición de la ideología gobiernista determinarán los rasgos esenciales de las letras de Hispanoamérica colonial[8]. Aunque hubo franca tolerancia para la importación y lectura de los más variados exponentes literarios del Siglo de Oro, como hemos visto en los inventarios de bibliotecas y registros de mercaderes, la inspiración de los escritores criollos — dependientes de mecenas situados en puestos claves de poder — se vio "atada a temas de pie forzado, sin válvula de escape hacia otros temas, pues la tenían en asedio el poder político y el eclesiástico" (Sánchez 1950-51,III: 74). De ahí se explica la abundancia de ripios y el florecimiento de unos determinados géneros que respondían al programa político-cultural favorecido por las clases dirigentes. En la literatura virreinal abunda la poesía épica, de asuntos tanto militares como sagrados; proliferan las versificaciones líricas de escaso mérito; se multiplican los cronicones de órdenes religiosas; hay escasez de composiciones dramáticas y una casi absoluta inexistencia de la novela, vale decir, del género esencialmente crítico por tradición (Concha 1976: 33-34).

Esa relación de presencias y exclusiones de los géneros creativos no se corresponde, en realidad, con la variedad de textos que llegaron y se difundie-

---

[8]El enrevesamiento formal invade no sólo la literatura, sino también el discurso jurídico, la disertación teológica y toda clase de trabajo intelectual, como medio para evitar la penetración de "novedades". En el ámbito de las Indias la creación académica posee carácter crítico y formas de complejo refinamiento (Picón Salas 1944: 131).

ron por tierras del Nuevo Mundo durante los siglos XVI y XVII, sino más bien con las limitaciones del ambiente publicístico y cultural impuesto por los dirigentes gubernativos. Sólo los grandes autores residentes en Indias — Guamán Poma, Balbuena, Rodríguez Freile, Caviedes, Sor Juana Inés, Sigüenza y Góngora, entre otros — fueron capaces de combinar sabiamente lo peninsular y lo indiano, creando con toda sutileza las líneas de un "discurso disidente", que la mayoría de las veces se adecuaba externamente a los modelos literarios importados de la metrópoli (Chang-Rodríguez 1991: XVII). Por lo demás, lo que imperó en las comunidades hispánicas de América fue la adulación de los señores de palacio, el conceptismo administrativo, el barroquismo poético y una extraordinaria (pero frenada) curiosidad intelectual, como se revela en los inventarios bibliográficos del Perú que hemos analizado en este trabajo.

II

BIBLIOTECAS Y AMBIENTE INTELECTUAL: MONOGRAFIAS

4) Los primeros libros en el Perú colonial: la biblioteca del obispo Vicente de Valverde (1542)

En el Archivo Histórico Riva-Agüero, en Lima, existen varios documentos interesantes sobre la vida de fray Vicente de Valverde, primer obispo del Cuzco, de los cuales ofreció la primera referencia fray Alberto María Torres, quien los revisó a comienzos de este siglo cuando estaba preparando su obra sobre Valverde[1]. A la sazón, la serie de once manuscritos se encontraba en el Archivo del Convento de Santo Domingo, formando un legajo impropiamente titulado *Testamento del Padre Valverde*. Posteriormente, según se recuerda en círculos dominicanos todavía hoy, los documentos fueron sacados de allí y vinieron a parar a manos de José de la Riva-Agüero, quien en 1909 especificaba: "Me obsequió este documento don Carlos Alberto Romero"[2]. A partir de entonces, los papeles han sido mencionados y comentados sucesivamente, por el mismo Riva-Agüero, en un discurso de 1939 (1962: 594), por Lohmann Villena (1944: 238 y 1971: 19) y en un par de artículos periodísticos recientes (cf. Miró Quesada 1982b: 215-219).

Antes de estudiar la apreciable colección bibliográfica que poseía el obispo, conviene conocer algunos datos de su biografía. Nacido en Oropesa a comienzos del siglo XVI, provenía por el lado paterno de un linaje oriundo de Trujillo de Extremadura, la patria de Pizarro y de muchos otros conquistadores; su padre era criado del Conde de Oropesa (padre del virrey Toledo) y de su madre se decía que era descendiente de judíos. No obstante tales antecedentes, en 1515 comienza sus estudios en la facultad de teología de la universidad de Salamanca, que prosigue después de recibida la ordenación sacerdotal en el colegio mayor de San Gregorio, de Valladolid. Aquí llegó a ser lector en artes y teología y fue discípulo del jurista Vitoria de quien seguramente recibió enseñanzas sobre el espíritu humanístico del Renacimiento. Debemos remarcar que los años de formación académica de fray Vicente coinciden justamente con el apogeo de la influencia de Erasmo, entonces con respaldo oficial, cuando impulsa el iluminismo y promueve una revolución religiosa en España.

Cuando Pizarro se encontraba alistando su partida de la metrópoli, Valverde fue llamado por los superiores de la Orden de Predicadores para integrar el elenco de seis frailes dominicos que lo acompañarían en su tercer y definitivo viaje de conquista del Perú. Como sus hermanos de hábito murieron o quedaron en el camino, nuestro personaje resultó el único sacerdote regular que llegó a este país, por lo cual le tocó desempeñar un papel central en los principales acontecimientos de la conquista. Así, intervino en Cajamarca en la captura de Atahualpa, con quien se entrevistó antes de la masacre y le expuso el requeri-

---

[1]Torres 1932: 166-167 y 227-229; transcribe sólo algunos fragmentos del texto.

[2]AHRA. Anotación manuscrita en una de las hojas sueltas que sirven de índice al volumen s/n. con papeles sobre Valverde.

miento para que se sometiera a la obediencia de la monarquía hispana; no obstante, fue el único de los presentes que no obtuvo parte alguna del cuantioso rescate del Inca. Sobre esa entrevista, los testimonios de cronistas coinciden en apuntar que Valverde llevó consigo un libro — una Biblia o un breviario — que fue arrojado al suelo por su interlocutor, en lo que constituye la primera mención de un texto impreso en la historia del Perú. Y el historiador norteamericano James Lockhart, el que mejor ha investigado la composición de la hueste pizarrista (1972: 201-203), concluye que el fraile era el único de sus integrantes que había seguido estudios universitarios.

Vuelto a su patria luego de la toma del Cuzco, Valverde recibió instrucciones en la corte y fue consagrado obispo del Cuzco, en 1537. Dotado de amplios poderes como protector de los naturales, inquisidor y visitador de la Real Hacienda, regresó al Perú el año siguiente trayendo consigo un impresionante cargamento de libros. Vino acompañado de un numeroso séquito de parientes y amigos, transformado en el eje de un verdadero foco de poder, y con la intención de radicar en la sede de su diócesis. Sin embargo, el asesinato de Pizarro por los almagristas lo obligó a cambiar sus planes. Se trasladó a Lima, y en noviembre de 1541 huyó en un navío con cerca de cuarenta españoles, todos ellos del bando pizarrista, con la intención de unirse al licenciado Vaca de Castro, enviado de la Corona. Pero tuvieron la desgracia de caer en manos de los rebeldes indios de la isla de la Puná, que mataron a todos[3].

Los manuscritos guardados en el Archivo Riva-Agüero, que incluyen el inventario y la almoneda de los bienes del personaje, así como la relación de sus deudas, nos permiten conocer detalladamente los hechos que ocurrieron a la muerte de Valverde. Fallecido éste sin dejar testamento, quedó automáticamente como heredera universal su hermana, la analfabeta doña María de Valverde, quien a poco se presentó ante el Cabildo limeño a reclamar sus derechos. Entonces, el 30 de enero de 1542, se procedió al inventario de los bienes. Y en virtud de la información que proporciona la escritura correspondiente, podemos saber que la biblioteca de Valverde incluía un total de 178 libros, comprendiendo volúmenes grandes y pequeños, unos encuadernados en cuero y otros en pergamino, entre los cuales "diez libros que tyene el vicario en guarda"[4].

A continuación, del 16 al 28 de febrero siguiente, tuvo lugar la almoneda de los bienes, que se remataron públicamente en la plaza de la capital y por los cuales doña María de Valverde recibió la suma líquida de 2.614 pesos. Entre los objetos que más barato se vendieron figuran algunos libros del difunto, subastados el día 19. El documento nos da a conocer sólo algunos cuantos títulos de aquellos 19 volúmenes, que se repartieron entre el reducido público

---

[3]Para mayores detalles de la biografía del personaje, puede consultarse Hampe Martínez 1981.

[4]AHRA, vol. s/n. con papeles sobre Valverde, doc. 6.

ilustrado de la época: letrados, clérigos, escribanos, y el cronista Juan de Betanzos[5]. Sin embargo el número de obras rematadas en la almoneda constituye apenas una mínima parte de la colección de nuestro personaje. Caben entonces dos interrogantes: ¿por qué se remataron precisamente esos libros? ¿qué pasó con el resto de la biblioteca? Para esta última pregunta puede ensayarse una contestación, basada en un dato que ofrece la relación de deudas de Valverde: el préstamo de 500 pesos que él había obtenido del capellán de Pizarro y obispo de Quito, bachiller Garci Díaz Arias. La heredera del dominico decidió cancelar la deuda pagando a Díaz Arias en "libros e otras cosas", con lo que según — presumimos por lo elevado del monto — le habría transferido la mayor parte de la biblioteca[6].

Como ya se ha indicado, fue Nebrija, sin duda, el autor español más difundido durante la Colonia; sus gramáticas castellana y latina se llevaron a América en grandes cantidades. Desde luego, no faltaba en la bien nutrida biblioteca del obispo Valverde un ejemplar de su *Arte o Gramática de la lengua castellana* (Salamanca, 1492)[7], que fue vendido en dos pesos y medio al bachiller Guerra de Céspedes, clérigo. La referencia es importante porque dicho escritor no solamente introdujo pautas fundamentales en la lingüística, sino que también constituyó una figura de primer orden dentro del humanismo español. En la Prerreforma de los primeros decenios del XVI surge Elio Antonio de Nebrija como el principal soporte intelectual de la labor reformista que emprende el cardenal Cisneros bajo protección de los Reyes Católicos. Nebrija (o simplemente Antonio, como lo llamaban los bibliógrafos de la época colonial) es en España uno de los precursores del Renacimiento, busca vigorizar la antigüedad clásica y preludia el advenimiento de Erasmo (cf. Rivara de Tuesta 1970: 16)

En la almoneda de los bienes de Valverde figuran dos textos de Erasmo. Se informa del remate de "vn libro de romançe hecho por Erasmo" (sin mayores precisiones), que compró el cura de la iglesia mayor de Lima, padre Alonso de Henao, clérigo almagrista que participó en la conjuración para asesinar a Pizarro; y aparece asimismo el *Enchiridion*, vendido al mercader Alonso Requejo, quien también adquirió un astrolabio y una carta de marear pertenecientes al obispo. Representa ésta, el *Enchiridion militis christiani (o Manual del caballero cristiano),* una obra fundamental dentro del erasmismo español; contó con la aprobación del Emperador y, traducido varias veces al romance a partir de 1526, se convirtió en lectura habitual para miles de peninsulares. Escrito a comienzos de siglo (1502), es el primer breviario del humanismo cristiano y reformista, un compendio de reglas que respondía a las más profun-

---

[5]Véase Apéndice Documental n° 1, *infra.*
[6]AHRA, vol. s/n con papeles sobre Valverde, doc. 1.
[7]Torre Revello 1940: 207, 228. En esa y en las demás obras citadas, los datos del lugar y año de publicación se refieren siempre a la primera edición.

das inquietudes espirituales de los hombres de aquel tiempo (cf. Miró Quesada 1982b: 215-216; Rivara de Tuesta 1970: 22-23).

Fray Vicente no era el único lector erasmista del Nuevo Mundo. Así como él, hubo en los comienzos del período colonial muchos españoles que trajeron obras del humanista de Rotterdam a diversas partes de las Indias, tal como lo aseveran las noticias documentales. En el testamento que otorgó en Valladolid, en 1536, el viejo conquistador Diego Méndez de Segura, que había servido como escribano mayor en el último viaje de Colón, anunciaba a sus hijos, establecidos en Santo Domingo, que les enviaba diez volúmenes, entre los cuales cinco de Erasmo[8]. Además, consta que el adelantado Pedro de Mendoza, primer fundador de Buenos Aires, llevó al Río de la Plata (en 1534) un libro de Erasmo (Furlong 1944: 23), y en 1539, el extremeño Francisco de Sayavedra, acusado de herejía, revelaba en Jalisco su afición erasmiana (Bataillon 1950, II: 438-439). De otro lado, en el Perú, encontramos después del de Valverde un caso semejante, que protagoniza el canónigo Pedro de Villalverche, procesado por la Inquisición limeña en 1570. Al efectuarse el inventario de sus bienes se halló en su casa "un libro en latín que son las ocho partes de Herasmo" (cuyas obras, para entonces, estaban incluidas en el Indice); sin embargo, el libro pertenecía en verdad a un Salvador Martínez, a quien sorprendentemente se le devolvió[9].

De primera intención, el erasmismo pasa a América como una extensión del movimiento español, lo cual se explica por ser la criolla una proyección de la cultura ibérica. Pero los ideales de renovación cristiana prenden en este continente con especial fuerza debido a condicionamientos históricos: la evangelización de los aborígenes y el reasentamiento de población europea posibilitan la realización de los postulados reformistas. "Del erasmismo español se derivó hacia América una corriente animada por la esperanza de fundar con la gente nueva de tierras nuevamamente descubiertas una renovada cristiandad", afirma Bataillon (1950, II: 443). Así se explica el influjo directo de textos de Erasmo sobre religiosos como el franciscano obispo Zumárraga, en México, y el dominico Valverde, en el Perú.

En el marco del impulso renacentista por restablecer los valores culturales de la época clásica destacan los estudios sobre el latino Publio Terencio. De él nos han quedado solamente seis de sus comedias, distinguidas por su elegante estilo y la claridad del lenguaje, que mereció ser editado y traducido en el siglo XVI por notables pensadores. Entre ellos figuran los repetidos Nebrija y Erasmo, responsable este último de una célebre versión latina de 1532; y otro editor importante fue el protestante alemán Felipe Melanchton, el colaborador

---

[8]Las cinco obras en referencia son: *Aparejo para bien morir, Coloquios, Lengua, Querellas de la paz* y un *Sermón*; véase Bataillon 1950, II: 436-437.

[9]AGN, Tribunal de la Inquisición (Contencioso), leg. 1 (1570-88), cuad. 1, fols. 2 y 6. Véase también Rivara de Tuesta 1970: 31-32.

de Lutero[10]. Alguna de esas ediciones de Terencio estaba en posesión de Valverde y fue subastada junto con los demás libros en la almoneda. En esta oportunidad, el comprador resultó bastante más conocido: el cronista Juan Díez de Betanzos, encomendero del Cuzco, casado con una amante de Pizarro que descendía del linaje incaico, quien se hizo del ejemplar mencionado a cambio de un peso y seis tomines.

Aparte de las obras comentadas, se sacaron a la venta otros quince volúmenes pertenecientes al prelado. En su mayoría trataban de asuntos religiosos, y son difíciles de rastrear bibliográficamente por dos motivos: la corriente imprecisión en la indicación de los títulos y la abundancia de ediciones y obras de diferentes autores sobre materia similar. Aparece un "libro de theología", comprado por el escribano Bernaldino de San Pedro, al lado de dos "libros de los milagros de Nuestra Señora"; para el segundo de éstos queda especificado que se trata del culto a la Virgen de la Peña de Francia, nombre de una montaña de Pontevedra, al noroeste de España. Por otra parte, no deja de llamar la atención la noticia de que el bachiller Juan Vélez de Guevara, capitán gonzalista ajusticiado por la Gasca en el campo de Jaquijahuana, adquirió nueve libros pequeños para los padres dominicos, miembros de la misma congregación que el obispo. Tal dato podría ser útil para reconstruir las relaciones que se establecieron entre los soldados y los frailes durante las contiendas civiles que ocurrieron en el virreinato.

Por la época que le tocó vivir en los años de su formación en la metrópoli y por los autores que figuran en su biblioteca, no caben dudas acerca de la alineación del obispo Valverde con la corriente humanística propia de su tiempo. Casi se podría afirmar que el marco de su vida coincide con el apogeo del Renacimiento; su actuación resulta, pues, claramente determinada por la realidad histórica. Fraile destinado a la evangelización del Perú, nombrado protector de los indios e investido de facultades inquisitoriales, representa un buen ejemplo de aquellos cristianos que pretendieron — muy pocas veces con éxito — encarnar en el Nuevo Mundo el humanismo reformista propiciado por Erasmo.

He dejado para el final un libro cuyo contenido disuena respecto del de las obras arriba citadas, que son de carácter espiritual y contemplativo. En cambio, la materia de que se ocupa el *Libro de albeytería*, rematado al licenciado Guerrero, un letrado, es eminentemente práctica: la veterinaria. No resulta difícil su identificación, pues por mucho tiempo constituyó el primer y único texto impreso sobre el tema en España. Su autor es el escritor valenciano Manuel Díez, mayordomo del Rey Alfonso V de Aragón, que a fines del siglo XV compuso este *Tractat* sobre las enfermedades de caballos, mulas y otros animales de silla. Publicado originalmente en catalán, fue vertido al castellano

---

[10]A partir de aquí los datos bibliográficos sobre textos renacentistas están extraídos principalmente de British Museum 1965-66 y Penney 1929.

por Martín Martínez Dampies y editado bajo el título de *Libro de albeytería* (Zaragoza, 1495). Un manual como éste atraería de seguro a los vecinos peruleros de esa época, en que el caballo constituía el medio de transporte más rápido y era, por añadidura, escaso y costoso.

Los hechos demuestran que la legislación referente al tráfico de libros en las colonias hispanoamericanas no se cumplió a cabalidad, pues consta que vinieron numerosas obras que estaban oficialmente prohibidas. De este modo, desde los primeros momentos de su asentamiento en el Nuevo Mundo, los colonos tuvieron a la mano los elementos indispensables para su desarrollo intelectual e incluso pudieron seguir de cerca los debates ideológicos que se suscitaban en el continente europeo. Esta realidad también fue válida para el Perú, donde existió buena cantidad de libros desde los años inmediatos a la conquista. Así, está acertado Torre Revello cuando manifiesta que "negar que los hombres más ilustrados de América durante la era colonial, carecían de los necesarios elementos de cultura, es negar la realidad de los hechos" (1940: 132-133).

La inquietud intelectual de algunos religiosos y letrados que tuvieron destacada actuación en los inicios del establecimiento colonial peruano permitió la divulgación aquí de las corrientes de pensamiento más avanzadas. Por medio del obispo Valverde y su círculo de allegados, la colonia se inserta en la órbita del humanismo cristiano, con su prédica de renovación espiritual y eclesiástica; y recogen esta doctrina varios sacerdotes que intervendrán más tarde con éxito en diversos campos de la vida virreinal: asuntos de gobierno, enseñanza universitaria, evangelización de los indios, preparación de vocabularios y catecismos en lengua aborigen. Luego, debido a la presión de la Contrarreforma, cambia la orientación ideológica, pero se mantiene el contacto cultural y continúan llegando libros, pese a que muchos de ellos estaban vedados. Para seguir el rastro del derrotero intelectual de la colonia será necesario contar con mayores elementos de juicio, que deberán surgir de nuevas investigaciones en contacto con las fuentes primarias.

5) Una biblioteca cuzqueña confiscada por la Inquisición: el proceso al doctor Agustín Valenciano de Quiñones (1576)

Dentro de las causas de herejía ventiladas ante el tribunal limeño del Santo Oficio durante los primeros años de su actuación, destaca el proceso seguido al doctor Agustín Valenciano de Quiñones, abogado, vecino del Cuzco, que ya antiguamente llamó la atención de Palma, Medina, Eguiguren y otros estudiosos de la Inquisición en el Perú. Se trata de un largo y sinuoso camino judicial, resuelto finalmente en la corte madrileña: el reo fue acusado de expresar proposiciones heréticas, condenado a abjurar públicamente de esas "falsas creencias" y penado por la pérdida de todos sus bienes, pero en última instancia resultó absuelto de culpa, devolviéndose a sus herederos el derecho de poseer toda clase de honores y oficios. Más allá de los elementos puestos en juego a lo largo del litigio, nos interesan los papeles relativos a la causa del doctor Quiñones porque a través de ellos puede conocerse su excelente biblioteca particular, afamada como el mejor conjunto libresco del virreinato peruano en el siglo XVI; el análisis y la identificación de los títulos de dicha biblioteca ocuparán la mayor parte del presente trabajo.

La valiosa información que extraemos de este caso, cuyos testimonios se hallan dispersos en repositorios archivísticos de España y Perú, demuestra claramente la importancia que encierra la documentación del Santo Oficio como fuente para la "historia interna" de mentalidades, ideas, actitudes, etc. Hechos de carácter psico-social, que responden a los impulsos del núcleo primigenio e irreductible del alma humana, según ha observado el profesor Escandell Bonet (1980) en su evaluación de los papeles inquisitoriales del siglo XVI.

1. Desarrollo del proceso inquisitorial

Realmente escasas son las noticias biográficas que existen sobre el doctor Agustín Valenciano de Quiñones. Apenas es sabido que era natural de León (España), que cursó estudios de jurisprudencia y que se avecindó en la ciudad del Cuzco, donde vivía casado con doña Luisa Guerrero, hija del encomendero Antonio Guerrero, de origen granadino. En su matrimonio con dicha señora tuvo cuatro hijos: 1) don Luis de Quiñones, 2) doña Petronila de Quiñones, esposa del bachiller Francisco Navarra, 3) doña Isidora de Quiñones y 4) doña Catalina de Torres y Quiñones, mujer de don Diego Osorio[1].

Gracias a su matrimonio con la heredera de Antonio Guerrero, nuestro personaje entró en posesión de la mitad del repartimiento de indios de Camán, en la meseta del Collao; dicha encomienda incluía en la parte correspondiente a Guerrrero más de quinientos hombres tributarios, los cuales entregaban oro, plata, ropa, ganado de la tierra, maíz, chuño y pescado, formando anualmente

---

[1]Datos extraídos de la BNP, Sala de Investigaciones, ms. A-356.

una renta líquida superior a 1,350 pesos ensayados (cf. Cook 1975: 88-89). Junto con ello, el doctor Quiñones era propietario de importantes rebaños de vacas, ovejas, carneros, camélidos y puercos que estaban en el Collao. También poseía algunos predios rústicos en los alrededores del Cuzco y la casa donde moraba, ubicada en la calle San Agustín de la ciudad imperial, así como una pequeña mina de plata (de cinco varas y media) en el cerro de Potosí. Este conjunto de bienes, cuya propiedad compartía con doña Luisa Guerrero, su mujer, valía en total unos 22,000 pesos: cantidad muy apreciable para aquella época y que manifiesta el relativo desahogo con que vivía el abogado leonés.

Virtualmente nada hacía presagiar el ambiente de zozobra y persecución que le tocaría vivir desde 1574, cuando el canónigo Pedro de Quiroga, comisario del Santo Oficio en el Cuzco, remitió a los inquisidores limeños unas informaciones concernientes a la heterodoxia de Quiñones en materia de fe. Un par de testigos expresaron que había negado la idea de que Cristo fuera imagen y figura de Dios Padre, contradiciendo así el sermón de un predicador. Y otras tres personas recordaron que había apoyado públicamente la causa de cierto litigante, proclamando: ¡Adórenlo como a Dios!. Ambos reportes fueron examinados en consulta por el tribunal de la Inquisición el 20 de julio de 1574, tras lo cual se resolvió que debían efectuarse las diligencias necesarias para averiguar enteramente la verdad de la cuestión[2].

El 18 de agosto del mismo año, los inquisidores ordenaron a Valenciano de Quiñones, quien residía momentáneamente en Lima, que no saliese fuera de la capital. Pero cuatro meses más tarde, atendiendo a una solicitud del reo y a las recomendaciones del médico que lo trataba, se le otorgó permiso para irse a curar a la ciudad de Huamanga, mientras se obtenían mayores noticias acerca de sus presuntos delitos. Hay indicios de que el abogado pidió inclusive una licencia para marchar hasta el Cuzco, a fin de visitar a su esposa e hijos, mas parece que su ruego no fue escuchado[3].

Posteriormente llegaron al Santo Oficio las declaraciones exactas en torno a la herejía del vecino cusqueño. Por desgracia, no se ha conservado el expediente íntegro del juicio correspondiente (que, sabemos, constaba de 183 hojas); sólo podemos aproximarnos al tema en virtud del resumen hecho por el doctor Juan Ruiz de Prado con ocasión de la visita que efectuó, hacia 1588, a los papeles guardados en la Inquisición de Lima. De aquí se desprende que tuvo consecuencias decisivas la testificación de un fraile teólogo, el cual dijo:

> que el dicho Quiñones hauía ydo a su conuento y le hauía dicho que
> en un sermón hauía oydo una proposición herética, que hauía sido
> que Jesuchristo era ymagen y figura del Padre, y que esta proposi-
> ción le parescía falsa y herética. Y preguntándole el dicho religioso

---

[2]AHN, Inquisición, leg. 1640/1, n° 4, cuad. 3
[3]*Ibid.*, fol. 6v.

que por qué le parescía mal aquella proposición, repondió el reo porque *ymagen* y *figura* querían decir *cosa accidental*, y no era posible que Christo fuese cosa accidental de su padre. Y queriéndole desengañar de su opinión con la Escriptura Sagrada y con los doctores sanctos, no admitió desengaño, antes se quedó en su opinión.

Además, se recogió una información suplementaria de "otros seys testigos que dicen que el reo tenía un libro en que se decía que San Joseph hauía sido casado antes de ser esposo de Nuestra Señora y hauía tenido dos hijos y una hija"[4]. Tanto esta declaración como la que anteriormente hemos citado aparecen en el clásico libro de José Toribio Medina sobre la historia del tribunal del Santo Oficio, pues el erudito chileno también consultó los legajos de la visita de Ruiz de Prado, a finales del siglo XIX, cuando se guardaban en la fortaleza de Simancas (Medina 1887, I: 111-112). Los documentos nos permiten colegir que fue aquella testificación del fraile la que pesó fundamentalmente en la condena impuesta al doctor Quiñones; trátase de una sugestiva diferencia de interpretación ontológica acerca de Cristo, que muestra a nuestro personaje influido por resabios iconoclastas y cercano, además, a un materialismo de índole racionalista.

Luego de conocer las mencionadas declaraciones, los ministros de la Inquisición ordenaron apresar a Valenciano de Quiñones y secuestrar la totalidad de sus bienes. En Huamanga, por mayo de 1576, fue tomado preso el jurisconsulto leonés. Por otra parte, el canónigo Pedro de Quiroga empezó el 4 de junio siguiente, en el Cuzco, la confiscación de las numerosas propiedades que tenía el hereje; los bienes secuestrados se entregaron en depósito al vecino cusqueño Damián de la Bandera, ilustre funcionario y cronista, con el propósito de realizar después una almoneda pública de ellos[5].

Recluido en la cárcel inquisitorial, el doctor Quiñones admitió haber criticado el sermón de un predicador en el Cuzco y, más aún,

saliendo del sermón, dice hauer dicho a cierta persona que fuera bien que el predicador ouiera dicho que Christo era figura del Padre y *susbstantia et splendor patris*, porque siempre hallaua él estas palabras juntas escriptas.

De modo ratificatorio, en un escrito que presentó al tribunal que lo juzgaba (el 7 de junio de 1576) reiteró su convicción de que "siempre ha tenido por error y herejía decir que Christo es ymagen y figura del Padre no añadiendo aquella palabra *substantia*"[6]... Tal opinión fue sometida al dictamen de tres maestros en teología: dos de ellos la calificaron de proposición herética, y añade el ma-

---

[4]*Ibid.*, fol.7. El subrayado es nuestro.
[5]AGN, Inquisición, Contencioso, leg. 1.
[6]AHN, Inquisición, leg. 1640/1, nº 4, cuad. 3. El subrayado es nuestro.

nuscrito que uno de estos calificadores fue el célebre fray Francisco de la Cruz, dominico quemado en la hoguera por determinación del Santo Oficio limeño (*ibid.*).

Conformaban entonces el tribunal de Lima dos inquisidores, el licenciado Cerezuela, que era el más antiguo, y el licenciado Gutiérrez de Ulloa; ambos revisaban los negocios de justicia en compañía de asesores especiales y de un magistrado del fuero común. Al ponerse en votación el asunto que nos ocupa, los inquisidores emitieron pareceres distintos. Cerezuela propuso que el reo saliera en auto de fe para abjurar públicamente de su herejía, que entregara la mitad de sus bienes al fisco y que permaneciera recluido en un monasterio del Cuzco, sin precisar límites de tiempo. Más radical fue el dictamen de su colega Ulloa, quien votó porque el hereje se reconciliase con la Iglesia en acto público, señalando como castigos que se le pusiera hábito de penitencia, que todos sus bienes fueran confiscados, que guardase un año de reclusión en su casa del Cuzco y que durante tres años más tuviera como cárcel dicha ciudad con diez leguas a la redonda (*ibid.*).

A fin de cuentas, se impuso la opinión del inquisidor Gutiérrez de Ulloa. En acatamiento de ella, Agustín Valenciano de Quiñones perdió todas sus propiedades — incluyendo su magnífica colección de libros — y sus descendientes quedaron privados de disfrutar honras y oficios públicos. La reconciliación de este abogado con la Iglesia se ejecutó en el auto de fe de 13 de abril de 1578, el segundo que tuvo lugar en la plaza mayor de Lima; según prescribían los usos del Santo Oficio, debió salir montado sobre un caballo blanco, con una palma en la mano, para recusar públicamente sus "falsas creencias" o proposiciones heréticas. Fue en ese mismo acto cuando se echó a la hoguera a fray Francisco de la Cruz y se penitenció a los padres Alonso Gasco y Pedro de Toro, dominicos que ganaron celebridad por sus ideas contrarias a la ortodoxia católica (Palma 1863: 4).

Sin embargo, las pendencias judiciales originadas por la herejía del doctor Quiñones se prolongaron ulteriormente muchos años, ya que devino harto problemática la sentencia de confiscación de sus bienes. Su mujer, doña Luisa Guerrero, planteó en litigio que no había derecho para transferir su hacienda a favor del erario, alegando que ella había aportado el matrimonio una dote de 9,000 pesos y que su padre le había dejado en herencia diversos bienes por valor de 10 ó 12,000 pesos, lo que representaba casi todo el capital que estaba sujeto a pleito. El litigio se ventiló ante el licenciado Gutiérrez de Ulloa, como juez de bienes del Santo Oficio[7]. Previamente a la resolución del caso, el 2 de

---

[7]Hay referencias sobre ello en la carta del receptor Juan de Saracho al Consejo de Inquisición, fecha en Los Reyes, 17-IV-1578, y también en la carta de los inquisidores Cerezuela y Gutiérrez de Ulloa al mismo Consejo, fecha en Los Reyes, 26-IV-1579. AHN, Inquisición, lib. 1033, fol. 404, y lib. 1034, fol. 21v (respectivamente).

abril de 1579, doña Luisa suscribió un acuerdo con el receptor Juan de Saracho, determinando ciertas garantías para que ella continuara en posesión de sus casas en el Cuzco y de sus diversos rebaños que pastaban en el Collao; ofreció como fianza de su residencia ubicada en la calle San Agustín la biblioteca particular de su marido, bien afamada en el Perú de entonces[8].

Conviene señalar aquí algunos detalles interesantes sobre el inventario de la biblioteca de Agustín Valenciano de Quiñones, que será objeto principal de nuestra atención en las páginas siguientes. El secuestro de esta colección bibliográfica, de 354 volúmenes, se llevó a cabo el 7 de junio de 1576 por obra del canónigo cusqueño Pedro de Quiroga. La mayor parte de los libros se halló en la sala de estudio del abogado y una exigua porción complementaria (39 volúmenes) apareció guardada en tres cajas en la residencia de la Compañía de Jesús. Consta que por lo menos uno de aquellos libros — los comentarios de Tiraqueau a la ley *si unquam* del código justinianeo — no pertenecía al personaje que enfocamos, porque se restituyó a la propiedad del tesorero de la iglesia del Cuzco. Asimismo, queda especificado que siete volúmenes, de diversos temas, se entregaron a don Luis de Quiñones por haberse traído de Lima especialmente para fomentar los estudios de este hijo del penitenciado[9].

En una carta dirigida al Consejo de la Suprema Inquisición, el 25 de abril de 1579, el receptor Saracho asienta: "En el Cuzco y Guamanga [*sic*] está vna librería deste doctor Quiñones, que me dizen es la mejor que ay en este reyno, y no ay quien la pague ni dé por ella la tercia parte de lo que vale..."[10]. Gran valor tiene este comentario sobre la riqueza del fondo bibliográfico que nos ocupa; es cierto, por añadidura, que no hay constancia de ninguna colección libresca más abundante en el Perú del siglo XVI. Respondiendo a la carta del funcionario limeño, los consejeros de la Suprema aprobaron su intención de pregonar en todas las ciudades de las audiencias de Lima, Charcas y Quito el remate público de dicha biblioteca, con el objeto de venderla ya fuese en conjunto o al menudeo, "a quien más diere"[11]. ¡Triste final, sin duda, para un cuerpo intelectual formado con mucha paciencia y empeño por el curioso jurisconsulto!

Entretanto prosiguió el juicio relativo a la propiedad de los bienes que tenía Valenciano de Quiñones. De los alrededor de 22,000 pesos que componían su hacienda, unos 12,000 se constituían de moneda de plata, mientras el resto estaba formado por especies diversas. Tras decretarse la culminación del pleito, el 22 de mayo de 1581 firmaron el receptor Juan de Saracho y doña Luisa Guerrero un concierto definitivo sobre el goce de los bienes en cuestión. En

---

[8]AHN, Inquisición, leg. 1640/1, n° 3, cuad. 10.
[9]AGN, Inquisición, Contencioso, leg. 1.
[10]AHN, Inquisición, lib. 1034, fol. 4v.
[11]Carta fecha en Madrid, 24-I-1580, AHN, Inquisición, lib. 352, fol. 128. Debemos esta noticia a la gentileza del colega Pedro Guibovich Pérez.

virtud de dicho acuerdo, la mujer del doctor Quiñones abonó la suma de 5.550 pesos ensayados y cedió al tesoro público el derecho de reclamar un terreno minero de Potosí, reteniendo a cambio en su poder todas las propiedades que ella y su marido habían disfrutado a lo largo de su vida conyugal[12].

Ninguna mención encontramos en los documentos inquisitoriales acerca del propuesto remate de la biblioteca depositada en el Cuzco: es probable que quedara simplemente en manos de doña Luisa, sirviendo al aprovechamiento intelectual de su hijo, don Luis de Quiñones, y de otras personas allegadas a la familia. Con todo, aún se mantuvo en litigio la propiedad de cinco varas y media de mina de Potosí, valorada en cerca de 2,500 pesos, que el doctor Quiñones había vendido en el curso de su proceso a otro sujeto. Y el asunto quedó definitivamente resuelto cuando, en 1584, el juzgado de bienes del Santo Oficio sentenció que dicho terreno había de pertenecer al fisco[13].

El inquisidor Juan Ruiz de Prado fue el encargado de llevar a cabo, desde 1587, la primera visita al tribunal del Santo Oficio de Lima[14]. Una de sus labores consistió en revisar todos los expedientes judiciales que se habían formado a partir de su fundación, cometido éste que le permitió examinar los autos del proceso de herejía seguido contra Quiñones y escribir el resumen que permanece hoy como único testimonio de dicha causa. Al pie de su extracto agregó el visitador las siguientes líneas:

> Este proceso será necesario que se lleue al Consejo porque paresce
> riguroso negocio éste y que, a lo menos, antes de executar lo uota-
> do fuera muy justo se ouiera consultado a los señores del Consejo;
> no se hizo; téngolo por fuerte...

Le parecía apropiado efectuar un reexamen de la causa, no sólo porque la condena era notoriamente excesiva, sino también porque en la probanza habíase admitido testificaciones y ratificaciones sin guardar las normas de ley[15].

En efecto, una copia de los autos pertenecientes al juicio contra el doctor Valenciano de Quiñones, integrada de 183 hojas (según arriba hemos apunta-do), se remitió a la corte madrileña. Tras examinar dichos papeles, el Consejo de la Suprema Inquisición emitió el 19 de julio de 1595 su fallo revocando la sentencia que había dictado el tribunal limeño; en consecuencia, el vecino del Cuzco resultó póstumamente absuelto de la acusación de herejía, se le quitó el hábito de penitencia y se anuló la pena de confiscación de todos sus bienes. A

---

[12]BNP, Sala de Investigaciones, ms. A-356, fol. 23. Véase también la carta del receptor Saracho al Consejo de Inquisición, fecha en Los Reyes, 10-III-1582, en AHN, Inquisición, lib. 1034, fol. 402.

[13]AHN, Inquisición, lib. 1034. fol. 409. Carta del inquisidor Gutiérrez de Ulloa al Consejo de Inquisición, fecha en Los Reyes, 26-IV-1584.

[14]Puede consultarse al respecto el minucioso trabajo de Castañeda Delgado y Hernández Aparicio (1984).

[15]AHN, Inquisición, leg. 1640/1, n° 4, cuad. 3.

sus descendientes se les restituyó el derecho a poseer toda clase de honras y oficios públicos, incluyendo la devolución de 5,500 pesos ensayados que, años atrás, había pagado al fisco doña Luisa Guerrero[16]. Por lo tanto, quedó libre de tacha la expresión relativa a Cristo como imagen y figura de Dios Padre, en que se discutió sobre la *accidentalidad* o *substancialidad* de la filiación divina: un problema de fe evidentemente importante, pero que le valió al abogado leonés un castigo desmesurado, debido quizá al momento de drástica censura social y política que existió durante el virreinato de don Francisco de Toledo (1569-1581).

Puede ser valioso insertar el proceso que hemos historiado dentro del conjunto de la labor judicial del Santo Oficio de Lima durante sus primeras tres décadas de existencia, conforme a los datos que suministra Bartolomé Escandell Bonet (1984). En cuanto a lo étnico, la causa seguida a Quiñones pertenece al grupo mayoritario de procesos contra españoles o criollos (78.57%); en cuanto a la tipología delictiva, corresponde también a la categoría mayoritaria de "expresiones malsonantes" (30.18%); y en cuanto a la residencia del encausado, se integra dentro del segundo conjunto en importancia, que es el de procedencia cusqueña (12.47%). El sentido general de las estadísticas de litigios examinados ante el Santo Oficio revela nítidamente, según ha afirmado el citado autor,

> que la Inquisición indiana, en la realidad empírica de sus actuacio-
> nes procesales, fue un tribunal predominantemente "de costum-
> bres", de moralidad social, de vigilancia e imposición del modelo
> ético de la sociedad tradicional establecida, que las condiciones
> americanas, de lejanía y libertad real de conducta, permitían trans-
> gredir tan fácilmente como denunciaban a diario los responsables de
> la colonia (Escandell Bonet 1984: 924).

2. Análisis de la "mejor biblioteca del reyno"

En su *Diccionario histórico-cronológico* de San Marcos y de la vida intelectual limeña del virreinato, Luis Antonio Eguiguren se ocupa someramente de la biblioteca particular del doctor Valenciano de Quiñones, según el manuscrito que consultó en la antigua Biblioteca Nacional de Lima. Ahí ensaya una clasifi-cación de las obras comprendidas en el inventario distinguiendo las ramas de literatura, derecho canónico, sumas, consejos, derecho y leyes, filosofía y miscelánea. Sin embargo, advertimos que comete algunos errores de trans-cripción: aparecen equivocadamente, por ejemplo unas "décimas napolitanas" de Mateo Aflitis, el libro "de Puteo" por Paris, el "ordenario real" de Diego Pérez, etc[17].

---

[16]BNP, Sala de Investigaciones, ms. A-356, fol. 17. Dicho fallo de la Suprema se complementa con un auto de la Inquisición de Lima del 9-III-1609 (*Ibid.*, fol. 29v).

[17]Cf. Eguiguren 1940-51, I: lxxxviii-lxxxix. También hallamos una ligera descripción de esta biblioteca en el libro de Rivara de Tuesta 1970: 30 y 32.

A través de un minucioso examen del documento, hemos intentado superar tales errores de lectura, y más aún, se ha ensayado una puntual identificación bibliográfica de todos los títulos mencionados en el inventario. Para entender cabalmente la composición de esta biblioteca, proponemos asimismo una más fina clasificación de sus obras. Estas se han dividido temáticamente en 22 categorías, las cuales pueden agruparse en los cuatro grandes ramos de (A) Jurisprudencia, (B) Religión, (C) Humanidades, y (D) otros asuntos. En los párrafos siguientes vamos a exponer, con cierto detalle, los libros que integran cada una de dichas categorías, a fin de mostrar en su debido contenido y volumen las materias que llamaban la atención del hereje reconciliado, y posteriormente haremos un análisis global del conjunto bibliográfico.

A. Jurisprudencia

a) Textos fundamentales de Derecho civil y canónico

Aquí se incluyen sendas colecciones de normas legislativas pertenecientes al *corpus juris civilis*, dividido en sus cinco volúmenes o partes tradicionales, y al *corpus juris canonici*. Para engrosamiento de la primera de ambas ramas, figuran adicionalmente unos ejemplares pequeños del Código, del Digesto nuevo, de la Instituta y del llamado *Volumen*, que entre otras cosas incluía los tres últimos libros del Código. Según es bien sabido, dichos textos legales de índole civil y canónica sirvieron para dar origen, durante la baja Edad Media, a la vigorosa escuela del Derecho común.

Son 6 títulos y 15 volúmenes (n°s 5, 68, 69, 112, 174, 190).

b) Comentarios a textos fundamentales de ambos Derechos

Los primeros exponentes — verdaderos maestros — del Derecho común se dieron a conocer mediante glosas y comentarios a los textos legislativos de naturaleza civil o canónica. Particularmente se distinguió en esta labor la escuela jurídica de Bolonia, uno de cuyos representantes, Accursio, compuso a mediados del siglo XIII la divulgada *glossa ordinaria*, que tenía en su biblioteca el doctor Quiñones. También contaba con extensos comentarios de Derecho civil redactados por autores como Bártolo, Baldo, Paulo de Castro o Jasón de Maino, que sumaban ellos solos más de treinta volúmenes. Además, había una larga serie de lecturas anotadas del Código, de la Instituta, del Digesto y de textos de derecho feudal, obras hechas por jurisconsultos itálicos: Angelo de Ubaldi, Andrea d'Isernia, Pier Filippo Corneo, Joannes de Platea, Florianus de Sancto Petro, etc.

Por lo que atañe al Derecho canónico, observamos que abundan los comentarios relativos a los libros de Decretales. Hay textos de esta clase editados por el célebre Baldo, el Papa Inocencio IV, el abad panormitano Nicolás de Tudeschi, el arcediano Guido de Baisio, el cardenal ostiense Enrico Bartolomei, el maestro boloñés Giovanni d'Andrea, el obispo y consejero Diego de Covarrubias, los juristas Franchi y Ancarano, entre otros. Figura asimismo el volumen de las Clementinas (constituciones del sumo pontífice Clemente V), comentado tanto por el cardenal Zabarella como por Giovanni da Imola.

Son 27 títulos y 72 volúmenes (n°s 1, 2, 3, 4, 6, 7, 10, 11, 12, 13, 14, 15, 18, 19, 20, 23, 26, 28, 31, 48, 52, 53, 54, 121, 151, 198, 228).

c) Lecturas de títulos o capítulos específicos

Uno de los rasgos que tipifican la evolución desarrollada por el Derecho común al advenimiento de la Edad Moderna, es la tendencia a componer estudios sobre materias muy concretas o bien monografías sobre títulos o capítulos específicos de los textos fundamentales de ambos Derechos. Así se explica la presencia del salmantino Rodrigo Suárez con sus *repetitiones* acerca de leyes determinadas del Código y del Digesto; la aparición del portugués Manoel da Costa y del magistrado lombardo Filippo Decio, quienes se ocupan de normas legislativas del Digesto; y también la mención de partes específicas del Código justinianeo tratadas por Ippolito de Marsili y por el consejero parisino Tiraqueau.

Son 6 títulos e igual cantidad de volúmenes (n°s 9, 37, 123, 149, 155, 157).

d) Tratados jurídicos sobre asuntos diversos

Hay una interesante colección de monografías que versan sobre aspectos diferentes de la actividad social, mercantil y religiosa, demostrando la inquietud del doctor Valenciano de Quiñones por estar al corriente de los múltiples problemas que, como abogado, pudiera examinar. Podemos nombrar al jurisconsulto francés Guy Pape, que trata de las presunciones; al capuchino gallego Francisco de Alcocer, que trata del juego; a Baldo, que trata de las dotes; al agustino Alonso de la Veracruz, que trata de los matrimonios; al doctor Juan de Medina, catedrático de Alcalá, que trata de restituciones y contratos; Angelo de Gambilioni se ocupa de los maleficios o crímenes; Tiraqueau, de las penas; Ripa, de la peste; Girolamo Giganti, de los delitos de lesa majestad y de las pensiones eclesiásticas; fray Tomás de Mercado, de tratos y contratos...

Son 18 títulos e igual cantidad de volúmenes (n°s 45, 50, 67, 114, 115, 117, 119, 130, 169, 170, 183, 187, 197, 206, 207, 208, 214, 233).

e) Sobre legislación, política y nobleza

Es un apartado de contenido relativamente homogéneo, en el que destacan las compilaciones de sentencias o *decisiones* emitidas por órganos establecidos fuera de la Península Ibérica; la consulta de dichas obras permitía ensayar una suerte de "Derecho comparado", fijando similitudes y diferencias entre la jurisprudencia de unos y otros territorios. Dentro de la biblioteca cusqueña estaban los trabajos de Pape sobre las resoluciones del parlamento del Delfinado, de Afflitto sobre el consejo de Nápoles, de Bohier sobre el senado de Burdeos, de Chasseneux sobre las costumbres de Borgoña, y también había recopilaciones de dictámenes de la capilla de Tolosa y del tribunal romano de la Sacra Rota. Por otra parte, cabe incluir en esta categoría algunos tratados en torno al régimen legal de la primogenitura y a la condición de la nobleza en los reinos de España: dicho tema mereció la atención de Arce de Otárola, del prelado Diego de Simancas y del erudito lisboeta Jerónimo Osorio.

Son 11 títulos e igual cantidad de volúmenes (n°s 35, 36, 60, 61, 62, 111, 125, 129, 131, 217, 218).

f) Derecho castellano: normas y comentarios

Las normas legales de Castilla gozaban de plena vigencia en los dominios americanos en todos aquellos aspectos que no fueran específicamente tratados por el Derecho particular de las Indias. De aquí se explica la proliferación de textos legislativos y de comentarios de juristas castellanos en la biblioteca del vecino del Cuzco. Este tenía consigo un ejemplar del Fuero real promulgado por Alfonso X el Sabio, un par de recopilaciones de pragmáticas regias y varios tomos de las ordenanzas reales de Castilla, a los cuales debe agregarse el *Repertorio universal de todas las leyes destos Reynos* que elaboró el jurista italiano Hugo de Celso, discípulo de Maino (el nombre de Celso aparece tres veces en el inventario que analizamos). Y también estaba la Nueva Recopilación, editada por mandato de Felipe II.

A manera de complemento, hemos de señalar las glosas y comentarios sobre los textos fundamentales de la legislación castellana, obras compuestas en su mayoría por oidores de las Chancillerías o ministros de los Consejos reales. Así, el doctor Alfonso Díaz de Montalvo expone su glosa del Fuero real, mientras que Diego Pérez de Salamanca ofrece unos comentarios al Ordenamiento del propio Montalvo. El licenciado Gregorio López de Tovar, consejero indiano, figura con una voluminosa edición anotada de las Siete Partidas. A su vez, las leyes de Toro (sancionadas por Fernando V el Católico en 1505) tienen cabida mediante las glosas dedicadas a ellas por Diego del Castillo de Villasante, por el doctor Palacios Rubios, por el catedrático salmantino Antonio Gómez y por Fernando Gómez Arias.

Son 19 títulos y 26 volúmenes (n°s 39, 40, 41, 43, 44, 57, 59, 64, 65, 120, 132, 133, 134, 141, 159, 192, 195, 199).

g) Consejos y resoluciones de jurisperitos

Debido al afán de vulgarizar las enseñanzas del Derecho común, se da en los inicios de la Edad Moderna una multiplicación de antologías de consejos o dictámenes de juristas ilustres. Hay una serie de *consilia* de autores italianos, como Alessandro Tartagna, Filippo Decio, Bartolomeo Cepolla, Mariano Socini, Pietro d'Ancarano, Lodovico Gozzadini, Ippolito de Marsili y Lodovico Pontano, que pertenecen a nuestro elenco bibliográfico. También hay obras de este tipo — resoluciones sobre materias varias — que corresponden al doctor Antonio Gómez, a don Diego de Covarrubias y Leiva y al oidor vallisoletano Rodrigo Suárez, hombres de leyes de nacionalidad hispana.

Son 12 títulos y 22 volúmenes (n°s 8, 17, 22, 25, 29, 46, 49, 63, 113, 124, 135, 230).

h) Manuales de práctica jurídica y forense

En la literatura jurídica del quinientos suelen abundar unos manuales de cuestiones prácticas que, fruto del ejercicio de veteranos profesionales, servían como guía a quienes se iniciaban en la actividad forense o en materias del Derecho, en general. Un remoto antecedente de este género es el famoso *Speculum juris*, que en el siglo XIII redactara Guillermo Durand. Merecen citarse, asimismo, los textos similares de Ferrari, Pierre Jacobi o Lanfranco da Oriano, mientras que dentro del ámbito castellano sobresale la *Práctica civil y criminal*, de Gabriel de Monterroso, la cual aparece en más de una biblioteca virreinal hispanoamericana. El jurisconsulto italiano Matteo Gribaldi, convertido al protestantismo, aporta su método para el examen de asuntos civiles. Hay comentarios sobre reglas jurídicas debidos a la pluma del obispo y consejero Díaz de Lugo, del zaragozano Pedro de Dueñas y del catedrático paduano Luis Gómez, quien se ocupa especialmente de las normas de cancillería. Por último, sirve también como elemento de apoyo el *Dictionarium juris* de Alberico da Rosciate.

Son 14 títulos y 16 volúmenes (n°s 16, 27, 99, 101, 122, 142, 148, 163, 165, 182, 200, 203, 205, 235).

i) Recopilaciones de obras de jurisconsultos

Se trata de grandes publicaciones destinadas a reunir las sentencias y opiniones de los "doctores insignes", vale decir, de los maestros en jurisprudencia. De acuerdo con el manuscrito que utilizamos, había en la biblioteca de Quiñones doce volúmenes de "tratados", cuatro volúmenes de "repeticiones" y otros dos más titulados *Singularia doctorum*; a su lado existían algunas compilaciones semejantes, aunque de menor envergadura. Tales libros obedecían, desde luego, al propósito de difundir masiva y rápidamente los principios esenciales del Derecho común, doctrina que debía representar la base del sistema legislativo de toda la cristiandad.

Son 6 títulos y 21 volúmenes (n°s 34, 47, 91, 103, 231, 232).

B. Religión

j) Tratados sobre materias canónicas y teológicas

Puede decirse que encabeza este grupo el maestro Pedro Lombardo, arzobispo parisino del siglo XII, autor de los cuatro libros de las Sentencias, que resumen y sistematizan los comentarios hechos sobre puntos fundamentales del dogma cristiano. Su obra fue retomada por integrantes de la escuela de Salamanca tales como Martín de Ledesma y Domingo de Soto, frailes dominicos que publicaron sendos comentarios en torno a aquélla. Además, encontramos en nuestro registro bibliográfico otros tratados clásicos de materia religiosa: la *Ciudad de Dios* de San Agustín y la *Theologia naturalis* del sacerdote catalán Ramón Sabunde, que propone la contemplación de la naturaleza como vía para descubrir las verdades expuestas en la Biblia.

El propio Domingo de Soto reaparece en esta biblioteca cusqueña con un par de tratados sobre asuntos canónicos: justicia y derecho, naturaleza y gracia. Lo acompañan las cuestiones del Tostado, obispo de Avila; el manual para confesores y penitentes de Azpilcueta; el estudio de las instituciones católicas de Simancas; la "pía y católica": exposición sobre la misa del escolástico germano Gabriel Biel. Sorprende en alguna medida la presencia de fray Bartolomé Carranza de Miranda, con su interpretación de las residencias episcopales, pues se trata del arzobispo toledano que protagonizó uno de los más sonados casos de herejía en la centuria quinientista, siendo finalmente penitenciado por la Suprema Inquisición. Hay, adicionalmente, cierto libro del jesuita Francisco de Torres y otros estudios acerca de problemas eclesiásticos.

Son 16 títulos y 17 volúmenes (nos 74. 79, 81, 85, 90, 105, 107, 108, 128, 158, 171, 184, 194, 196, 212, 213).

k) Sumas de carácter espiritual o moralizante

Imitando el ejemplo de Santo Tomás de Aquino, varios representantes de la Escolástica publicaron después del siglo XIII unas *summae* de cuestiones espirituales, animadas generalmente de intención moralizante. Cabe incluir aquí la suma de virtudes y vicios del dominico Guillaume Perault, la suma de casos de conciencia del beato Angel de Clavasio, la difundida *summa summarum* de Silvestre de Prierio y la suma de pecados del cardenal Tommaso de Vio, obispo gaetano, entre otras. De parecido género ha de ser el libro denominado *Espejo de la consciencia*, que también figura en la lista de bienes confiscados al hereje leonés.

Son 8 títulos y 10 volúmenes (nos 24, 55, 56, 58, 80, 96, 140, 226).

l) Decretos conciliarios y estudios pertinentes

Aunque Valenciano de Quiñones dio notables muestras de independencia en materia de pensamiento religioso, no cabe duda de que tenía gran inquietud por mantenerse al corriente de los lineamientos contrarreformistas impuestos por la Iglesia en su tiempo, particularmente luego del concilio de Trento. En su biblioteca poseía tres ejemplares de los cánones y decretos emitidos en la famosa asamblea tridentina. A modo de complemento, tenía la recopilación histórica de los concilios *(summa conciliorum)* escrita por el arzobispo Carranza de Miranda, así como un tratado sobre la institución conciliar.

Son 5 títulos e igual cantidad de volúmenes (nos 70, 139, 156, 180, 211).

m) Escritos religiosos de santos

Se mencionan varias obras de santos, hombres venerables cuya actuación abarca desde los orígenes del cristianismo hasta la conflictiva época de la Reforma. Hay cinco tomos de San Juan Crisóstomo, patriarca de Constantinopla, junto con un libro de San Cipriano, mártir y obispo cartaginés, otro de San Gregorio el Magno, monje benedictino y papa de finales del siglo XVI, otro de San Bernardo de Claraval, el famoso abad cisterciense, y otro más de San Lorenzo

Justiniano, primer patriarca de Venecia. Figuran además las epístolas de San Agustín y un manifiesto antiluterano de San Juan Fisher, obispo de Rochester, quien murió decapitado en la torre de Londres por oponerse al surgimiento del anglicanismo.

Son 7 títulos y 12 volúmenes (n°s 83, 164, 176, 179, 193, 210, 222).

n) Biblias y exégesis de ambos Testamentos

Hallamos dos ejemplares de la Biblia, uno de ellos de formato pequeño, aunque carecemos de datos para precisar de qué ediciones se trata. El libro de Salmos constituye el objeto de mayor atención dentro de ambos Testamentos, ya que aparecen las exégesis publicadas al respecto por San Agustín, por el capuchino flamenco Titelman, por el humanista italiano Marco Antonio Flaminio y por el franciscano Johann Wild, predicador de la catedral de Maguncia. Este mismo religioso alemán ofrece sus interpretaciones de la parábola del hijo pródigo y del relato bíblico sobre el profeta Jonás. Del Nuevo Testamento proviene una edición de las epístolas de San Pablo, y todo ello se completa con las *Figurae Bibliorum* compuestas por Francisco de Avila.

Son 10 títulos e igual cantidad de volúmenes (n°s 77, 93, 94, 95, 97, 110, 147, 168, 189, 216).

o) Textos de liturgia y devoción

El inventario de 1576 registra un misal romano grande, que muy probablemente sea uno de los que se editaron en la imprenta de Plantin, en Amberes, según las normas decretadas en el concilio tridentino. Hay asimismo, un libro correspondiente al triduo de devoción a María Magdalena y un manual de los sacramentos ordenado por la arquidiócesis de México, que viene a ser el único texto impreso en América que poseía el vecino cusqueño. Un par de tratados de doctrina cristiana, de insegura identificación, pueden añadirse a este grupo temático.

Son 5 títulos e igual cantidad de volúmenes (n°s 86, 166, 173, 177, 185).

C. Humanidades

p) Escritos de la antigüedad clásica

Larga es la relación de títulos pertenecientes al mundo clásico grecorromano, hecho que evidencia las inquietudes espirituales renacentistas del doctor Quiñones. Por lo tocante a literatura griega, cabe empezar mencionando un tomo de las obras de Platón y la *Etica* de su discípulo Aristóteles, que forman el núcleo supremo de la filosofía helénica. También hallamos un libro de Jenofonte, el soldado mercenario y escritor que vivió desterrado de Atenas, y aparece la *Biblioteca histórica* que con mucha paciencia recopiló en viejos archivos Diodoro Sículo; a éstos puede unirse Plutarco, quien contribuye a nuestro elenco con sus célebres "vidas paralelas" o parangón de biografías de personajes ilustres griegos y romanos. Aunque no corresponde propiamente a la época clásica, merece la pena incluir aquí a Juan Estobeo y su obra compilatoria de textos antiguos de la Hélade.

Más extensa aún es la lista de autores romanos que figuran en el inventario de bienes confiscados por la Inquisición. Aparecen dos ejemplares de las décadas de Tito Livio con la historia de Roma; un par de textos de Cicerón, el famoso orador y literato de la República, incluyendo su exposición sobre la retórica; la historia natural del erudito Plinio el Viejo; el penetrante relato de las *Noches áticas* de Aulo Gelio; los epigramas de Marcial, hábil versificador; el largo poema acerca de las guerras púnicas de Silio Itálico. Quedan sin precisar los títulos de las obras que en aquella biblioteca existían del historiador Flavio Josefo, del filósofo judío Filón y del ilustre Ovidio, poeta y dramaturgo, aunque en el caso de este último quizá no sea descabellado suponer que se trata de sus *Metamorfosis*.

Son 17 títulos e igual cantidad de volúmenes (n°s 72, 76, 78, 84, 87, 88, 92, 98, 138, 146, 153, 162, 167, 172, 186, 224, 229)

q) Historia, biografías, relaciones de viajes

Entre las piezas más antiguas del género historiográfico debemos citar la *Chronología* de San Nicéforo, patriarca de Constantinopla, y la crónica o suma historial de San Antonino, fraile dominico y arzobispo de Florencia, las cuales se ubican en la Edad Media. Más tarde, a la época renacentista pertenecen los "comentarios de asuntos urbanos", especie de enciclopedia universal del volterano Raffaele Maffei, así como la *Officina* o historia natural del humanista francés Ravisius Textor. Al campo de la historia ibérica corresponde la crónica de los Reyes Católicos escrita por su criado Hernando del Pulgar, junto con la descripción del "felicísimo viaje" de Felipe II a Alemania hecha por el cronista áulico Calvete de Estrella; por su parte, el sevillano Pedro Mejía toma un lugar en nuestro conjunto bibliográfico gracias a su *Historia imperial y cesárea*. Adicionalmente, constan un par de volúmenes del culto obispo Paolo Giovio y el valioso itinerario de las exploraciones realizadas, durante el siglo XII, por el rabino Benjamín de Tudela.

Son 10 títulos y 15 volúmenes (n°s 38, 73, 82, 137, 144, 145, 154, 161, 178, 225).

r) Literatura en prosa y en verso

La tragicomedia de Calisto y Melibea, la archifamosa *Celestina* de Fernando de Rojas, preside el grupo novelístico en ésta como en muchas otras bibliotecas particulares del período colonial. Se acompaña con la glosa del cartujo Valdepeñas a las coplas de don Jorge Manrique. En tanto, los versificadores que aparecen en nuestro registro son el cordobés Juan de Mena, con las trescientas estancias de su *Laberinto de fortuna*; el prelado italiano Marco Girolamo Vida, con el estilo neolatino de sus *Christiados*; el portugués Jorge de Montemayor, con la colección de sus poemas en metro toscano. Asimismo, existe un diccionario

para el manejo de obras poéticas y un par de trabajos antológicos bajo los títulos de "margarita" y "viridario", que no son demasiado fáciles de identificar.
Son 8 títulos e igual cantidad de volúmenes (n°s 71, 102, 104, 116, 136,
160, 215, 219).

s) Lexicografía y moral

Hacemos comprender en esta categoría al vocabulario eclesiástico del maese
Rodrigo Fernández de Santaella, clérigo andaluz, seguido por el *enchiridion*
lexicográfico de Morello. El brillante príncipe de los humanistas, Erasmo de
Rotterdam, dirige la serie de obras moralizantes a través de sus adagios y sus
apotegmas, que en la traducción castellana se describen como "dichos graciosos
y notables". Pueden sumarse al mismo conjunto las paradojas del italiano
Andrea Alciati, jurista formado en la escuela de Bolonia, y la recopilación de
epístolas de Pío II, pontífice romano que destaca por sus dotes de poeta, historiador y cronista de viajes.
Son 7 títulos e igual cantidad de volúmenes (n°s 75, 106, 181, 188, 220,
221, 227).

D. Otros

t) Medicina, veterinaria, caballería

La biblioteca de Valenciano de Quiñones contiene sendos libros por cada una
de dichas materias, lo cual denota interés por conocer la solución de problemas
prácticos y a veces de vital importancia, máxime si tenemos en cuenta que los
animales — caballos o mulas — significaban en aquella época los principales
medios de transporte terrestre. El portugués Rodrigues de Castello Branco,
camuflado bajo el seudónimo de Amato Lusitano, exhibe su diálogo sobre "las
heridas de cabeza con el casco descubierto". Figura igualmente el toledano Eugenio Manzanas, autor de un tratado de los enfrenamientos del caballo, pieza
notable por la finura y pureza de su estilo. Existe referencia a un libro de
albeitería, o sea veterinaria, cuya paternidad no podemos establecer con seguridad; con todo, es probable que sea el divulgado texto que sobre esa disciplina
publicó Francisco de la Reina, médico que ejerció la veterinaria en Zamora.
Son 3 títulos e igual cantidad de volúmenes (n°s 89, 204, 209).

u) Obras de contenido no específico

Aquí incluimos una docena de obras que, por su vaga anotación en el manuscrito o por la genérica formulación de su respectivo título, no caben propiamente en ninguno de los apartados anteriores. De todas formas, sabemos que
pertenecen al amplio terreno de la jurisprudencia los libros de autores como
Rodrigo Suárez, Covarrubias y Leiva, el abad panormitano Tudeschi, el piamontés Paris de Puteo, el canciller francés Belleperche, etc. Mas en otras
circunstancias, como frente a la *Peregrina de imprenta* de Bonifacius, la aproximación al tema de la obra no representa una tarea sencilla.

Son 12 títulos y 28 volúmenes (nᵒˢ 21, 30, 32, 33, 42, 66, 109, 127, 143, 152, 191, 234).

v) Títulos no identificados

Sea a causa de una deficiente transcripción nuestra del documento o bien por falta de referencias en los catálogos bibliográficos que tratan de publicaciones que circulaban hacia el siglo XVI, lo cierto es que hay un pequeño conjunto de obras cuya identificación ha resultado imposible. Deben quedar como interrogantes dignos de ser contestados en futuras investigaciones sobre estas materias.

Son 8 títulos y 10 volúmenes (nᵒˢ 51, 100, 118, 150, 175, 201, 202, 223).

Haciendo una suma global de los fondos bibliográficos que poseía el doctor Agustín Valenciano de Quiñones, se establece que su biblioteca constaba de 235 títulos y 354 volúmenes, de modo que resulta la colección más importante de todas cuantas se conocen sobre el Perú quinientista. La descomposición de tales cifras, según las categorías y grupos temáticos que acabamos de examinar, puede apreciarse en la tabla n° 3.

Por tratarse de una relación de bienes tomados en poder de la Inquisición, será pertinente formular la pregunta de cuáles títulos de aquella biblioteca podrían hallarse comprendidos en los índices de libros prohibidos por el Santo Oficio. Regía para entonces en los dominios hispanos el catálogo expurgatorio impreso en 1559, en Valladolid, por orden del inquisidor general Valdés. Aquí ubicamos ciertas referencias coincidentes con el inventario analizado: se prohibía la circulación de cualquier Biblia en lengua "vulgar", pues sólo estaba permitida su lectura en hebreo, caldeo, griego o latín; estaban reprobadas las traducciones al castellano de las *antigüedades judaicas* de Flavio Josefo y de la *summa* del cardenal Tommaso de Vio, así como las obras del poeta Montemayor referentes a devoción y asuntos cristianos. Por añadidura, estaba incluida en dicho catálogo la *Doctrina chistiana* del canónigo sevillano Constantino Ponce de la Fuente, clérigo que sufrió la persecución inquisitorial (Martínez de Bujanda 1984, nᵒˢ 440, 446, 516, 544 y 587).

Aunque las escuetas indicaciones de nuestro manuscrito podrían generar la sospecha de que algunas de esas obras prohibidas estaban en la sala de estudio del doctor Quiñones, no hallamos en la documentación de su proceso ninguna mención a esta clase de delito. Parece, más bien, que el vecino cusqueño se guardaba cautelosamente de adquirir ediciones vedadas por la ley. Y su libertad de orientación en asuntos de dogma católico le venía sobre todo de un acercamiento al ideal racionalista o empirista de ciertos tratados jurídicos de su tiempo, según puede desprenderse de la abundancia de materias de Derecho que integraban su colección; además, su crimen de "herejía" no fue realmente grave, ya que al final terminó absuelto por los jueces de la Suprema Inquisición.

En general, más del cincuenta por ciento de las piezas de esta biblioteca pertenecen al campo de la jurisprudencia, y puede apreciarse una equilibrada repartición entre las diversas ramas formales y temáticas de dicho saber: legislación fundamental de ambos Derechos, glosas y comentarios de los antiguos maestros, monografías sobre asuntos diversos, elementos básicos del Derecho castellano, antologías individuales o recopilaciones colectivas, manuales de ejercicio profesional, etc. También es notable el fondo de obras religiosas, con numerosos tratados canónicos, sumas, interpretaciones bíblicas y otros elementos que marcan la curiosidad del abogado leonés por penetrar en la doctrina católica. Inclusive el sentido mismo de su "proposición herética" manifiesta que era un buen estudioso de las materias de fe. Por otra parte, contaba también en alrededor del 15 por ciento con libros pertenecientes al espíritu del Renacimiento (entiéndase obras de autores clásicos) y con muestras de diversas áreas humanísticas, desde la biografía hasta la moral. Escogidas piezas de disciplinas prácticas, tales como la medicina, veterinaria o caballería, integran adicionalmente esta valiosa colección, estimada por la gente del siglo XVI como la mejor biblioteca del virreinato peruano.

La formación jurídica de Agustín Valenciano de Quiñones se refleja evidentemente en la abundancia de textos de Derecho dentro de su biblioteca, incluyendo tal variedad de piezas legislativas, comentarios y estudios pertinentes, que se demuestra que estaba al corriente de los últimos avances en dicha rama. La existencia de varios otros campos intelectuales, que aportan gran cantidad de títulos a la lista examinada, da a entender la peculiar importancia de aquella colección y justifica la minuciosa atención que hemos brindado a este proceso del Santo Oficio limeño.

Tabla no. 3 - La biblioteca de Agustín Valenciano de Quiñones

	Títs.	Vols.
A. Jurisprudencia		
Textos fundamentales de Derecho civil y canónico	6	15
Comentarios a textos fundamentales de ambos Derechos	27	72
Lecturas de títulos o capítulos específicos	6	6
Tratados jurídicos sobre asuntos diversos	18	18
Sobre legislación, política y nobleza	11	11
Derecho castellano: normas y comentarios	19	26
Consejos y resoluciones de jurisperitos	12	22
Manuales de práctica jurídica y forense	14	16
Recopilaciones de obras de jurisconsultos	6	21
	119	207
B. Religión		
Tratados sobre materias canónicas y teológicas	16	17
Sumas de carácter espiritual o moralizante	8	10
Decretos conciliarios y estudios pertinentes	5	5
Escritos religiosos de santos	7	12
Biblias y exégesis de ambos Testamentos	10	10
Textos de liturgia y devoción	5	5
	51	59
C. Humanidades		
Escritos de la antigüedad clásica	17	17
Historia, biografías, relaciones de viajes	10	15
Literatura en prosa y en verso	8	8
Lexicografía y moral	7	7
	42	47
D. Otros		
Medicina, veterinaria, caballería	3	3
Obras de contenido no específico	12	28
Títulos no identificados	8	10
	23	41

6) Lecturas de un jurista del siglo XVI: el doctor Gregorio González de Cuenca, presidente de Santo Domingo (1581)

Durante los siglos de la baja Edad Media y en la época del Renacimiento se difundió vigorosamente por el continente europeo una doctrina jurídica, la del Derecho común, que tenía su fundamento en los textos legales de "ambos derechos": el romano y el canónico. La penetrante expansión de esta doctrina, que debemos entender como un fenómeno cultural de vasto alcance, sirvió para dotar de una base común al sistema legislativo de los diferentes territorios de la civilización cristiana, incluida la Península Ibérica. De las enseñanzas del Derecho común se nutrieron, por consiguiente, los juristas enviados a servir en las colonias españolas de América a lo largo del siglo XVI, en la etapa funda-cional de las instituciones políticas de la colectividad hispanoamericana. Uno de aquellos individuos fue el doctor Gregorio González de Cuenca, hombre de leyes de origen castellano que desarrolló la mayor parte de su actividad profe-sional en las audiencias de Lima y Santo Domingo, hasta su fallecimiento en 1581.

En el presente trabajo me propongo realizar un examen de la biblioteca que poseía el doctor González de Cuenca, nutrida de abundante cantidad de obras jurídicas de la corriente mencionada; trabajo en el que, desde luego, habrá que tener en cuenta los inevitables problemas — anotados con certeza por Maxime Chevalier (1976: 41-43) — que plantea el análisis de colecciones de libros particulares, testimonios significativos pero sólo fragmentarios de la evolución ideológica de la sociedad. Esta contribución ha de valer, espero, para penetrar algo más en la historia de las ideas o mentalidades de la época colonial de América hispana, relativamente poco tratada por los estudiosos de dicho período.

1. Perfil biográfico del Dr. González de Cuenca

Escasas son las referencias que se poseen acerca de la vida del doctor González de Cuenca antes de su actividad política en el Nuevo Mundo, tanto en lo relativo a sus orígenes familiares como en lo que concierne a su formación académica. Unicamente sabemos que su padre se llamaba Francisco de Cuenca, individuo de hidalga estirpe, y que era natural de la villa de Roa, en Burgos (González de San Segundo 1982: 645); y parece que el doctor hizo sus estudios superiores en la Universidad de Alcalá de Henares, pues consta que un Grego-rio de Cuenca se graduó allí de bachiller en Artes el martes 5 de octubre de 1540[1]. Cabe agregar que González de Cuenca estuvo casado con doña María de Contreras, dama oriunda de la villa de Sepúlveda (Segovia), viuda en

---

[1]AHN, Universidades, lib. 397, fol. 131 (citado en Martínez Albiach 1975: 73). Dicho individuo no figura, sin embargo, en José de Rújula y de Ochotorena (1946).

primeras nupcias de Baltasar de Proaño, de la cual hubo tres hijos (*ibid.*: 645, n° 13).

Tales son los antecedentes conocidos de este personaje, que mediante real provisión otorgada en Valladolid el 17 de noviembre de 1554 recibió el nombramiento de oidor de la Audiencia de Lima, con emolumento anual de 3.000 pesos[2]. Debido a circunstancias de diversa índole, el establecimiento del doctor Cuenca y su familia en territorio peruano se retrasó varios meses. Ello dio lugar a que se juntara en el istmo de Panamá con la comitiva que rodeaba al marqués de Cañete, designado tercer virrey del Perú, en cuyo acompañamiento efectuó la travesía por el mar del Sur y fue recibido solemnemente en Lima el 29 de junio de 1556 (cf. Riva-Agüero 1968: 174-176; Sánchez Bella 1960: 431, n° 37). Los rasgos más importantes de su dilatada gestión como magistrado de la Audiencia limeña durante tres lustros han sido estudiados en un artículo reciente por M. A. González de San Segundo (1982: 647-654), en razón de lo cual me limitaré a presentar aquí un ligero esbozo de esa fase de su actuación pública.

El período que le tocó experimentar a González de Cuenca ocupando la plaza de oidor constituye uno de los momentos más trascendentales de la historia colonial peruana, momento en que se discuten las orientaciones económicas, sociales y políticas que deberían seguirse en el manejo del virreinato durante las décadas posteriores. En medio de ese ambiente de efervescencia y expectativa, no fue de poca monta el papel que desempeñó nuestro personaje en la administración del país. Formó parte del Consejo de Hacienda establecido por el marqués de Cañete; atendiendo al requerimiento de su sucesor, el virrey conde de Nieva, se hizo cargo de la justicia mayor del Cuzco en la época de más encendida polémica en torno a la cuestión de la perpetuidad de las encomiendas; posteriormente se responsabilizó de llevar a cabo una visita de la circunscripción de Trujillo y de otras provincias del litoral norteño del Perú (cf. Riva-Agüero 1968: 186; Sánchez Bella 1960: 431; Rostworowski 1975: 119). Hallándose en el poblado de Jayanca, en agosto de 1566, dictó unas ordenanzas para normar la vida de esa comunidad indígena, las cuales han merecido hace poco la atención de un par de investigadores[3].

Como cualquier otro funcionario de la época, el doctor Cuenca estaba obligado a rendir cuentas de su labor en el llamado juicio de residencia. Así, el proceso concerniente a su administración como justicia mayor del Cuzco fue puesto en manos del licenciado Juan de Matienzo, oidor de la Audiencia de Charcas y una de las figuras más notables de la jurisprudencia indiana, quien llevó a efecto dicha misión — afirma Lohmann Villena (1966: 55-56) — con un rigor auténticamente draconiano. El expediente con los cargos levantados por

---

[2]AGI, Lima, 567, lib. 7, fol. 479.

[3]Rostworowski 1975: 126-154 y González de San Segundo 1982: 655-667. El manuscrito de las ordenanzas se conserva en AGI, Patronato, 189, ramo 11.

Matienzo contra el magistrado limeño fue remitido a la Corte y sometido al examen de las autoridades del Consejo de Indias, que manifestaron su dictamen en una sentencia dada en Madrid el 20 de septiembre de 1570: por ella González de Cuenca era condenado a diez años de suspensión de cualquier oficio de justicia y al pago de 4.750 pesos[4]. A tenor de la citada sentencia, Felipe II suscribió el 3 de octubre siguiente una provisión por la cual destituía al infortunado doctor de su empleo en el Perú, nombrando en reemplazo suyo al licenciado Venegas[5].

Pero, como es de suponer, el funcionario destituido hubo de poner en acción todos los resortes a su alcance con el fin de amenguar la pena dictada contra él. Lo que más pesó en beneficio de Cuenca fue la resolución expedida por el Consejo de Indias en el juicio de residencia en torno a su desempeño como oidor de la Audiencia de Lima y visitador de la comarca de Trujillo, trámite procesal que había iniciado en tierra peruana el licenciado Sánchez de Paredes[6]. La sentencia en cuestión (pronunciada el 12 de noviembre de 1574) absolvía al magistrado de todas las acusaciones formuladas acerca de su labor, y más aún, le favorecía con una indemnización de mil ducados[7]. Allanado de esta manera el camino para obtener el perdón del monarca[8], Gregorio González de Cuenca debió de enterarse con regocijo de una real provisión librada en Madrid el 13 de septiembre de 1575 que le concedía su nueva dignidad jurídico-política: presidente de la Audiencia de Santo Domingo, con salario anual de un millón de maravedís y 500 ducados suplementarios cada año por concepto de "ayuda de costa"[9].

A causa de la intranquilidad social que reinaba en la isla Española, motivada en buena medida por el desatino de las autoridades existentes, la Corona determinó aprovechar el nombramiento de González de Cuenca para renovar por completo la composición de aquella Audiencia antillana. El nuevo presidente (revestido poco después del cargo adicional de capitán general)[10] tomó posesión del mando el 19 de abril de 1576, hallándose rodeado de los oidores Esteban de Quero y Alonso de las Cabezas de Meneses, licenciados ambos, que

---

[4]AGI, Escribanía de Cámara, 1.184.

[5]AGI, Lima, 569, lib. 13, fol. 190v.

[6]AGI, Justicia, legs. 454-462.

[7]AGI, Escribanía de Cámara, 1.184.

[8]Por real cédula expedida en Madrid el 20 de agosto de 1575, el doctor Cuenca fue liberado de la suspensión de ejercer oficios de justicia que pesaba sobre él (AGI, Lima, 578, lib. 3, fol. 119v).

[9]AGI, Santo Domingo, 899, lib. H2, fol. 335. Publicado en Incháustegui 1958, II: 562-563, n° 155.

[10]El nombramiento de capitán general de la isla Española se hizo a través de real provisión expedida en Aranjuez el 8 de mayo de 1577. Véase AGI, Santo Domingo, 899, lib. H3, fol. 18v, y también Incháustegui 1958, II: 568-569, n° 158.

habían efectuado la travesía del Atlántico en su misma flota[11]. En cuanto a su desenvolvimiento en el gobierno, cabe anotar entre las medidas más significativas la reforma monetaria que -no sin protestas de los colonos- impuso en ese territorio, disponiendo igualdad entre el valor intrínseco y el valor corriente de la moneda (Lugo 1952: 44-45). Sin embargo, el programa administrativo del doctor Cuenca se vio bloqueado, en general, por las disensiones que surgieron desde un principio entre los miembros del supremo cuerpo ejecutivo de la isla.

Son varios los testimonios que pueden citarse a fin de ilustrar las desavenencias que oponían al presidente y los demás funcionarios de la Audiencia; estos últimos, en cartas remitidas a la metrópoli, se quejaban airadamente de la arrogancia y sinrazón de Cuenca, de su talante deslenguado y terrible, y reseñaban las incidencias principales de ese enfrentamiento [12]. Por ejemplo, en una misiva fechada en agosto de 1578, el fiscal doctor Diego de Villanueva Zapata exclamaba: "Pluguiera a Dios le hubiera Vuestra Majestad hecho virrey y no hubiera venido a destruir esta miserable tierra, que desde que vinimos hasta hoy parece que han corrido mil años de trabajos y desconsuelo" (Utrera 1978-79, III: 120). La reacción de la Corona —dura y resuelta— se manifiesta a través de una cédula promulgada en Aranjuez el 15 de mayo de 1579, en la que se reprendía a los magistrados de Santo Domingo por haber causado escándalo y haber deservido al rey. El soberano les mandaba "que de aquí adelante procuréis mucho escusar las ocasiones que se ofrecieren de diferencias y que entre vosotros aya toda paz y conformidad", bajo advertencia de proceder con extremo rigor en lo sucesivo (Incháustegui 1958, II: 603-604, n° 168).

No obstante ello, las amonestaciones hechas desde la lejana Corte ejercieron poco influjo en el ánimo de las autoridades insulares. Resultó entonces obligado utilizar el recurso de la visita general, con amplios poderes, misión que le fue encomendada al licenciado Rodrigo de Ribero mediante provisión regia despachada en Medellín el 1 de mayo de 1580 (Utrera 1978-79, II: 191-192). Saliendo en defensa de las acusaciones que habían surgido contra su persona durante la visita, el doctor González de Cuenca realizaba en su última carta conocida (de 28 de febrero de 1581) una apología de sus propios servicios al rey, texto que merece la pena citarse por extenso:

> represento a Vuestra Magestad que a veinte y siete años que sirbo en el Perú y aquí de oydor y presydente con la vyrtud y limpieça que por my rresidencia paresçió y que me quitó my hazienda sin hallarse en my culpa, y estoy más pobre que quando salí de España la primera vez, y que esta tierra es mysera, donde no puedo rreme-

---

[11]Utrera 1978-79, I: 40-41. Sabemos que González de Cuenca se hizo a la vela en Sanlúcar de Barrameda el 1 de marzo de 1576.

[12]Mencionaré la carta del licenciado Quero al rey (Santo Domingo, 25 de julio de 1577) y la del licenciado Cabezas de Meneses al mismo destinatario (Santo Domingo, 20 de agosto de 1578), publicadas en Incháustegui 1958, n° 162 y n° 165, respectivamente.

diar mis hijos. Y quando salí para esta presydencia se me dio a entender por Vuestra Magestad y por vuestro Consejo que no estaría vn año, y e estado cinco, y que los que estauan en los estudios quando yo auía hecho a Vuestra Magestad notables seruicios en el Perú están fauorescidos y en muy buenas presydencias, e yo en la menor de todas (Incháustegui 1958, II: 621-622, nº 176).

Poco más tarde, el 13 de abril de 1581, ocurrió en Santo Domingo la muerte de Gregorio González de Cuenca. Todavía se encontraba en la isla Española el licenciado Ribero llevando a cabo la visita general, en cuyos papeles los cargos acumulados contra el presidente de la Audiencia debieron de formar un voluminoso cuaderno. Mas el doctor Cuenca no habría podido mantenerse en el gobierno de esa colonia de no haber contado con el apoyo de algunos entes de poder, especialmente vecinos de la capital y gentes de hábito religioso, tal como se demuestra en una serie de memoriales laudatorios escritos tras su deceso por diferentes personajes eclesiásticos[13]. Uno de ellos, el comisario franciscano fray Alonso de las Casas, afirmaba que nuestro personaje, "pudiendo como otros muchos de menos letras y prendas dexar a sus hijos y muger rricos, los a dexado a todos muy pobres por tratar su offiçio con limpieça" (*ibid.*: 617, nº 175). Y lo cierto, hay que admitir, es que no han quedado evidencias de manejo doloso del presidente en materia económica.

En su condición de albacea y apoderada para ordenar el testamento de su marido, fue doña María de Contreras quien se encargó de exponer ante la autoridad pública el conjunto de pertenencias que quedaron a la muerte de González de Cuenca. El inventario de bienes, verificado ante el escribano Juan Alemán de Ayala, tuvo lugar en Santo Domingo del 17 al 22 de mayo de 1581. Gracias a la escritura correspondiente quedamos enterados de los objetos (y personas) que constituían la herencia del presidente: poseía 18 esclavos negros, entre hombres, mujeres y niños; tenía objetos de oro, por valor de más de 330 pesos, así como una abundante colección de utensilios de plata; mobiliario de salón y de dormitorio, incluyendo un par de retablos — uno de San Jerónimo y otro de la Magdalena —; prendas de vestir de variada textura; enseres de comedor, de dormitorio, de cocina, de caballeriza, etc.[14]

Desde la perspectiva de la historia de las ideas en la época colonial hispanoamericana, lo más interesante de ese inventario de bienes es la memoria o relación de los libros que el doctor Cuenca tenía en su residencia dominica-

---

[13]Mencionaré la carta de fray Juan de Manzanillo, obispo electo de Venezuela, y otros al rey (1581) y la del convento de monjas de la Reina de los Angeles al mismo destinatario (Santo Domingo, 6 de mayo de 1581); publicadas en Lugo 1952: 48 e Incháustegui 1958, III: 624-625, nº 177, respectivamente.

[14]AGI, Escribanía de Cámara, leg. 846(B), fols. 1.078 y ss.

na[15]. De dicha biblioteca (compuesta de 213 asientos), comentándola y precisándola, me ocuparé en las páginas siguientes.

2. Universo de lecturas de un jurista del XVI

Haciendo una visión de conjunto de la colección bibliográfica que poseía el doctor González de Cuenca, se pueden apreciar en ella las tendencias más importantes de la doctrina jurídica del Renacimiento, que este hombre de leyes hubo de aprender en las aulas universitarias de su Castilla nativa. Trátase de un Derecho común renovado, aunque construido siempre sobre los textos fundamentales de ambos derechos — el romano y el canónico — y sobre las obras de los viejos maestros glosadores y comentaristas, que habían inaugurado esta corriente intelectual tres o cuatro siglos antes. Conforme anota Bartolomé Clavero, la jurisprudencia europea (e hispánica) del XVI se caracteriza por la aparición de rasgos modernos, tales como una especialización por materias o ámbitos del Derecho, una propensión al tratamiento monográfico de instituciones y problemas, una mayor atención a los asuntos de carácter mercantil y financiero y, en general, una particularización legislativa por cada reino o territorio[16]. Es posible observar todos esos rasgos dentro de la biblioteca del doctor Cuenca, según se detallará a continuación.

Para empezar, y respetando el orden establecido en el propio documento, tenían cabida los textos fundamentales del Derecho común. Había una edición en cuatro tomos del *corpus juris canonici* (n° 1), incluyendo el Decreto de Graciano, los cinco libros de Decretales, el libro sexto de esta misma serie, las Constituciones de Clemente V, las Extravagantes de Juan XXII, etc. De otro lado, el *corpus juris civilis* estaba representado por las cinco partes en que usualmente se dividía, comenzando por las Pandectas, esto es el Digesto Viejo (n° 3), el Infortiatum (n° 4) y el Digesto Nuevo (n° 2). Seguía el Codigo justinianeo (n° 5), con sus nueve primeros libros, y cerraba esta colección de textos el denominado Volumen (n° 160), tomo de índole miscelánea en que estaban incluídos los tres últimos libros del Código, las Instituciones y las Auténticas o nuevas constituciones de Justiniano, junto con algunos escritos del tiempo bajomedieval.

A manera de indispensable complemento, estaban comprendidas las glosas y comentarios hechos por antiguos maestros de la jurisprudencia a aquellos textos fundamentales. En la biblioteca del presidente de la Audiencia había lugar para las glosas del papa Inocencio IV a las Decretales (n° 14), así como para las notas al libro sexto de Decretales de Guido de Baisio, el arcediano (n° 34), y del cardenal Juan Le Moine (n° 46). No faltaban, por supuesto, las obras de Bártolo (n° 6), el padre de la escuela de los comentaristas. Entre los comentarios más importantes, cabe señalar los de Baldo de Ubaldi a las Pandectas, el

---

[15]*Ibid.*, fols. 1.084v-1.088.
[16]Clavero 1979: 158 y ss. Véase también García Gallo 1975: 102, 212.

Código y las Decretales (nos. 7, 8); los de Cino da Pistoia al Codigo y el Digesto Viejo (n° 33); los de Nicolás de Tudeschi, el abad panormitano, a las Decretales (n° 12); los de Juan de Andrea, profesor boloñés, al libro sexto de Decretales (n° 39); los de Jasón de Maino a las Pandectas y el Código (n° 10); los del cardenal Zabarella a las Clementinas (n° 19).

Uno de los rasgos que tipifican el desarrollo de la jurisprudencia en la Edad Moderna es la edición de comentarios, ya no de carácter extenso, sino restringidos a títulos o capítulos específicos de los textos básicos de la legislación. Mencionaremos, verbigracia, las anotaciones de Rodrigo Suárez, jurista de la escuela de Salamanca, a leyes del Código y de las Pandectas (n° 84); Bartolomeo Cepolla (n° 143) y Filippo Decio (n° 141) se ocupan de sendos títulos, de *aedilitio edicto* y de *regulis juris,* pertenecientes a las Pandectas; André Tiraqueau (n° 88) y Emilio Perrotus (n° 139), maestros franceses del siglo XVI, estudian leyes del *corpus* de derecho civil. Por su parte, el doctor Martín de Azpilcueta, navarro, catedrático de la Universidad salmantina y miembro de la Curia romana, trata diversos capítulos de la legislación canónica (n°s 113, 164, 166).

El establecimiento de la imprenta facilitó, sin duda, la propagación de la doctrina del Derecho común en el continente europeo, y para vulgarizar con más efectividad aún las nociones de esta disciplina se dieron a luz numerosas obras de carácter compilatorio, en que se reunían sentencias, consejos u opiniones de los jurisconsultos más autorizados. En la memoria de los libros de González de Cuenca se mencionan quince tomos de tratados de diversos doctores (n° 27), otros nueve tomos de repeticiones de doctores (n° 29), dos tomos de *communes opiniones* (n° 42), unas *regulae* de los derechos civil y canónico (n° 45), un compendio de resoluciones del tribunal romano de la Sacra Rota (n° 97), etc. Además, en el terreno individual, abundaban las recopilaciones de sentencias (*consilia*) de tratadistas famosos. Encontramos en nuestro elenco bibliográfico textos de ese tipo pertenecientes a Diego de Segura, sevillano (n° 55), a Filippo Decio, milanés (n° 59), al cardenal Pietro Paolo Parisio (n° 62), a Benedetto Capra, perusino (n° 65), al célebre Baldo de Ubaldi (n° 66), al cardenal Zabarella (n° 68), a Francesco Accolti, el aretino (n° 70), a Antonio Gómez, profesor de Salamanca (n° 109), al obispo don Francisco Sarmiento de Mendoza (n° 110), al doctor Salón de Paz, burgalés (n° 129), entre otros. Y en esta lista podría incorporarse también el clásico *Speculum juris,* compuesto en el siglo XIII por Guillermo Durand (n° 138).

El auge de la clase burguesa en la época del Renacimiento queda patentizado en el ámbito jurídico por medio de los numerosos tratados dedicados a problemas de la actividad mercantil y financiera. El doctor Cuenca contaba en los estantes de su morada con un libro del parisiense Charles du Moulin, hombre de leyes convertido al calvinismo, en torno a comercio, usura, rédito y moneda (n° 104). El tema de la usura, especialmente llamativo en aquellos tiempos de Contrarreforma, concitó la atención de varios tratadistas castellanos durante el Siglo de Oro: puede hacerse referencia a Cristóbal de Villalón, con su *Tratado de cambios y contrataciones de mercaderes y reprovación de usura* (n° 148), al franciscano Luis de Alcalá, autor de un *Tratado de los préstamos* (n° 149), y al doctor Saravia de la Calle, que elaboró una *Instrucción de mercaderes muy provechosa* (n° 149).

Asimismo, la moderna especialización de los juristas se deja apreciar en otras parcelas del Derecho. Por ejemplo, asuntos relativos a la posesión de bienes son examinados por autores como el ya mencionado Tiraqueau (n° 85), por el paviano Giacomo Menochio (n° 108) y por el catedrático francés Pierre Rebuffi (n° 163). Una *compendiosa exegesis* acerca de las subastaciones se debe a la pluma de Josse van Damhouder, jurisconsulto flamenco (n° 174); Menochio posee un tratado sobre el arbitrio judicial (n° 126); Tiraqueau aporta sus comentarios respecto a la nobleza y el derecho de los primogénitos (n° 87). Se publican igualmente textos legislativos y comentarios en torno a la administración de justicia en los tribunales. En el inventario que estudiamos se hallan las ordenanzas de las Chancillerías de Valladolid (n° 83) y de Granada (n° 209), unas notas del obispo Luis Gómez a las reglas judiciales de cancillería (n° 168), la *Prática civil y criminal y instructión de escrivanos* de Gabriel de Monterroso y Alvarado (n° 131), además de algunas otras obras de semejante estilo.

Según he apuntado más arriba, otra de las características de la jurisprudencia en la época en que nos situamos es el estudio particularizado de la legislación y costumbres de los diversos reinos o territorios. Esto también se refleja en nuestro documento, pues son varias las obras de juristas -a la vez hombres de Estado- que atañen a normas emanadas de entidades políticas y de colectividades sociales específicas. Matteo de Afflitto, estudioso napolitano, tiene sendos libros sobre la legislación del reino de Sicilia (n° 47) y las resoluciones del Consejo de Nápoles (n° 90); Barthelemy de Chasseneux, parlamentario francés del quinientos, comenta las costumbres del ducado de Borgoña (n° 53); Charles du Moulin se ocupa del derecho consuetudinario de París (n° 32). Pierre Rebuffi, autor que ya conocemos, figura con un estudio en torno a la legislación regia francesa (n° 51) y con un opúsculo acerca del concordato entre León X, sumo pontífice, y el monarca francés Francisco I (n° 161). Por añadidura, cabe mencionar a Antonio Capece, con sus notas a las decisiones del Consejo de Nápoles (n° 91), a Guy Pape, estudioso de la obra legislativa del Parlamento del Delfinado (n° 93), y a Nicolás Bohier, jurisconsulto y político, que analiza el Senado de Burdeos (n° 94).

La Edad de Oro de la cultura hispánica, bien conocida en el campo de las letras, bien visible en el aspecto político, alcanzó igualmente al dominio de la jurisprudencia. Este es un período en el que abundan las obras jurídicas de penetrante lucidez, con pensamiento de raíz esencialmente teológica (remanente de la Escolástica), y tiene su eje de acción e irradiación en la Universidad de Salamanca. Aunque parece no haberse educado en las aulas salmantinas, Gregorio González de Cuenca se nos presenta a través de su biblioteca como uno de tantos hombres de leyes del siglo de la Conquista cuyo ejercicio profesional estaba influido por esa doctrina castellana.

En cuanto a textos legislativos, repertorios de disposiciones legales y comentarios en esta materia, encontramos al Fuero Real de Alfonso X el Sabio, ilustrado con la glosa del doctor Alfonso Díaz de Montalvo, el más prestigioso jurisconsulto ibérico del siglo XV (n° 130). Las Siete Partidas se hallan en un par de versiones, una del mismo Montalvo (n° 24) y otra del licenciado Gregorio López de Tovar, oidor del Consejo de Indias (n° 23). La relación de comentarios a las leyes de Toro, de 1505, es más abundante: los hay de Diego del Castillo de Villasante (n° 98), del consejero real Juan López de Palacios Rubios (n° 101), de Miguel de Cifuentes (n° 81), del doctor Marcos Salón de Paz (n° 99), de Antonio Gómez, individuo de la escuela de Salamanca (n° 102), entre otros. El Ordenamiento Real, elaborado primigeniamente por Montalvo en 1484, aparece comentado por el doctor Diego Pérez de Salamanca (n° 80, 103). También recibía cabida en aquella biblioteca particular el *Repertorio de las leyes de todos los reinos de Castilla,* preparado por el jurisperito de origen itálico Hugo de Celso (n° 28), y asimismo el más reciente de los textos oficiales de índole compilatoria, la Nueva Recopilación, promulgada en 1567 por Felipe II (n° 135).

Una extensa lista podría formarse con los tratados de autores españoles que abordan asuntos jurídicos concretos. Para dar alguna idea de la riqueza de este género, me limitaré a apuntar las siguientes obras: el estudio del vallisoletano Fernando Vázquez de Menchaca sobre sucesiones y testamentos (n° 37); los comentarios de Pedro Núñez de Avendaño (n° 73) y de Francisco de Avilés (n° 124) en torno a la administración de los corregidores; el *epítome* de delitos de Pedro de Plaza y Moraza, catedrático salmantino (n° 75); el tratado de Luis de Molina respecto a la primogenitura, vale decir, a la constitución de los mayorazgos (n° 79). Figura el letrado Gaspar Baeza, autor de sendos estudios sobre deudores (n° 111) y tutores (n° 114); el análisis de la institución matrimonial por el agustino fray Alonso de la Vera Cruz (n° 145); comentarios de Alfonso de Castro, predicador franciscano, acerca de las leyes penales (n° 169) y de la punición de heréticos (n° 178); el doctor Juan de Medina, profesor en Alcalá de Henares, tratadista de restituciones y contratos (n° 194); una reflexión alrededor del secreto (n° 196) y unos ensayos sobre justicia y derecho (n° 197), nacidos de la mente de fray Domingo de Soto, maestro salmantino...

Siendo la jurisprudencia castellana una disciplina de firme sustento teológico, no podían estar ausentes obras de carácter religioso — y en buen número — en la biblioteca de un jurista seriamente formado como el doctor Cuenca. Aparecen en el inventario un par de ejemplares de la Biblia (nos. 170, 200), los cuales se complementan con unas *Flores Bibliae* (n° 171) y unas concordancias para facilitar el manejo de dicho libro sagrado (n° 211). Hay comentarios a textos del Antiguo Testamento, tales como las notas de San Gregorio I el Magno, pontífice del siglo VI (n° 172), de Santo Tomás de Aquino (n° 179) y del monje capuchino Francisco Titelman (n° 176) acerca del libro de Job, junto con exégesis de los Salmos escritas por San Agustín (n°s 184, 188) y por el mismo Titelman (n°s 185, 190). En lo referente a tratados de materia teológica, hallamos relecciones del maestro Francisco de Vitoria, figura preclara de la escuela de Salamanca (n° 175); una larga serie de *summae,* comenzando por la de Tomás de Aquino (n° 195), a quien le siguen otros dominicos como San Antonino, arzobispo de Florencia (n° 193), Tomás de Vio, mejor conocido bajo el nombre de cardenal Cayetano (n° 189), el español Juan de Pedraza (n° 191), y algunos más; pequeños libros para orar y meditar de escritores místicos como San Pedro de Alcántara (n° 212) y fray Luis de Granada (n° 212), etc.

En un acápite final puede hacerse mención de obras de variada temática, no jurídica ni religiosa, que formaban parte de la colección del gobernante de la isla Española. Estaba el *Dictionarium* o enciclopedia multilingüe del agustino Ambrosio da Calepino (n° 82), bastante difundido en aquel tiempo. El viejo tratado del griego Dioscórides acerca de la materia médica y de los venenos (n° 205) se encontraba acompañado de la moderna *Historia medicinal* del doctor Nicolás Monardes, sevillano, que contemplaba las aportaciones de la naturaleza americana a la ciencia de Galeno (n° 167). Había lugar para los *Adagios* de Erasmo, el insigne y vituperado humanista de Rotterdam (n° 156); para las obras completas de Platón (n° 204) y de Séneca (n° 203), testimonio de la antigüedad clásica que se pretendía revivir; para el *Aviso de caçadores y de caça* de Núñez de Avendaño (n° 150)... Por ende, la historiografía estaba representada por las muy recientes ediciones de los textos de Esteban de Garibay y Zamalloa, cronista real, autor de *Compendio historial de todos los reynos de España* (n° 206), y del canónigo Gonzalo de Illescas, con su *Historia pontifical y cathólica* (n° 207).

Conforme apreciamos en la distribución temática de los libros que integraban esta biblioteca, el doctor González de Cuenca concentraba su interés y su bagaje intelectual en aquello que tuviera relación directa con la jurisprudencia, pero lo que escapaba al ámbito de esta disciplina le interesaba muy poco o nada. En su colección de obras jurídicas salta a la vista la diversidad de fuentes y especialidades que abarca, así como la inclusión de ediciones y trabajos de los más recientes en su tiempo, lo cual acredita la seria formación profesional de este hombre de leyes. Aunque, claro está, la pregunta obligada es: ¿había leído o conocido realmente el doctor Cuenca todos los libros mencionados en el inventario de sus bienes? ¿Qué otras obras, no incluidas en esta relación, tenían cabida en su estructura ideológica? Son interrogantes de improbable contestación.

Además, llama nuestra atención la ausencia, virtualmente completa, de elementos que hagan recordar que se trata de un documento labrado en territorio indiano; no aparece ninguna crónica de la conquista del Nuevo Mundo, ni descripción de las costumbres aborígenes, ni apuntes de la geografía americana. Quizá no anduviera tan descaminado el licenciado Gaspar de Torres, fiscal de la Audiencia de Santo Domingo, cuando en una misiva criticaba de este modo a González de Cuenca:

de su natural condición es inquieto y soberuio; desto nace que ni admite consejo ni deja sosegar la gente en tranquilidad, y ynventa cosas, como que cada día más pierde la tierra, y es forzoso que así sea porque como no tiene experiencia della ni del humor y trato de la gente, ni procura entendello ni se desvela para ello (que es officio proprio de gouernador), da en nouedades nunca vistas y de que la tierra no es capaz...[17].

Ese es asunto que habría que investigar en el futuro con mayor detenimiento.

---

[17]Carta dirigida al rey (Santo Domingo, 1 de junio de 1579), publicada en Incháustegui 1958, II: 605-606, nº 170.

118

7) Libros profanos y sagrados en la biblioteca del tesorero Antonio Dávalos (1582)

En el presente trabajo me propongo realizar una aproximación a los textos que componían la colección bibliográfica de un funcionario de la caja real de Lima, el tesorero Antonio Dávalos, quien asumió su cargo en la metrópoli del Rímac en 1583. Gracias al variado contenido de los 97 volúmenes que integraban el cargamento de libros del tesorero, es posible formar un esquema respecto a las materias que atraían el interés de los colonos ilustrados de aquel tiempo.

1. Esbozo biográfico de Antonio Dávalos

Pocas noticias seguras se tienen sobre este individuo antes de su designación como funcionario hacendístico, aparte la certeza de que había residido ya previamente en el Perú. Es probable que se trate del mismo Antonio Dávalos, natural de Guadalajara (Castilla la Nueva), hijo del licenciado Hernando Dávalos y de doña Catalina de Sotomayor, que en marzo de 1560 se registró como pasajero a Indias en calidad de criado del virrey Conde de Nieva[1]. Sabemos que dicho sujeto obtuvo en el virreinato peruano el empleo de capitán de artillería, con un salario anual de 200 pesos. Hacia 1569 desempeñaba el corregimiento de Chachapoyas, y en marzo de ese año recibió un préstamo de mil pesos proveniente de la Hacienda Real[2].

Tampoco existe certidumbre acerca de los orígenes familiares o regionales de la mujer del tesorero Dávalos, llamada doña María de Loaysa. Quizá sea la misma doncella, de idéntico nombre, que a principios de 1569 se inscribió para viajar al Nuevo Mundo formando parte del séquito del licenciado Hernández de Valenzuela, alcalde del crimen de la Audiencia limeña. Esta doña María era natural de Córdoba, hija de Jerónimo de Baena y de Isabel de Cervantes (Romera Iruela y Galbis Díez 1980, IV: 231, n° 1576).

El 21 de octubre de 1577, en San Lorenzo el Real, suscribió Felipe II los despachos concernientes a la investidura de Antonio Dávalos como tesorero de la provincia de Nueva Castilla (Perú), con asiento en la caja real de Lima. El mencionado puesto le otorgaba derecho a una remuneración anual de 2,000 pesos, así como a una plaza de regidor en el cabildo limeño. Algunas reales cédulas complementarias mandaban eximir al tesorero de pagar el impuesto de almojarifazgo por el transporte de bienes suyos valorizados hasta en 4,000 pesos y, además, lo autorizaban a llevar seis criados y tres esclavos negros, libres de impuestos, a su nuevo destino[3]. Sin embargo, la salida del burócrata fuera de la metrópoli demoró varios años; no empezó a cobrar el sueldo de

---

[1]Romera Iruela y Galbis Díez 1980, IV: 66, n° 508. Reales cédulas tocantes al viaje al Perú de dicho personaje se encuentran en el AGI, Lima, 568, lib. 9, fol. 285.
[2]AGI, Contaduría, 1683 y 1685.
[3]AGI, Lima, 579, lib. 4, fols. 122-125.

tesorero sino a partir del 6 de abril de 1582, fecha en que se embarcó en Sanlúcar de Barrameda con rumbo al continente americano[4].

En cuanto a los objetos personales que Dávalos hizo remitir a través del Atlántico, se conoce que dio este encargo a Juan Sánchez de Adrada, el cual metió en Sevilla un conjunto de 77 cajas a bordo de la nao *La Madalena*, guiada por el maestre Alonso Martín. La remesa, que llegó sin novedad al puerto de Nombre de Dios el 24 de julio de 1582, incluía dos fardos — identificados bajo los números 2 y 3 — con el cargamento que aquí especialmente nos interesa: la colección libresca, de 97 volúmenes, reunida por el funcionario peninsular[5]. Tras haber alcanzado la orilla meridional del istmo de Tierra Firme, el 30 de octubre del citado año se efectuó un nuevo registro de las mercaderías pertenecientes a nuestro sujeto, que se instalaron en los depósitos del navío *San Francisco de Buena Esperanza*, conducido por Martín de Ribera; era un cargamento de 29 fardos, 5 cajas quintaleñas y varios otros bultos, cuyo valor se tasó en 4,032 pesos (ligeramente superior al tope fijado para la exención de almojarifazgo). Para realizar la traslación de estos bienes por el mar del Sur, se contó con una licencia especial del comisario del Santo Oficio don Rodrigo Hernández, deán de Panamá, en la cual se hallaba comprendido un permiso librado por el inquisidor Cerezuela para la conducción de los dos fardos de libros[6].

Finalmente, tanto el propietario de la remesa como el conjunto de bultos arribaron a la ciudad de los Reyes. Con el propósito de evadir los gravámenes de almojarifazgo, ciertamente, Antonio Dávalos denunció un deterioro en el estado de su pertenencias, avaluado en 146 pesos. Ante los magistrados de la Audiencia de Lima, el 22 de enero de 1583, prestó juramento como tesorero de la Nueva Castilla[7]. Sobre su actuación en los años sucesivos parece que hubo ciertas fricciones con el virrey Conde del Villar, quien en más de una oportunidad mandó encerrar al tesorero en prisión[8].

El ambiente de corrupción e inquietud que se vivió en territorio peruano durante la administración de Villar motivó el nombramiento de un visitador general para el distrito de la Audiencia de Lima, que fue el licenciado Fernández de Bonilla. Una de las atribuciones de este ministro de la Inquisición era averiguar la rectitud en el manejo de los oficiales de Hacienda. Así fue que, luego de haber desarrollado una indagación preliminar, formuló en septiembre

---

[4]AGI, Contaduría, 1694.

[5]AGI, Justicia, 483, fol. 7407. Testimonio otorgado por el contador Luis de Armas Pardomo, en Nombre de Dios, 7 de agosto de 1582.

[6]*Ibid.*, fols. 7397-7403. Respecto a las medidas de seguridad que se empleaban para controlar la importación de material bibliográfico a América, puede consultarse Leonard 1953, cap. 12.

[7]AGI, Justicia, 483, fols. 7397 y 8042.

[8]AGI, Lima, 570, lib. 15, fol. 33. Real cédula al visitador general, licenciado Bonilla, dada en Madrid, 10 de enero de 1589.

de 1591 un cargo general de 102 capítulos respecto al desempeño del contador, tesorero y factor-veedor de la caja de Lima[9]. Por lo que atañe al protagonista de nuestro trabajo, en particular, se recogió la denuncia de que la mercancía que trajo consigo al establecerse en el oficio de tesorero no fue destinada a su uso personal — como lo demandaba la cédula sobre franquicia de almojarifazgo —, sino que se vendió en la capital del virreinato a Juan Beltrán Aparicio y Jorge de Acosta[10]. ¿Quiere esto decir que la biblioteca formada por Antonio Dávalos no constituyó material de su propia lectura? Desgraciadamente, a causa de falta de referencias complementarias, no estamos en condiciones de responder con certeza a esta interrogante, ni de determinar con precisión el bagaje intelectual que poseía el burócrata castellano.

Por lo demás, cabe anotar que en 1591 se expidió en la Corte una real cédula, dando facultad al tesorero limeño (a la sazón enfermo y mayor de setenta años de edad) para viajar a España, con atribución de permanecer en la metrópoli por espacio de tres años, sin goce de salario, bajo el requisito de dejar en sustitución a una persona hábil y suficiente[11]. Lo cierto, empero, es que dicha licencia no alcanzó a tener vigor. Consta que Antonio Dávalos dejó la tesorería de Nueva Castilla el 31 de diciembre de 1595, por renuncia[12], y no existen datos referidos a su vida ulterior.

2. Materia profana en la biblioteca

En el registro de la biblioteca que nos ocupa se aprecia que, quizá por razones no meramente casuales, el fardo asignado con el número 2 contiene fundamentalmente libros pertenecientes al ámbito secular, dedicados a las letras y a la ciencias, mientras que el fardo número 3 — menos voluminoso — incluye sobre todo textos relativos al culto divino y a materias teológicas[13]. Los temas de naturaleza profana en esta colección pueden dividirse en tres áreas: la historia, la literatura y las ciencias. Un análisis somero de las obras correspondientes a cada una de tales áreas permitirá entender con algún detalle el interés intelectual existente en el mundo quinientista hispanoamericano.

Hay varios cronistas del siglo XVI dedicados al estudio de la historia española. Aparece el canónigo zamorano Florián de Ocampo, cronista oficial de

---

[9]AGI, Justicia, 483, fol. 7021. En el curso del juicio de residencia, el visitador mandó suspender la paga de su salario a los oficiales de Hacienda, debido a su negligencia en el manejo de las cuentas fiscales.

[10]*Ibid.*, fol. 7386. Mandamiento del licenciado Bonilla al secretario de la visita Antonio Correa, hecho en Los Reyes, 27 de marzo de 1591.

[11]AGI, Lima, 581, lib. 10, fol. 52. Documento otorgado en San Lorenzo, 6 de julio de 1591.

[12]AGI, Contaduría, 1700.

[13]AGI, Justicia, 483, fols. 7367-7368. El fardo n° 2 contiene los libros señalados en los asientos 1 a 43, en tanto que los registrados bajo los asientos 44 a 75 pertenecen al otro fardo.

Carlos V, que publicó los cinco libros iniciales de la *Crónica general de España* (n° 6), obra que fue continuada luego de su muerte por el hombre de letras cordobés Ambrosio Morales, quien extendió la narración histórica hasta el período de la ocupación musulmana (n° 5). En cuanto a los territorios sujetos al dominio catalano-aragonés, figuran los *Anales de la corona de Aragón*, fruto de una minuciosa pesquisa documental llevada a cabo por el zaragozano Jerónimo Zurita y Castro, que laboró muchos años como secretario del Consejo de la Inquisición (n° 2). Por su parte, el historiador y genealogista guipuzcoano Esteban de Garibay y Zamalloa aporta su *Compendio historial de todos los reinos de España*, obra en cuatro tomos (n° 1), a la vez que el sacerdote toledano Francisco de Rades y Andrada, individuo del hábito calavatreño, expone su crónica de las instituciones caballerescas de Santiago, Calatrava y Alcántara (n° 7).

Saliendo más allá de los confines de la Península ibérica, pero siempre dentro de las disciplina historiográfica, encontramos al cronista florentino Matteo Villano, escritor de mediados de la decimocuarta centuria que continuó la tradición de las letras dentro de su familia (n° 34). Fray Jerónimo Román, agustino logroñés, y el beneficiado Gonzalo de Illescas son dos autores del Siglo de Oro castellano que se ocuparon de temas de la historia universal (n°s 3 y 4). La decisiva influencia ejercida por el Renacimiento italiano se percibe también en el campo del estudio de los hechos pretéritos; en nuestro elenco tiene cabida el alejandrino Apiano, súbdito del Imperio en el siglo II, que compuso una historia de las guerras de los romanos (n° 32). Figura igualmente su contemporáneo Marco Justino, conocido por el extracto que realizó de la obra histórica del clásico Trogo Pompeyo (n° 39), y hay un lugar para el monje franciscano Faustino Tasso, oriundo de Venecia, que hacia las postrimerías del quinientos escribió *Le historie de successi de nostri tempi* (n° 33).

Dentro de los cultivadores de las bellas letras, podemos distinguir primeramente a aquellos escritores que aparecen en la biblioteca limeña de 1583 con obras de tipo compendioso y genérico. El marqués de Santillana, admirador de Dante y Petrarca, redactó un centenar de coplas rimadas a manera de *Proverbios de gloriosa doctrina o fructuosa enseñanza*, dedicados al infante don Enrique de Castilla (n° 14), y otro aristócrata castellano del siglo XIV, don Jorge Manrique, ideó las famosas coplas a la muerte de su padre (n° 16). Militar y poeta inspirado en la métrica petrarquista, el toledano Garcilaso de la Vega dejó una serie de textos que fueron editados póstumamente, con observaciones, por Francisco Sánchez el Brocense (n° 15). El napolitano Jacopo Sannazaro, presente en nuestra lista con sus *Opera omnia* vertidas al latín (n° 28), marcó una profunda huella en la literatura española del período que analizamos. Y también cabe mencionar en este parágrafo al poeta florentino Luigi Alamanni, cuyas *Opere toscane* significan una colección de elegías, sonetos, fábulas y epigramas (n° 42).

Un repaso de las manifestaciones de literatura en prosa evidencia la influencia recíproca que existió entre los hombres de letras itálicos e ibéricos durante la época quinientista (cf. Jones 1974: 97 ss.). *La Arcadia*, célebre ficción pastoril publicada en 1504 por Sannazaro (n° 18), sirvió de modelo en España a una extensa colección de novelas de semejante ejemplo, entre las cuales destaca la *Diana enamorada*, muestra del amor austero, puritano, realizada por el valenciano Gaspar Gil Polo (n° 17). A su vez, el más famoso de los libros de caballería en lengua castellana inspiró a Bernardo Tasso, veneciano, para componer el *Amadigi di Gaula* (n° 25). Un talentoso médico de origen judaico lusitano, el neoplatónico León Hebreo, se hizo bastante conocido gracias a la divulgación de sus *Dialoghi di amore*, de 1535, especie de novela en forma dialogada donde se establece la tesis de que el amor es el principio vital del universo (n° 41). Otro novelista es el piamontés Matteo Bandello, de la congregación dominica, que recogió abundantes leyendas y tradiciones italianas (n° 29).

En cuanto a los textos en verso se percibe la corriente renacentista a través del estoico latino Persio Flaco, cuyas sátiras censuraban principalmente a Nerón, estimado como síntesis viviente de todos lo vicios y errores de una época de decadencia (n° 23). La poesía castellana del Siglo de Oro está representada por el cisterciense Cristóbal Castillejo, secretario de la Corte vienesa, quien recusó la imitación de los metros y temas italianos que practicaban otros autores en su patria (n° 11); en el género de la epopeya resalta *La Araucana* del caballero madrileño Alonso de Ercilla y Zúñiga, compuesta en octava rima, que narra la intervención del autor en la jornada pacificadora de los aborígenes de Chile (n° 8); escritor de comedias y artista teatral, el andaluz Lope de Rueda se caracteriza por sus composiciones hechas a base de la inspiración popular, las cuales se encargó de editar después de su fallecimiento Juan Timoneda (n° 13). Debido a la escueta información que ofrece el registro de embarque, no podemos asegurar plenamente la figuración del carmelita Pedro de Padilla, poeta bucólico de cierta importancia, que sacó a luz un *Tesoro de varias poesías* (n° 10).

Bajo la primacía de la *Divina Comedia*, que aparece en una edición hecha por Bernardino Daniello (n° 30), se alinean diferentes versificadores italianos de la época quinientista. Son dignos de mención el veneciano Lodovico Dolce, erudito polígrafo (n° 26), así como el humanista placentino Lodovico Domenichi, profundo conocedor de textos clásicos (n° 31), y sobre todo el benedictino Teófilo Folengo, poeta satírico muy mordaz que escribía en lenguaje macarrónico, mezcla de latín y toscano (n° 38). Menor relevancia poseen otros autores, comprendidos en nuestro elenco, como Giacomo Marmitta, cuyas rimas publicó póstumamente un hijo adoptivo suyo (n° 27), Lodovico Paterno (n° 35) o Agostino Beaziano, que concibió la mayor parte de su obra hallándose enfermo de parálisis (n° 36).

Debajo de una amplia noción de "ciencias", pretendo englobar un significativo conjunto de textos relativos a la cirugía, la metalurgia, la política y la jurisprudencia[14]. Entre las obras pertenecientes a la disciplina de Galeno, el tesorero de Nueva Castilla optó por seleccionar el *Compendio de chirurgía* de Francisco Díaz, médico que enseñó filosofía en Alcalá de Henares y formó parte del séquito de Felipe II (n° 20); también escogió otro libro de cirugía que probablemente sea aquél debido a la pluma del portugués Juan Fragoso, cirujano y botánico, miembro de diversas expediciones científicas del siglo XVI (n° 19). Por otra parte el astrónomo y naturalista Bernardo Pérez de Vargas, avecindado en Málaga, tiene el mérito de haber redactado el primer libro en castellano consagrado exclusivamente al arte de los metales: es su *De re metálica*, que se editó en 1569 (n° 24). Y el leonés Juan Arfe y Villafañe, platero, grabador, cincelador de dilatada experiencia, ocupa asimismo un lugar importante con su tratado sobre la labor de los metales y piedras preciosas (n° 22).

Un texto de primer orden para tomar noticia del comportamiento ideal de los hombres palaciegos en el Renacimiento es, sin duda alguna, *El cortesano*, del conde Baldassare Castiglione, que fue traducido en España por el poeta Boscán (n° 12); obra que constituye el producto de las vivencias adquiridas por el autor mantuano a lo largo de su carrera diplomática en las cortes de Italia, Francia, España e Inglaterra. Semejante propósito de fijar un modelo para la conducta de los sujetos políticos se encuentra en el palentino don Francisco de Castilla, elegante autor de coplas de la mitad de la centuria decimosexta (n° 73). A esta misma época pertenece el jurisconsulto Bartolomé Frías de Albornoz, catedrático de leyes de la Universidad de México, que en 1573 dio a publicidad un macizo estudio sobre la institución contractual (n° 75). Orientaciones relativas al manejo de los negocios públicos y privados interesaban desde luego a un burócrata castellano destinado a servir lejos de la metrópoli.

3. Materia sagrada en la biblioteca

Conforme se ha indicado anteriormente, en el segundo fardo de libros reunidos por Antonio Dávalos predominan las obras concernientes a materias sagradas. A fin de asignar mayor claridad a esta aproximación interpretativa, será útil dividir los textos del mencionado grupo en cuatro categorías: libros de rezo eclesiástico; obras pertenecientes a fray Luis de Granada, el autor místico más relevante de la época; tratados de otros escritores ascéticos; textos religiosos diversos.

Para empezar, y respetando el mismo orden establecido en el manuscrito, hay que consignar un libro para el rezo del oficio divino (n° 43). Este coincide probablemente con la *Instrucción y arte* que sobre el tema publicó el franciscano Alonso de Medrano, lector en el monasterio de Tordelaguna (Castilla). Además figuran varios otros volúmenes consagrados al rezo eclesiástico, tales

---

[14]En cuanto a este género de materias, todavía permanece vigente la obra de Picatoste y Rodríguez 1891.

como un par de misales de gran tamaño, media docena de breviarios de diferentes formatos y extensión, un par de diurnos, otro par de horas relativas a la devoción de la Virgen María y un libro con el oficio de la Semana Santa (n°s 44, 45, 46, 47, 48, 50, 51, 53). Según lo especifica el inventario que comentamos, todos o la mayoría de los señalados volúmenes provenían de las prensas amberinas de Chistopher Plantin, impresor de origen francés que obtuvo de Felipe II la designación de prototipógrafo del reino, con el encargo de difundir entre la grey católica los lineamientos contrarreformistas acordados en el Concilio de Trento[15].

El expositor místico preferido de nuestro personaje, así como de muchos otros fieles cristianos de la época quinientista, era el dominico fray Luis de Granada, a la sazón activo todavía como predicador en Lisboa. Existe la impresión de que fray Luis determinó marchar fuera de España para sustraerse de la persecución que el Santo Oficio comenzaba a desarrollar contra los místicos, a quienes se creía contagiados de luteranismo por sus exhortaciones a la vida interior. Las meditaciones del sacerdote granadino respondían cabalmente a las inquietudes morales de aquel tiempo; su incitación a la reforma profunda de los espíritus, a la preterición de ceremonias y exterioridades, al estímulo de la oración mental, conectaba directamente con el sentimiento de numerosos colonizadores ibéricos que pasaron al Nuevo Mundo. Aunque en forma dispersa, se encuentran varios datos interesantes en torno a la lectura de textos de fray Luis de Granada en el Perú durante la segunda mitad del siglo XVI (cf. Miró Quesada 1982a).

Dentro del elenco bibliográfico de 1583 hay bastantes obras del teólogo dominico: está su *Libro de la oración y meditación*, que pertenece a su etapa de formación en Castilla (n° 55), su famosa *Guía de pecadores*, que es una exposición de la doctrina cristiana desarrollada con elocuencia y un llamado para seguir el camino de la virtud (n° 58), su *Memorial de la vida cristiana*, complementado con dos tomos de adiciones (n°s 57 y 59). También hallamos tres volúmenes de *Conciones de tempore*, vale decir sermones en lengua latina (n° 54), y una versión castellana del difundido *Contemptus mundi* (n° 56), junto con un pequeño manual de oraciones (n° 52). Muestras evidentes de la atracción que generaba fray Luis en el ánimo del tesorero Dávalos, un representante de los súbditos peninsulares medianamente cultos de entonces.

Por añadidura, inclúyense otros tratados pertenecientes a la corriente ascética que se vivió en la Península ibérica durante el Siglo de Oro, surgidos de la pluma de religiosos del hábito de San Francisco y San Agustín. El asturiano Antonio de Guevara, franciscano, obispo de Mondoñedo, publicó varios libros que gozaron de notable aceptación, uno de los cuales es el denominado *Monte Calvario* (n° 63). Otro sujeto de la regla seráfica, el navarro fray Diego de Estella, aporta unas reflexiones sobre la vanidad del mundo (n°

---

[15]Puede consultarse al respecto el meritorio trabajo de Voet 1980-83.

60), mientras que su hermano de hábito Juan de la Fuente, toledano, ofrece sendos escritos acerca de la esperanza y el fruto de la vida cristiana (n°s 64 y 64), y el franciscano cordobés Miguel de Medina expone un tratado respecto a la virtuosa humildad (n° 70). Miembro de la congregación agustiniana, fray Sebastián Toscano era reconocido como uno de los mejores oradores sagrados en la época quinientista, y escribió en portugués *Mística teología*, publicada en 1568 (n° 67). El beato Alonso de Orozco, agustino natural de Oropesa, preparó diversos textos destinados a la enseñanza del pueblo, explicando con gran destreza los más complejos problemas del dogma católico; un par de sus libros, comprendidos en la lista que analizamos, son la *Historia de la reina Saba* (n° 68) y el *Epistolario cristiano* (n° 74).

San Gregorio I el Magno, doctor de la Iglesia, pontífice romano del siglo VI, sentó bases fundamentales para la interpretación bíblica con sus *Morales* o exposición sobre el libro de Job (n° 62). Aparte, cabe destacar otros textos religiosos como el confesionario del maestro Pedro Ciruelo, catedrático de la Universidad complutense, canónigo de Salamanca (n° 71), y el catecismo hecho por el ya mencionado Alonso de Orozco (n° 69). Obras menos importantes o de dudosa identificación son: tres volúmenes de sermones de Miguel de Arguizaín (n° 61), un *Flos sanctorum*, catálogo de las vidas de los Santos (n° 49), y una exhortación al desengaño de los hombres compuesta probablemente por el doctor Francisco de Avila (n° 66).

Tal es la diversidad de materias implicadas en la colección libresca que formó el tesorero Antonio Dávalos al momento de efectuar su traslado hacia las Indias. Se observa una predilección por los temas de índole profana, en especial por los relatos históricos y la literatura de ficción (tanto en prosa como en verso), con una inclinación tendente a seguir las pautas marcadas en el Renacimiento italiano; no deja de llamar nuestra atención la abundancia de obras escritas en la propia lengua de Dante o nacidas de la mente de autores itálicos. De otro lado, también es perceptible un profundo interés por las manifestaciones religiosas de la corriente ascética característica de la España del Siglo de Oro orientada a generar una reforma en los espíritus, y se nota claramente la preferencia otorgada a fray Luis de Granada. En resumidas cuentas, pues, la selección bibliográfica del funcionario de la caja real de Lima evidencia la doble motivación, material y espiritual, sentida en el alma de los vasallos de la corona de Castilla, la misma que impulsó su acción colonizadora en los dominios indianos (cf. Hanke 1967: 23-26).

8) Aficiones intelectuales de un gobernante colonial: la biblioteca del virrey don Martín Enríquez (1583)

La historia administrativa de los dominios españoles en el Nuevo Mundo no puede hallarse completa sin tomar en cuenta la preparación que tenían los responsables de llevar a cabo las tareas de gobierno. En cuanto a los sujetos que desempeñaban las más altas dignidades, es bien conocida la diferencia que había entre los letrados o togados, gente de formación eminentemente jurídica, y los caballeros o individuos de "capa y espada", experimentados en el arte militar. Un personaje importante dentro del estamento caballeresco es don Martín Enríquez, noble castellano, quien ofició de virrey de la Nueva España y del Perú en una época de consolidación del predominio de Castilla sobre las tierras americanas. Conforme a tales características, un análisis de la biblioteca particular que poseía el virrey Enríquez — compuesta de 70 volúmenes — puede ofrecer interesantes sugerencias sobre la formación intelectual de los hombres de gobierno en el siglo XVI hispanoamericano[1].

1. La personalidad de Enríquez y su colección bibliográfica

No es necesario realizar aquí una detallada exposición biográfica del personaje, dado que su nombre ha ocupado las páginas de incontables historias relativas al período colonial. Bastará con recordar que el aristócrata Enríquez de Almansa, miembro del linaje de los marqueses de Alcañices, tomó posesión en noviembre de 1568 del virreinato de la Nueva España, tras habérsele designado para poner en obra las disposiciones emanadas de la famosa Junta Magna; en esta reunión de magistrados e ideólogos políticos se fijaron orientaciones innovadoras, tendientes a reformar el poder de la metrópoli en las colonias ultramarinas. Los aspectos principales de su larga y fructífera administración en México han sido estudiados en un libro reciente por Antonio F. García Abasolo (1983), sobre la base de una abundante documentación.

El 26 de mayo de 1580, al concederse la licencia solicitada por el virrey Toledo para regresar a su patria, se expidieron los despachos correspondientes a la investidura de don Martín Enríquez como nuevo virrey del Perú y presidente de la Audiencia de Lima. Ya achacoso, el viejo aristócrata efectuó la travesía marítima desde Acapulco hasta el puerto del Callao, luego de lo cual fue recibido solemnemente en la capital peruana el 15 de mayo de 1581. Si bien no alcanzó a entrevistarse con su predecesor en el mando virreinal (pues éste salió unos cuantos días antes de su llegada), nuestro personaje se dedicó básicamente a mantener la situación política impuesta por el enérgico Toledo. Dictó

---

[1]Atinadas observaciones respecto al uso de inventarios de bibiotecas particulares como fuente para la historia de las ideas, se encuentran en Chevalier 1976: 40-43.

con todo algunas medidas trascendentes en el campo de la educación, del sistema de correos, de la evangelización de los indios, etcétera[2].

Afectado por una apoplejía y parálisis muscular, Enríquez falleció en Lima el martes 12 de marzo de 1583, cuando tenía más de 70 años de edad. En cumplimiento de una disposición suya de última voluntad donde nombraba albaceas a los oidores del máximo tribunal limeño, su cadáver fue depositado en el convento de San Francisco de dicha metrópoli[3]. La noticia de su muerte fue acogida con tristeza y preocupación en la Corte, tal como se percibe en una consulta del secretario Andrés de Eraso al rey: "V. M. ha perdido en el virrey don Martín Enríquez un gran ministro y celoso del servicio de Nuestro Señor y de V. M., y pues lo de allí estará tan mal sin virrey y convendrá tanto que vaya cual se requiere en esta flota, suplico sumamente a V. M. mande mirar en ello para que con tiempo se tome resolución..."[4]. Debido a una serie de contrariedades, sin embargo, la instalación de un nuevo gobernante en el palacio virreinal de Lima se retardó más de dos años y medio[5].

En la propia fecha de la muerte uno de los alcaldes del crimen de la Audiencia, el licenciado Francisco de Cárdenas, ordenó hacer inventario de todas las pertenencias que dejó el vicesoberano. Después, el 16 de abril del mencionado año de 1583, el licenciado Cárdenas comenzó a entregar los bienes inventariados al depositario general de la ciudad de los Reyes, Diego Gil de Avis, para que los mantuviera en custodia. A través de la escritura del depósito de esos objetos, es posible conocer en detalle la variedad de géneros que integraban el patrimonio de un hombre de gobierno en la época quinientista[6]; al propósito de nuestro trabajo, interesa particularmente señalar que el 28 de abril se hizo entrega de la colección bibliográfica perteneciente al virrey Enríquez, la misma que analizaremos en las páginas siguientes.

Completado el depósito de aquel conjunto de bienes, se procedió a efectuar almoneda pública de ellos. ¿Qué destino tuvieron los libros que formaban la biblioteca del virrey? La respuesta parece encontrarse en la lista de remates hechos el 19 de septiembre de 1583, donde está la única referencia al material bibliográfico: anota el manuscrito que se subastaron a Hernando de Pedrosa

---

[2]Cf. Vargas Ugarte 1966-1971, II: 271-289. Los reales despachos pertenecientes al nombramiento de Enríquez para el virreinato peruano se hallan en AGI, Lima, 570, lib. 14. ff. 203 ss.

[3]El virrey otorgó codicilo en Lima, 26 de mayo de 1582, ante el escribano Blas Hernández, y murió hallándose vigentes los términos de dicha disposición (Lohmann Villena, 1960-1961: 458).

[4]Documento fechado el 1 de septiembre de 1583, en Codoin España 1842-1895, LI: 271-272.

[5]Tras la fallida designación hecha a favor del conde de Coruña, ya difunto, se proveyó el virreinato del Perú en el conde del Villar, quien tomó posesión del cargo el 21 de noviembre de 1585. Véase Hampe Martínez 1985: 12.

[6]AGI, Contratación, 479, n° 3, ramo 6.

"çinquenta y quattro cuerpos de libros grandes e pequeños de latín e rromançe", por valor de 175 pesos. Y da la impresión de que el comprador no se hallaba especialmente atraído por la lectura de tales volúmenes — era quizá un comerciante de efectos diversos —, puesto que en la misma jornada adquirió un imán y un hierro en forma de herradura[7]. Aparte de ello, conviene mencionar una real cédula expedida el 18 de septiembre de 1584, que mandaba a la audiencia de Lima remitir a la Casa de la Contratación de Sevilla, los bienes que hubieren quedado del patrimonio del vicesoberano, con el fin de satisfacer las reclamaciones de sus hijos don Francisco y don Diego Enríquez. Obedeciendo esta demanda, el depositario Gil de Avis hizo embarcar en la flota indiana de 1586 la suma de 16.000 pesos corrientes y 400 marcos de plata labrada[8].

Respecto a la constitución de la colección libresca de don Martín Enríquez, podemos afirmar con bastante certeza que una buena parte de los volúmenes los llevó consigo al trasladarse al Nuevo Mundo; dentro de este grupo hubieron de encontrarse textos de historia y geografía, algunas compilaciones de normas legales, un misal y un breviario acordes con la liturgia practicada antes del Concilio tridentino, y ciertos elementos típicos de la cultura humanística, como los adagios de Erasmo, el *Dictionarium* del Calepino y la *Summa* de Silvestre de Prierio. Luego adquirió muchos libros en México, varios de los cuales se editaron incluso bajo licencia de él mismo[9], y el resto de las obras le fueron enviadas desde Europa durante su permanencia en el continente americano. Notoriamente, cabe distinguir entre esos últimos materiales la *Nueva Recopilación* de leyes, impresa en 1569, y los textos eclesiásticos de orientación contrarreformista surgidos de Trento. Por lo que atañe a la encuadernación, predominan los volúmenes en tabla (vale decir, con tapa dura) sobre aquellos cubiertos en pergamino o piel de becerro. Además, es pertinente advertir que uno de los libros comprendidos en nuestro elenco significa propiamente un códice, ya que se trata de hojas escritas a mano.

La inquietud del virrey por manejar literatura de diferentes asuntos encontraba una óptima repercusión en el ambiente limeño de su época. En un sugerente ensayo, Irving A. Leonard ha trazado un bosquejo de Lima precisamente en el año 1583, cuando la metrópoli del Rímac constituía el centro cultural más importante de América del Sur. Por aquel entonces estaba reunido el III Concilio Provincial, organizado por el arzobispo Santo Toribio de Mogrovejo, que congregó a brillantes cabezas de la comunidad eclesiástica; se hallaba en pleno funcionamiento la Universidad de San Marcos, a la par que había una intensa actividad docente en las casas de religiosos; se ocupaba de instalar su taller tipográfico el turinés Antonio Ricardo; existía un notable desarrollo de la poesía

---

[7]*Ibid.* La compra de los otros efectos le costó a Pedrosa 11 pesos.

[8]La cédula señalada en AGI, Lima 580, lib. 7, f. 297.

[9]Datos sobre las licencias de impresión concedidas por Enríquez, en Medina 1907-1912, *passim.*

y del teatro; la coyuntura de bienestar económico otorgaba a muchos vecinos de la capital un apreciable tiempo de ocio, que se dedicaba en parte a la lectura; había, en suma, un próspero mercado para el negocio de librería[10].

A fin de estimar la trascendencia de la colección bibliográfica reunida por el virrey Enríquez, puede ser útil hacer una comparación con otras bibliotecas de hombres públicos contemporáneos. Por ejemplo, según hemos comprobado, tenía varias aficiones intelectuales en común con el licenciado Juan de Ovando, presidente del Consejo de Indias (muerto en 1575), y con el doctor Gregorio González de Cuenca, presidente de la Audiencia de Santo Domingo (fallecido en 1581)[11]. Claro está que, debido a su condición de letrados, ambos funcionarios poseían unas librerías mucho mejor surtidas — los inventarios correspondientes exponen 335 y 213 asientos, respectivamente —, pero no deja de tener relevancia la colección de nuestro protagonista, por tratarse de un dignatario virreinal y de un individuo de "capa y espada", cuya experiencia fundamental residía en el manejo de las armas[12].

2. Análisis de la biblioteca de un gobernante colonial

Un examen del contenido de los 70 volúmenes que ocupaban la sala de estudio del virrey don Martín Enríquez arroja valiosas luces sobre la preparación administrativa y las orientaciones intelectuales de este burócrata. Con el objeto de hacer más inteligible el análisis de la colección libresca, será conveniente dividir las materias que tratan sus obras en cinco categorías: disposiciones legislativas; estudios de historia y geografía; impresos relativos a la sociedad de México colonial; la Biblia y otros textos de naturaleza eclesiástica; temas diversos.

A. Disposiciones legislativas

Encabeza la lista que comentamos la *Nueva Recopilación* de leyes, promulgada en 1567 por Felipe II, que era en aquella sazón el más reciente de los textos legislativos oficiales de índole compilatoria (n° 1). Junto con éste puede mencionarse otro libro de semejante género aunque carente de la sanción regia, que era una recopilación de bulas expedidas en la Santa Sede con relación a los dominios de Castilla, despachos que iban acompañados de todas las pragmáticas y algunas leyes de la monarquía ibérica (n° 11). Tal era, pues, el conjunto de

---

[10]Leonard 1953: 181-185; parte introductoria del capítulo que trata sobre "Libros populares en el mercado de Lima, 1583".

[11]El análisis de la biblioteca particular de Ovando en Bouza Alvarez y Alvar Ezquerra 1984: 102-126, mientras que la memoria de los libros pertenecientes a González de Cuenca, se halla examinada en Hampe Martínez 1984: 161-190.

[12]Con respecto a la difusión bibliográfica en México colonial puede ser interesante confrontar lo que sabemos de las aficiones intelectuales del virrey Enríquez con las noticias que ofrecen los documentos expuestos en Fernández del Castillo 1914, y en Kropfinger-von Kügelgen 1973.

normas con validez general en todo el ámbito subordinado a los reyes españoles, que debían tener presentes los funcionarios encargados de llevar a cabo las tareas de gobierno[13].

También había compilaciones de textos legales referidos a un área geográfica concreta o a una determinada institución en particular. Ubicamos un ejemplar de las célebres Leyes Nuevas de tendencia lascasiana, ordenanzas hechas para la gobernación de las Indias, que se publicaron en 1543 y que generaron tan violentas protestas entre los habitantes del territorio americano (n° 36). Hay un volumen de ordenanzas relativas al funcionamiento de la Casa de la Contratación, organismo sevillano que se ocupaba de supervisar el tránsito de hombres y mercaderías hacia las colonias ultramarinas (n° 35). Y asimismo, recibía cabida, a guisa de modelo para la administración judicial, un libro recopilatorio de disposiciones concernientes a la Chancillería de Granada (n° 34); como dato curioso, puede señalarse que esta misma obra se halla en las bibliotecas particulares del licenciado Ovando y del doctor González de Cuenca, hombres de leyes de relevante figuración en la esfera indiana.

Otra colección de instrumentos jurídicos es el Cedulario del virreinato de la Nueva España, compuesto por el oidor Vasco de Puga, que trataremos con más detenimiento en el acápite dedicado a México colonial (n° 37). Además, es menester incluir aquí el códice que nuestro manuscrito titula "la rregla de Su Magestad" (n° 38). ¿Qué debe entenderse bajo tal designación? Presuntamente significa un libro copiador de las reales instrucciones que obtuvo don Martín Enríquez para su labor administrativa en América, ya sea cuando fue designado virrey novohispano o cuando se dictó su traslado al Perú.

B. Estudios de historia y geografía

El conocimiento de los acontecimientos históricos, aunque no pertenecientes a un pasado muy remoto, se manifiesta como una de las principales inquietudes en el espíritu del noble castellano. Tenía en su poder la crónica de la vida de Juan II de Castilla, monarca de la primera mitad del siglo XV, obra que fue puesta en limpio por el jurisconsulto e historiador Lorenzo Galíndez de Carvajal, consejero de los Reyes Católicos (n° 6). Con respecto a la acción colonizadora de los súbditos peninsulares en el Nuevo Mundo, el documento registra "vn libro pequeño del descubrimiento de las Yndias", cuya identificación plantea un problema nada fácil. De todas maneras, luego de efectuar una comparación entre los títulos y fechas de edición de obras que tratan asuntos semejantes al citado, podemos sugerir el nombre de Levinio Apollonio, viajero flamenco de misteriosa personalidad, que escribió una crónica denominada *De Peruviae regionis inventione et rebus in eadem gestis* (n° 5).

Asimismo, encontramos la *Historia general y natural de las Indias* compuesta por el madrileño Gonzalo Fernández de Oviedo, cronista oficial con dilatada

---

[13]Sobre esta materia, véase el útil trabajo de Gil Ayuso 1935.

experiencia en la vida hispanoamericana; aparentemente se trata de una edición publicada en Salamanca, donde el texto de Oviedo está seguido por la relación de la conquista del Perú de Francisco López de Jerez, andaluz, quien laboró como secretario en la expedición dirigida por el marqués Pizarro (n° 40). El "libro de rrelaçión de la Florida" incluido en esta biblioteca no ha de ser otro que el texto semianónimo en portugués, sacado a luz por el supuesto hidalgo de Elvas, que narra los trabajos que pasaron Hernando de Soto y sus compañeros en la jornada descubridora de dicha provincia (n° 8). Todas las materias históricas y, a la vez, geográficas que hemos reseñado hasta aquí se complementan perfectamente con un tratado sobre el arte de la navegación, que quizá sea el difundido libro del cosmógrafo Pedro de Medina, en que el autor quinientista comete todavía la equivocación de admitir la veracidad de las cartas planas (n° 39).

C. Sobre México colonial

En primer término hay que señalar el ya mencionado cedulario impreso en 1563, que el doctor Vasco de Puga, magistrado de la Audiencia mexicana, elaboró atendiendo a una orden del virrey don Luis de Velasco (n° 37). Esta obra, advierte García Icazbalceta, posee el mérito de constituir la primera recopilación de leyes tocantes a América; recoge una diversidad de normas despachadas en la metrópoli para el gobierno de la Nueva España[14]. Dada la consideración que la Junta Magna de 1568 introdujo sustanciales reformas en la administración de los territorios indianos, puede suponerse que dicho cedulario no significó para Enríquez más que una guía o manual introductorio al régimen virreinal, puesto que muchas de sus disposiciones estarían ya fuera de vigor. A ese mismo período temprano corresponden las constituciones de la provincia eclesiástica de México, editadas en 1556, que derivan de las sesiones del I Concilio presidido por el arzobispo fray Alonso de Montúfar (n° 3).

La dedicación a la tarea evangelizadora y el acercamiento a la realidad social indígena están concentrados en la figura del monje franciscano Alonso de Molina. Este fraile tomó el hábito sacerdotal en México, fue guardián del convento de San Antonio de Texcoco y se hizo un notable conocedor de la lengua náhuatl, realizando una vastísima obra de predicación entre los aborígenes. La biblioteca que estudiamos comprende varios ejemplares de su *Vocabulario en la lengua castellana y mexicana* (n° 2), así como una edición de su *Arte* o gramática de tales idiomas (n° 33); ambos trabajos se publicaron durante los años de gobierno del virrey Enríquez, con sendas licencias de este mandatario para su impresión. La reiterada aparición del *Vocabulario* en diferentes partes de nuestro elenco lleva a presumir, con todo, que en alguna oportunidad debe tratarse de uno de los otros libros de semejante especie que aparecieron por

---

[14]García Icazbalceta 1954: 186-187. La comisión dada para formar esta recopilación de textos legales lleva la fecha de 3 de mayo de 1563.

entonces en el país azteca: verbigracia, el *Vocabulario en lengua zapoteca* confeccionado por el dominico Juan de Córdoba[15].

Adicionalmente, el vicesoberano poseía un memorial impreso en la Corte madrileña, en 1578, que los vecinos inscritos en las jurisdicciones de México y Guadalajara redactaron para solicitar la concesión perpetua de sus repartimientos de indios. La petición elevada por el procurador Juan Velásquez de Salazar se encuentra ahí acompañada de un alegato jurídico, firmado por varios hombres de profesión legal (n° 4). Sin embargo, en ninguna obra moderna relativa al sistema de encomienda aparecen noticias sobre el suceso que tuvo esta demanda en la metrópoli, lo cual evidencia la vanidad de dicho intento de los colonos novohispanos por asegurar sus prerrogativas socioeconómicas[16].

D. La Biblia y otras materias eclesiásticas

Como no podía ser de otro modo, las Sagradas Escrituras tienen cabida en la biblioteca de nuestro protagonista, lo mismo que sucede en las colecciones de sus coetáneos Ovando y Cuenca. En virtud de la descripción que ofrece el manuscrito, parece seguro que se trata de la edición de la Biblia en dos tomos preparada por el insigne humanista Benito Arias Montano, sacerdote de origen extremeño, que dominaba varias lenguas antiguas (n°s 13 y 15). Con el propósito de facilitar el manejo de los textos bíblicos, era común en aquella época la utilización de unas *concordantiae*, las cuales aparecen también en este registro (n° 17). El *Eclesiástico*, uno de los libros de la sabiduría pertenecientes al Antiguo Testamento — presente en la lista que enfocamos —, enseña de qué manera el conocimiento de Dios puede regular todos los aspectos de la vida moral y práctica del hombre (n° 23.)

En cuanto a los libros de carácter litúrgico, don Martín se muestra afecto al empleo de misales y breviarios. Según se ha anotado previamente, conservaba uno de los viejos misales con el oficio pretridentino, que debió de llevar consigo al trasladarse a las Indias (n° 14.) Además, poseía dos ejemplares, uno grande y otro pequeño, del nuevo *Missale Romanum* acordado con los decretos contrarreformistas del Concilio de Trento (n°s 42 y 43); tales volúmenes procedían ciertamente de las prensas del famoso tipógrafo francés Chistopher Plantin, radicado en Amberes[17]. Por añadidura, contaba con un libro sobre el orden de celebrar la misa, que probablemente se identifica con el *Ceremonial y rúbricas generales* que acerca de dicha materia publicó fray Juan Ozcáriz, texto llevado

---

[15]Dicha obra (México: Pedro Ocharte y Antonio Ricardo, 1578, en 4°) se imprimió bajo licencia del virrey Enríquez, acordada el 14 de febrero de 1578. Medina 1907-1912, I: 218-221.

[16]Cf. por ejemplo el valioso estudio de Zavala 1973, que dedica el cap. VI a examinar el desarrollo del problema de la perpetuidad de las encomiendas.

[17]A propósito, puede consultarse el registro de las obras impresas en los talleres plantinianos que brinda Voet 1980-1983.

a la imprenta en México gracias a una licencia que otorgó el propio vicesoberano (n° 9).

Hay igualmente — como es sabido — un breviario viejo, correspondiente a la liturgia pretridentina (n° 27). Señala la escritura del depósito de libros que había "çinco brebiarios del nueuo rrezado", marcados por el sello de la Contrarreforma, salidos de la imprenta de Plantin (n° 26). Muy importante publicación es el repertorio de los cánones y decretos aprobados en el famoso Concilio ecuménico de la mitad del XVI, los cuales establecen la orientación que la Corona amparaba en aquel tiempo en materia de práctica religiosa (n° 21).

E. Obras diversas

Situamos al frente de este grupo misceláneo dos obras características del humanismo quinientista, textos que por la misma razón se hallan repetidos en los elencos bibliográficos del licenciado Ovando y del doctor González de Cuenca. De un lado está el príncipe de los humanistas, el célebre Erasmo, con su recopilación de adagios de los pensadores clásicos, en que cada sentencia figura acompañada de un ensayo interpretativo (n° 20). No es ésta, por cierto, una de las obras erasmianas más comprometedoras, no apunta directamente al objetivo de reforma espiritual; por lo tanto, observa con acierto Marcel Bataillon, no puede sostenerse que cualquier hombre culto que manejaba los adagios fuera un auténtico erasmista, aunque tuviese simpatía por dicho libro del filósofo de Rotterdam[18]. El otro volumen de extensa divulgación aludido es el *Dictionarium*, una suerte de enciclopedia en varias lenguas, compuesto por el monje agustino Ambrogio de Calepio a principios de aquella centuria (n° 16).

Por lo que atañe a textos de asuntos religiosos, cabe mencionar la colección de escritos de San Juan Damasceno, orador del siglo VIII, enemigo de los iconoclastas, que hizo en griego numerosos tratados sobre materias de fe; se le estima como un precursor del escolasticismo (n° 22). El dominico piamontés Silvestre de Prierio, maestro de teología en varias universidades y oponente capital de la doctrina luterana, redactó hacia 1515 una difundida *summa* en la línea de exégesis tomista (n° 25). Dentro de la corriente del ascetismo español, San Juan de Avila, un sacerdote que realizó obra misionera en los pueblos de Andalucía, expone su *Libro espiritual*, en que critica con castizo lenguaje los apetitos mundanos (n° 41).

Finalmente, se registra la existencia de un libro de medicina. Aunque no hay plena certeza, podemos sugerir al respecto el nombre de Agustín Farfán, galeno de oriundez sevillana, que al establecerse en México vistió el hábito de agustino y publicó un *Tratado breve de medicina*, varias veces reeditado (n° 7). Por lo demás, es lamentable que más de una veintena de volúmenes escritos en latín permanezcan al margen de cualquier posible identificación, ya que el escribien-

---

[18]Bataillon 1966: 811. En torno a la influencia que ejerció dicho texto erasmiano en la literatura castellana del Siglo de Oro, véase Jones 1974: 34-35.

te de nuestro documento se limita a indicar su número y su tipo de encuadernación (nos 28, 29, 31 y 32). La escueta nota de "que se an de ber de qué son" anuncia una inspección ulterior, de la cual no ha quedado rastro alguno...

Así hemos concluido una revisión somera de los diferentes temas comprendidos en la lista bibliográfica limeña de 1583. Se percibe un singular interés por los problemas que plantea la vida americana, marco en que tenía lugar la responsabilidad administrativa del propietario de la biblioteca; son problemas que pertenecen al ámbito de lo legislativo, lo social, lo histórico-geográfico, etc. Ya que nos situamos ante un funcionario de alto nivel, es naturalmente explicable el rasgo de oficialismo que impera en el conjunto, según advertimos tanto por la abundancia de recopilaciones legislativas como por los numerosos textos eclesiásticos ceñidos a la vertiente de la Contrarreforma. Hay una notable amplitud en la tabla de materias y una cierta consonancia con el espíritu humanístico propio del Renacimiento, pero no con las líneas de pensamiento moral o filosófico más avanzadas, puesto que caían bajo la censura inquisitorial.

En resumen, el virrey don Martín Enríquez se muestra a través de sus aficiones intelectuales como un gobernante seriamente preocupado por el recto desempeño de su oficio: cuenta con los elementos indispensables para saber manejar la estructura sociopolítica de los dominios indianos y, si bien admite en su biblioteca una gran diversidad de materias, no escapa a los parámetros ideológicos fijados por la Corte.

9) La biblioteca de un pícaro indiano: el cura Alonso de Torres Maldonado (1591)

Tema bastante conocido es el de los aventureros españoles que decidieron pasar a las Indias durante los decenios iniciales de la época colonial, con el objeto de ganar honra y riqueza y acceder a un nivel de vida que en su patria estaba reservado sólo a los nobles. Menos profundamente, en cambio, se ha tratado la cuestión del bagaje intelelectual que poseían esos colonizadores. Podemos recordar las sugerentes contribuciones de Irving A. Leonard (1949: 24-26), quien ha observado cómo el espíritu inquieto difundido por las novelas de caballería ("historias mentirosas") sirvió para activar la conquista de América, haciendo que miles de hombres estuvieran dispuestos a viajar hacia tierras extrañas, con el fin de experimentar curiosidades semejantes a las que habían conocido a través de los libros.

Para examinar las aficiones intelectuales de los hombres que determinaron establecerse en tierra americana, podemos utilizar una compleja variedad de fuentes históricas. Dentro de ella sobresale la riqueza informativa de los inventarios de bibliotecas particulares, testimonios valiosos — aunque sólo fragmentarios respecto al conjunto social — y que, por sus diversas limitaciones, deben ser manejados con suma cautela. A pesar de estas prevenciones, el tamaño y el contenido de las colecciones librescas representan datos que permiten investigar adecuadamente el carácter de la vida material, los niveles culturales y las actitudes ideológicas que existieron en el Nuevo Mundo bajo la dominación hispana (cf. Chevalier 1976: 41-43; Solano 1985: 69-74).

En esta oportunidad queremos analizar el caso de un expedicionario andaluz que optó por instalarse en el virreinato del Perú durante el último cuarto del siglo XVI, cuando las posibilidades de adquirir ricos botines o tesoros estaban ya virtualmente cerradas. Alonso de Torres Maldonado era su nombre, y las peripecias que sufrió en sus andanzas por el continente americano bien parecen el tema de una novela picaresca. Finalmente determinó abrazar la profesión clerical, hecho que le permitió radicarse como cura doctrinero en el pueblo de Leimebamba, en la ceja de montaña de la región de Chachapoyas, donde acabó su vida en 1591 y dejó una curiosa biblioteca de sesenta volúmenes, que será en las páginas siguientes el objeto principal de nuestra atención.

1. Apuntes para la biografía de Torres Maldonado

Escasos son los datos biográficos que tenemos acerca del individuo que aquí nos ocupa. Las únicas noticias sobre la azarosa existencia de Alonso de Torres Maldonado provienen de los autos que siguieron sus familiares para cobrar los bienes que dejó él tras su muerte en las Indias[1]. Entre aquellos documentos se halla el inventario general de los bienes del doctrinero (comprendiendo la

---

[1] AGI, Contratación, leg. 249, nº 6, ramo 4.

biblioteca que será materia de nuestro estudio), la almoneda de sus pertenencias, las probanzas realizadas en España por sus herederos y la correspondencia que el personaje mantuviera con sus padres y hermanos después de abandonar el sitio donde nació y se crió.

Torres Maldonado nació en la villa de Chiclana de la Frontera, en la provincia de Cádiz. Era hijo legítimo de Juan Izquierdo Maldonado, regidor perpetuo de esa villa, y de Elvira de Aragón y Torres. En virtud de referencias brindadas en las informaciones de testigos, podemos deducir que su nacimiento ocurrió hacia los años 40 o 50 del siglo XVI.

En 1574 se embarcó en Sanlúcar de Barrameda con destino al Nuevo Mundo; como carecía de autorización para instalarse en calidad de vecino o morador legalmente reconocido, debió viajar a título de soldado de la armada real. Sus propósitos al emigrar no eran otros que los "deseos de salir de miseria", conforme revela él mismo en una carta escrita a sus padres desde Sanlúcar en enero de 1574. El año siguiente se encuentra ya en el istmo de Panamá, donde deserta de la armada y empieza a deambular de un lado para el otro, hasta que es capturado y llevado de vuelta a uno de los navíos. Sin embargo, poco después huye nuevamente y se refugia en casa de un amigo llamado Diego de Torres. A éste le cuenta los desvelos que ha sufrido y le expresa su intención de marchar a los yacimientos de oro de Veragua para hacer fortuna.

A comienzos de 1576, según las evidencias documentales, Torres Maldonado está en Veragua a cargo de una cuadrilla de negros ocupados en el laboreo de las minas. Confiesa que gana bastante dinero, pero una grave enfermedad lo hace desistir de aquella empresa; no oculta su aprensión por la terrible mortandad que asolaba los yacimientos auríferos. Ante tales circunstancias, intenta enrumbar hacia Nicaragua. Una vez más lo acompaña la adversidad, ya que la embarcación en que realiza el viaje naufraga y sus pasajeros son rescatados por una fragata que los conduce hasta Nombre de Dios.

Las autoridades de dicha ciudad, en la costa atlántica del istmo centroamericano, amonestan al expedicionario para que vuelva a España por no tener la licencia necesaria para quedarse. Alonso, consciente de su malhadada situación, se prepara para el regreso, y en una carta anota resignadamente: "esto resulta de venir a estos reinos sin licencia". Mas la vuelta no tendrá lugar. La causa no es otra que el encontrarse casualmente con su primo el licenciado Juan de la Parra, quien le consigue un permiso para pasar al Perú por la suma de 500 reales.

Las dos últimas misivas que Torres Maldonado envía a sus hermanos, fechadas en Leimebamba en 1587, son las que nos exponen el resto de su vida. Por ellas sabemos que en enero de 1582 se ordenó de diácono en el Cuzco y que poco más tarde, en marzo del mismo año, recibió el sacerdocio en Quito. El prelado quiteño, con quien al parecer le unía buena amistad, lo envió a una doctrina en los confines de tierra recién colonizada, que era Santa María de Nieva. Del propio doctrinero son estas palabras: como estaba convocado [el tercer] concilio provincial y se trataba de reformación, el obispo buscaba hombre hábil y de confianza para que entrase en las montañas de Santa María de Nieva, que está tras la cordillera del Perú, en las cabezadas del Marañón.

Animado por la promesa de jugosas recompensas, Alonso acepta ir a la mencionada doctrina. Allí aprende pronto la lengua de los naturales de la región, hecho que, junto con el apoyo recibido de los encomenderos de ese nuevo territorio, facilita mucho sus tareas evangelizadoras. Mas los fuertes contrastes climáticos, las bubas, las llagas y toda clase de plagas le causaron grandes males, según comprobamos en sus últimas letras a nuestro alcance:

así, no pudiendo ya ejercer el oficio, dejé el beneficio y me salí a los Chachapoyas a curar en tierra de buen temple, arzobispado de Los Reyes. Empero aquí pobre estoy, donde soy beneficiado y vicario de Leimebamba.

Pasó sus días postreros como cura y vicario de Leimebamba, hasta morir en 1591. No hay de Torres Maldonado declaraciones de última voluntad (documentos siempre tan ricos en sugerencias y datos históricos), pues *ab intestato* alcanzó mejor vida[2].

Debemos admitir que nuestro sujeto consiguió salir de la miseria, tal como era su objetivo al viajar hacia el Nuevo Mundo. El inventario de sus bienes así lo testimonia: figuran en él trece tejos de oro, rica plata labrada, abundantes vestidos, apreciable menaje doméstico y una interesante biblioteca, entre muchas otras posesiones. Sus herederos recibieron 837 pesos ensayados, de los cuales se hizo cargo su hermano Pedro de Torres, también sacerdote.

Estos breves apuntes parecen evocar la vida de alguno de los personajes del género picaresco, pues no en vano se afirma que la literatura es fiel reflejo de la sociedad de cualquier época. Los códigos de honor y la rígida estratificación social de la España del antiguo régimen hacían — según lo ilustra bien el caso de este pícaro aventurero — que las Indias y la Iglesia constituyeran espacios geográfico-sociales de los más ambicionados para desarrollar una vida honrada y con no muchas miserias.

2. Lecturas de un pícaro clérigo indiano

En 1591, luego de la muerte del P. Alonso de Torres Maldonado, se llevó a cabo en el pueblo de Leimebamba (actualmente distrito del departamento de Amazonas) un inventario general de sus bienes. La escritura correspondiente, otorgada ante el notario apostólico Diego de Cabrillo, empieza registrando los

---

[2]No debemos confundir al cura Alonso de Torres Maldonado con el licenciado Alonso Maldonado de Torres, que a fines del siglo XVI servía de oidor en Lima. Parece que no les unía ningún vínculo familiar, ya que este magistrado fue quien tramitó el envío de los bienes de Torres Maldonado a la península, y en sus diligencias nada cita al respecto.

sesenta volúmenes de impresos que el clérigo dejó en una caja de cedro. La composición de dicha biblioteca será analizada minuciosamente en los párrafos que siguen; pero debemos señalar aquí que, junto con ese material bibliográfico, se encontró también un "cartapacio de mano" con apuntes sobre temas jurídicos y un legajo de papeles viejos manuscritos[3].

Respecto a la manera como el personaje adquirió aquellos libros, no poseemos ninguna noticia que lo certifique exactamente. Sabemos, por lo menos, que para costear la licencia que le permitió pasar al Perú el expedicionario debió vender algunos volúmenes que le había regalado su primo Juan de la Parra. Sería prudente suponer que comenzó a formar su biblioteca en lugares como el Cuzco o Quito, donde inició su carrera sacerdotal.

Además, hay que recoger los datos que ofrece la almoneda de los bienes de Torres Maldonado, en que se indica que buena parte de sus libros fueron comprados por otro cura de Leimebamba (cuyo nombre ignoramos). El documento precisa la existencia de dos tomos del *Libro de la vanidad del mundo* de fray Diego de Estella, que se vendieron al precio de 4 pesos corrientes; también refiere que había un breviario y un diurno, obras que valieron en conjunto alrededor de 3 pesos, y añade que nuestro sujeto contaba con un pequeño tratado de geometría, que se remató en 5 reales. En cuanto a las demás piezas bibliográficas, observamos que la que alcanzó mayor valor en la subasta fue el libro de ejercicios espirituales titulado *Arbol de consideración y varia doctrina*, que salió en 10 pesos (era seguramente un ejemplar ilustrado y de rica encuadernación)[4].

Gracias a dichos testimonios, es posible formarse una idea de las lecturas que interesaban a aquel sacerdote andaluz, curioso exponente de los aventureros que viajaron a hacer la América durante el siglo XVI. Como es natural, predominan las obras relacionadas con la doctrina católica y la tarea evangelizadora, aunque no permanecen al margen otros textos de sugerente contenido. Para analizar con claridad esta biblioteca, proponemos dividirla temáticamente en diez secciones: A. Santo Tomás y el maestro de las sentencias; B. sumas de la corriente escolástico-tomista; C. obras de edificación ascética; D. tratados de exégesis bíblica; E. recopilaciones de homilías y sermones; F. textos de liturgia y evangelización; G. normas eclesiásticas de la Contrarreforma; H. literatura en prosa y en verso; I. manuales de lexicografía y jurisprudencia; J. obras diversas.

---

[3]El inventario de bienes fue realizado por orden del juez eclesiástico Pérez de Vivero, representante del vicario general de la arquidiócesis de Lima, y en presencia de los caciques y otros indios principales de Leimebamba. Se conserva el manuscrito, como ya está indicado, en AGI, Contratación, leg. 249, n° 6, ramo 4.

[4]Adicionalmente cabe apuntar que la suma del doctor Navarro (Azpilcueta) se remató en 3 pesos 5 reales; el libro de historias eclesiásticas de la Sagrada Escritura, en 3 pesos; el confesionario de Alcocer en peso y medio; el confesionario en las lenguas quechua y aymara también en peso y medio; el tratado sobre la parábola del hijo pródigo, en 1 peso 3 reales, y el popular *Monte Calvario* del obispo de Mondoñedo en similar valor de 1 peso 3 reales.

Presentamos enseguida una relación, con someros comentarios, de los libros que se incluyen en cada una de esas diez secciones.

A. El propio documento sitúa en la cabeza a dos pensadores itálicos del Medioevo, fundadores de la teología escolástico-tomista, de la cual era devoto seguidor el individuo que nos ocupa. Santo Tomás de Aquino, el doctor angélico, aparece con las cuatro partes de su *Suma Teológica* — cabal expresión de la ortodoxia católica — y con la complementaria *Suma contra gentiles*. Y el maestro de las sentencias, el arzobispo parisino Pedro Lombardo, figura a través de los comentarios hechos por fray Domingo de Soto a uno de sus famosos libros, que resumen y sistematizan las opiniones formuladas hasta entonces (mediados del siglo XII) sobre puntos fundamentales del dogma cristiano (n°s 1, 2 y 3 del inventario).

B. El modelo de las *summae* creado por Tomás de Aquino fue imitado en las centurias siguientes por una importante corriente de teólogos, y especialmente por frailes de la orden de Santo Domingo. Entre los religiosos quinientistas que pertenecen a dicha corriente mencionaremos al antiluterano Silvestre Mazzolini de Prierio, al cardenal Tommaso de Vio, el catedrático salmantino Francisco de Vitoria, al ya referido Domingo de Soto y a su discípulo Martín de Azpilcueta, que fue rector de la universidad de Coimbra. Todos éstos, autores de eruditas sumas (o de compendiosas súmulas), ocupan un lugar en nuestro elenco bibliográfico y confirman, pues, la adhesión del cura del Leimebamba a la ideología tomista (n°s 7, 10, 11, 16, 18, 32 y 34 del inventario).

C. Ningún sacerdote español de la época de Felipe II podía sustraerse a la tendencia misticista que recorrió por aquel tiempo todos los dominios ibéricos. Así se explica la presencia del brillante dominico Luis de Granada, quien aporta a nuestra lista la *Guía de pecadores* (ubicable en más de una biblioteca colonial peruana)[5], junto con una versión romanceada del *Contemptus mundi* escrito por el alemán Kempis. También hallamos obras de recogimiento espiritual debidas al obispo catalán Pedro Mártir Coma, al predicador cartujo Esteban de Salazar y al menos conocido Juan de Burgos; y no falta, como ya hemos anticipado, el ascético franciscano Diego de Estella (n°s 12, 22, 23, 25 y 31 del inventario).

D. Diversas interpretaciones en torno a la Sagrada Escritura componían asimismo ese conjunto bibliográfico. Las epístolas de San Pablo aparecen comentadas por San Juan Crisóstomo, padre de la Iglesia y patriarca de Constantinopla (siglo V), así como por el capuchino flamenco Titelman. Hay un tratado sobre la parábola del hijo pródigo — quizá sea la obra del apologista germano Wild — y, además, una exégesis de Pablo de Palacio acerca del relato de los hechos de Cristo según Mateo (n°s 8, 19, 20, 37 y 45 del inventario).

E. El mismo patriarca Juan Crisóstomo, célebre por la elocuencia de sus homilías, preside una serie de recopilaciones de oraciones sagradas. Forma

---

[5]Puede consultarse al respecto el estudio de Durán 1982.

parte de este grupo un sermonario de Alberto de Padua, teólogo agustino del siglo XIII, que recibió el nombramiento de predicador apostólico y ejerció docencia en París. Los acompaña San Vicente Ferrer, el laborioso dominico que integrara la corte papal de Aviñón y que realizara una proficua tarea evangelizadora por España, Francia e Italia; de sus famosos sermones hay dos volúmenes en la colección que analizamos (n°s 13, 21, 26 y 46 del inventario).

F. Otros textos religiosos complementan la lista de literatura sacra. Notamos que, para su propio rezo y el de sus fieles, contaba el P. Alonso con un breviario y un diurno, y a fin de sustentar su labor cristianizadora poseía un ejemplar de la Biblia y un catecismo en latín. Tenía a la mano el discurso o exposición contra las sectas heréticas compuesto por San Ireneo, obispo-mártir de las postrimerías del siglo II, quien propagó con mucho éxito el cristianismo en las Galias. Además figuran el divulgado confesionario de Alcocer, franciscano gallego, y el confesionario en quechua y aymara elaborado por determinación del tercer concilio provincial de Lima, que hiciera famoso a Santo Toribio de Mogrovejo; impreso en la propia capital peruana, ese texto representó un decisivo instrumento de aproximación a la espiritualidad de los pueblos aborígenes[6] (n°s 6, 9, 39, 40 y 41 del inventario).

G. Por último, dentro del área estrictamente religiosa, se hallan dos volúmenes de cánones y decretos expedidos en el concilio de Trento, asamblea ecuménica que fijó las pautas de actuación de la Contrarreforma. Resulta obvio que ni este clérigo indiano, semiperdido en su doctrina a los bordes de la selva amazónica, podía eximirse de acatar unas normas dictadas para combatir a las ideas protestantes que se difundían en la lejana Europa... (n°s 28 y 29 del inventario).

H. Muy interesante es la colección de obras literarias que registra el inventario de bienes. La antigüedad clásica está representada por los versos hexámetros de Virgilio, en un volumen en latín que propablemente contuviese su trilogía de célebres poemas (*Eneida, Eglogas, Geórgicas*); la poesía castellana del quinientos, elaborada sobre la base de los metros petrarquistas, se manifiesta a través de un libro — necesariamente alguna edición póstuma — de Garcilaso de la Vega. Identificamos otro género literario en la crónica o cantar del Cid, que relata las legendarias hazañas de este caballero español en la guerra de Reconquista. En cuanto a textos de carácter moralizante, ubicamos el popularísimo *Monte Calvario*, libro de afectada prosa que escribiera el inquisidor y prelado franciscano Antonio de Guevara, y a éste cabe añadir los "adagios de Benavente", título que no hemos logrado identificar con certeza (n°s 33, 36, 44, 48 y 49 del inventario).

I. Manuales de uso cotidiano, dispuestos para consultar con provecho aquellas obras de devoción y estudio, reposaban también en los anaqueles de la

---

[6]Tomamos la afirmación de un investigador tan versado en estas materias como Torre Revello 1940: 207.

casa del doctrinero de Leimebamba. El humanista Antonio de Nebrija, seguramente el autor más difundido en Hispanoamérica durante la época colonial[7], no podía quedar ausente de nuestro elenco: figura en doble oportunidad, con su diccionario latino-español y con su vocabulario de ambos derechos, el civil y el canónico. Esta inquietud por los asuntos jurídicos se refleja, complementariamente, en la existencia de una *práctica* de Baldo, el ilustre maestro de la escuela de Bolonia. Cabe mencionar además un "vocabulario eclesiástico", denominación que podría corresponder a cualquiera de las obras publicadas por el clérigo andaluz Fernández de Santaella o el erudito dominico Ximénez Arias (n°s 5, 15, 30 y 38 del inventario).

J. Una decena de otros títulos integran, por añadidura, el conjunto bibliográfico que poseía Torres Maldonado. No ha sido posible determinar con exactitud el autor ni los datos editoriales de esos libros, ya que la escueta anotación del notario y la reiteración de títulos semejantes en numerosos textos quinientistas dificultan la tarea de identificación. De todas formas, entendemos que se trata mayormente de obras de doctrina y moral cristiana, las cuales circularon mucho por órdenes del concilio de Trento, a fin de que sirvieran para instruir a los sacerdotes. A ello podemos agregar — gracias a la referencia que brinda la escritura de la almoneda — un pequeño tratado de geometría, que también componía la biblioteca de nuestro personaje (n°s 4, 14, 17, 24, 27, 35, 42, 43, 47 y 50 del inventario).

En suma, se aprecia que las aficiones intelectuales de este pícaro aventurero tienden claramente hacia la vida eclesiástica, profesión que adoptó él siendo hombre ya maduro, con la intención de subsistir "decentemente" en las Indias. Su obediencia a la jerarquía clerical lo empuja a un pleno conformismo respecto a las normas oficiales expedidas para la actividad religiosa. Es por esto que abundan las manifestaciones de la corriente escolástico-tomista, vinculadas a la escuela de Salamanca y al ascetismo castellano del siglo XVI, así como a las normas del concilio de Trento.

Pero el doctrinero perulero demuestra al mismo tiempo interés por una variedad de materias literarias, históricas, jurídicas y morales, que conforman un pequeño núcleo dentro de su biblioteca. Así se completa nuestra visión del mundo espiritual en que se desenvolvían los afanes y las responsabilidades de un hombre medianamente ilustrado (como Alonso de Torres Maldonado) que, impelido por la ambición de salir de la pobreza, cambiaba su vida ibérica por las promisorias tierras del Nuevo Mundo.

---

[7]Cf. Miró Quesada 1982b, 224-227.

10) Lecturas de un jurista del siglo XVI: el licenciado Juan Bautista de Monzón, fiscal y oidor de Lima (1594)

En las páginas siguientes me propongo estudiar la biblioteca que perteneció a uno de los más conocidos hombres de leyes que actuaron en la Lima del quinientos: el licenciado Juan Bautista de Monzón. Desempeñó en la capital peruana los cargos de fiscal y oidor de la Audiencia, ejerció el rectorado de la Universidad de San Marcos y fue, en general, un ministro afamado por su escandalosa actuación pública, muchas veces distante de las normas de ética y mesura pertinentes a un agente del rey. Revisando la pequeña colección bibliográfica que tenía en su casa al momento de fallecer (en Madrid, 1594), obtenemos noticias interesantes acerca de las inclinaciones espirituales y aficiones literarias de un jurista de aquella época.

1. La carrera de un funcionario escandaloso

Pocos burócratas del Perú colonial tuvieron una gestión tan accidentada y han recibido tantas críticas como el licenciado de Monzón (nombre con que solía firmarse), según veremos en seguida al efectuar un resumen de su labor profesional. En cuanto a sus orígenes familiares, sabemos que nació en Madrid alrededor de 1530, siendo hijo de Luis de Monzón y doña Ana Méndez. Se unió en matrimonio con la salmantina doña Antonia Pérez de Sotomayor, hija del bachiller Sevillano y de Catalina Pérez, con la que tuvo descendencia[1]. El dominico P. Domingo Angulo, buen conocedor de la vida religiosa e intelectual del Virreinato, apunta que nuestro personaje se graduó de licenciado en la Universidad de Alcalá de Henares, lo cual es bastante probable, teniendo en cuenta su oriundez madrileña (Angulo 1942: 6).

Una real provisión datada el 1° de agosto de 1559 lo designó fiscal de la Audiencia de Lima, máximo tribunal de justicia y órgano gubernativo en el territorio peruano, con un sueldo de 3.000 pesos anuales[2]. Como medida complementaria, se le extendió licencia para transportar armas, cuatro esclavos negros y objetos de plata por valor de hasta 300 pesos. Acompañado de su mujer y sus cinco hijos, se dirigió entonces a Sanlúcar de Barrameda, puerto donde a principios de 1560 se embarcó en la flota capitaneada por el virrey Conde de Nieva. Parece que durante su estadía en Panamá solicitó un préstamo al comerciante Juan Lucas Corzo y, más aún, le propuso favorecer en el Perú los negocios de su empresa mercantil... (Busto Duthurburu 1961-62: 115n, 172).

---

[1]Bermúdez Plata 1946, III: 343, 344, n°s 45, 27; Eguiguren 1940-51: 296. En una información de testigos levantada en Lima a principios de 1586, Monzón declaró tener 55 años de edad.

[2]AGI, Lima 568, lib. 9, fol. 247.

Ya instalado el séquito virreinal en la metrópoli del Rímac, se entablaron abiertamente las fricciones entre Monzón y el Conde de Nieva. En una carta remitida a la metrópoli, el licenciado se quejaba de que el vicesoberano había intentado causarle la muerte, valiéndose de la desvergonzada audacia de su hijo don Juan de Velasco; lo verdadero, en todo caso, es que en una oportunidad el máximo dirigente del país determinó "tenelle dos oras en las casas del Cauildo con vna cadena", debido a cierta actitud de desacato que realizó en la Audiencia (Angulo 1942: 7-10, 16n). El impulsivo fiscal pensaba que la mala situación reinante en el Perú se debía, fundamentalmente, al inadecuado gasto de la Hacienda Real, a la falta de auténtica justicia y al menosprecio en que era tenido el servicio a la Corona. Proponía como remedio el envío de un magistrado del Consejo de Indias, quien debería asumir la presidencia de la Audiencia, poner las cosas en orden y castigar los delitos cometidos[3].

Después tuvo lugar la deshonesta intervención del burócrata en el asunto de la incorporación de las minas de azogue de Huancavelica, recién descubiertas, al patrimonio regio. Sucedió que el encomendero Amador de Cabrera, con el propósito de impedir que los frutos de su mina "Descubridora" pasaran a engrosar el Tesoro público, ofreció ceder a Luis de Monzón — un sobrino de nuestro individuo — la quinta parte de los beneficios de ese yacimiento; al mismo tiempo, entregó al fiscal un donativo de 1.500 pesos, a cambio de que se eximiera de reclamar tales frutos para la Corona. Cuando tomó las riendas del gobierno peruano el licenciado García de Castro, sin embargo, el fiscal viose obligado a presentar la demanda de incorporación ante la Audiencia, y en virtud de una encuesta de testigos se puso al descubierto su fraudulenta maniobra[4].

Por dicho motivo, llegadas las noticias a la Corte, se acordó destituir al licenciado de Monzón de su oficio. Abandonó la plaza de fiscal el 4 de mayo de 1568 y se hizo a la mar con rumbo a la Península Ibérica[5]. Muy importantes vinculaciones debía de poseer Monzón en los círculos palaciegos, ya que poco más tarde conseguía la rehabilitación oficial, al recibir el nombramiento de oidor de la Audiencia de Lima (mediante despacho signado el 24 de setiembre de 1570), con una remuneración de 3.000 pesos anuales, idéntica a la que gozaba durante su trabajo como fiscal[6].

---

[3]Carta de Monzón a su S.M., fecha en Los Reyes, 4-XII-1562 (Levillier 1922: 273-275). El remedio propuesto por el fiscal fue bien considerado en la metrópoli, ya que en agosto de 1563 se expidieron los despachos de presidente de la Audiencia y gobernador del Perú a favor del licenciado Lope García de Castro, uno de los ministros del Consejo indiano.

[4]Cf. Lohmann Villena 1949: 30-32. Monzón interpuso dicha demanda el 8-XI-1565.

[5]AGI, Contaduría, 1685.

[6]AGI, Lima, 569, lib. 13, fol. 179v. Existe constancia de que Monzón se hizo a la vela para volver al Perú el 13-V-1571 en Sanlúcar de Barrameda; así lo revelan las partidas fiscales guardadas en AGI, Contaduría, 1686.

De vuelta en la ciudad de los Reyes, el togado sufrió a comienzos de 1573 la desaparición de su mujer, doña Antonia, que fue sepultada en el convento franciscano de Lima[7]. Por lo demás, serios problemas empañaron su relación con el virrey don Francisco de Toledo, un gobernante de mano dura, que no estaba dispuesto a admitir restricciones o críticas de ninguna especie. La razón principal de su desavenencia con Monzón y los demás oidores se hallaba en la determinación de éstos de atender apelaciones respecto a medidas dictadas por el virrey en asuntos de gobierno, lo cual evidentemente hacía peligrar la estabilidad del régimen colonial. Harto ya de las murmuraciones e intrigas que fomentaba el licenciado madrileño en la capital y otras poblaciones del virreino, Toledo resolvió aplicar una pena de extrema dureza: en la noche del 23 de octubre de 1573 ordenó tomar prisionero a dicho sujeto en su casa y conducirlo en una mula hacia el puerto del Callao, donde fue inmediatamente embarcado en un navío con destino a España[8].

Roberto Levillier (1935-42, I: 84-85), dedicado estudioso y admirador de la obra política de Toledo, intenta justificar la enérgica resolución adoptada por el dignatario llamando "descarados pícaros" y "reptiles" a Juan Bautista de Monzón y otros funcionarios de la Audiencia limeña. Pero ese violento desterramiento levantó serias críticas entre los hombres públicos de la época, pues significaba una burla a la investidura de los supremos administradores de justicia en Indias. Quizá a manera de desagravio, y seguramente gracias a sus excelentes influencias en la Corte, nuestro protagonista consiguió nuevamente la rehabilitación. Esta vez, en 1578, se le dio la misión de hacer una visita a la Audiencia de Santa Fe (Bogotá), en la provincia de Nueva Granada.

La tarea del visitador en Santa Fe resultó sumamente complicada (cf. Schäfer 1935-47, II: 128n, 137). Averiguó una serie de irregularidades en el funcionamiento de ese tribunal, motivo por el que decidió suspender en sus oficios al presidente y a los demás magistrados de la Audiencia; además, ordenó meter en prisión al doctor Luis Cortez de Meza, oidor, por hallarlo culpable de cometer el pecado nefando, vale decir, la sodomía. En respuesta a las discordias que mantuvo con las autoridades de Nueva Granada, el oidor Zorrilla y el fiscal Orozco determinaron poner en la cárcel al propio licenciado de Monzón, hecho que ocurrió hacia finales de 1581. Acerbas quejas se

---

[7]Eguiguren 1951, I: 505. La partida de defunción respectiva está asentada en la Parroquia del Sagrario el 7-I-1573. Una carta del virrey Toledo a S.M., fecha en Potosí en 20-XII-1573, refiere que nuestro sujeto se encontraba a la sazón buscando alianzas matrimoniales en la sociedad limeña tanto para sí mismo como para sus hijos. Cf. Levillier 1921-26, V: 70)

[8]Vargas Ugarte 1966, II: 249-250. Véase también la carta del fiscal licenciado Alvaro de Carbajal a S.M., fecha en Los Reyes el 8-II-1577, en Levillier 1921-26, VII: 349-353.

dirigieron entonces a la metrópoli, exigiendo un castigo para el inicuo visitador[9].

Tras liberarse de la carcelería, el burócrata castellano marchó una vez más a Lima, donde reasumió su plaza de oidor en marzo de 1583. Poderoso y respetado en razón de su antigüedad en el puesto, fue él uno de los encargados de dirigir el gobierno del Perú al producirse la muerte del virrey Don Martín Enríquez[10]. Además, el 3 de julio 1584 juró el rectorado en la Universidad de San Marcos, pero no encontró mucho tiempo para atender los problemas académicos por hallarse ocupado en materias administrativas y judiciales; se conservó a la cabeza del plantel sanmarquino hasta marzo de 1586. También cabe indicar el enfrentamiento que tuvo por este tiempo con el arzobispo Santo Toribio de Mogrovejo, prefiriendo brindar su apoyo a los mitrados sufragáneos que participaron en el III Concilio Provincial limense (cf. Angulo 1942: 18, Eguiguren 1951, I: 499, 502).

Mientras tanto, las reclamaciones surgidas en Bogotá acerca del mal proceder de Monzón habían obtenido resonancia en la capital española, motivando la expedición de una real cédula que le ordenaba presentarse ante el Consejo de Indias, a fin de seguir el juicio de residencia correspondiente a su desempeño como visitador[11]. Dicha cédula fue enviada a Lima por intermedio del Conde del Villar, designado nuevo administrador del virreinato peruano. Al serle notificada la voluntad del monarca, el oidor abandonó su morada limeña y se estableció durante varios meses en el Callao, aguardando ocasión propicia para salir[12]. Incapaz de refrenar su natural tendencia hacia las intrigas y maledicencias, en la última etapa de su estadía en el Perú se dedicó a propagar infundadas denuncias en torno al régimen del Conde del Villar, "con la publicidad y libertad que lo pudiera hazer de un lacayo suyo", según expresa el citado virrey[13]; tuvo como cómplice en estas difamaciones a su yerno don Juan de Vargas, que era corregidor de Ica.

Por fin, en las postrimerías de 1586 salió definitivamente del puerto chalaco, habiéndose negado a emitir su voto en unos litigios que estaban pendientes de resolución en la Audiencia. Si bien viajaba marcado por la tacha de funcionario descomedido y escandaloso, no abandonó la costa peruana con las bolsas vacías; al practicarse un registro de las piezas metálicas que llevaban los pasajeros de la armadilla encaminada a Panamá, se verificó que Monzón

[9]Una consulta del Consejo de Indias fecha en Madrid, 27- I-1582, trata extensamente sobre las diferencias habidas entre Monzón y la Audiencia de Santa Fe. Cf. Heredia Herrera 1972, I: 366, n° 970.

[10]AGI, Contaduría, 1964. Véase también Vargas Ugarte 1966, II: 292.

[11]Despacho otorgado en San Lorenzo el 11-IX-1584. AGI, Lima, 570, lib. 14, fol. 310v.

[12]Carta del Conde del Villar a S.M., fecha en el puerto del Callao el 25-V-1586, en Levillier 1921-26, X: 116-117.

[13]Ibid.: 187. Carta del Conde del Villar a S.M., fecha en el puerto del Callao el 23-XII-1586.

portaba consigo nada menos que ochenta mil pesos, no obstante que oficialmente había declarado tan sólo algo más de seis mil...[14]. Examinado el proceso de su residencia en el Consejo indiano se comprobó que este personaje había cometido graves faltas durante su labor en Nueva Granada. La sentencia pronunciada el 23 de febrero de 1589, lo condenó a pagar una multa de 4.000 ducados y a ocho años de suspensión de cualquier empleo público (Schäfer 1935-47, II: 137n).

Apartado de la esfera burocrática, pero ubicado en una provechosa situación económica, Juan Bautista de Monzón pasó los últimos años de su existencia en su villa natal a orillas del Manzanares. Otorgó su testamento el 28 de agosto de 1594, ante el escribano Juan Gómez de la Quintana, y expiró el 8 de septiembre siguiente, cuando tenía más o menos 64 años de edad[15]. Dejó como herederos a sus hijos don Jerónimo y don Gonzalo de Monzón, avecindados en Madrid, y a su hija doña Ana de Monzón y Sotomayor, residente en Lima, que era la mujer del corregidor iqueño Vargas.

El día posterior a su fallecimiento empezó a realizarse el inventario de las numerosas propiedades que tenía el difunto oidor. Y el 13 de septiembre de 1594, el teniente de corregidor de Madrid ordenó que se efectuara una tasación de la ropa, tapices, libros, cama y otros enseres de pequeño valor pertenecientes al licenciado de Monzón, con el fin de hacer luego la partija correspondiente entre sus herederos[16]. Tanto en el inventario como en la tasación de los bienes se deja apreciar la colección bibliográfica que reunió el sujeto, la misma que analizaremos someramente a continuación.

2. Orientaciones temáticas en la biblioteca

Hay que tener en cuenta que el grupo de libros a examinar pertenece al último tramo de la vida de Juan Bautista de Monzón, entonces viejo hombre de leyes habitante en Madrid, tras haber pasado una serie de desgraciadas experiencias y mudanzas de hogar. Tal vez estas circunstancias expliquen el pequeño fondo de la biblioteca — son en total 46 volúmenes — y la tendencia principal en el contenido de las obras. Predominan netamente, como se detallará en seguida, los textos de materias religiosas.

De modo particular, sobresale la abundancia de autores provenientes de la congregación franciscana; una preferencia evidenciada también en el hecho, ya mencionado, de que la esposa del oidor recibió sepultura en el convento limeño de San Francisco. Aparece en nuestro elenco alguna obra de San Buenaventura,

---

[14]Véase ibid.. y otra carta del Conde del Villar a S.M., fecha asimismo en el puerto del Callao el 23-XII-1586. Levillier 1921-26, X: 230-231.

[15]AHPM, Protocolo 2.525, fol. 350.

[16]Ibid., fol. 306v y 333v. Importa señalar que Eguiguren (1940-51, II: 485) apunta que existió una hija de Monzón casada con el doctor Morillo, individuo del claustro universitario de San Marcos.

doctor de la Iglesia, general de la Orden de frailes menores en el siglo XIII (n°
12). Entre los escritores más leídos de la Edad de Oro de las letras castellanas
se incluyen fray Antonio de Guevara, obispo de Mondoñedo, erudito de
rebuscada prosa, y el medinés fray Juan de Pineda: ambos tenían cabida en la
sala de estudio del anciano burócrata, donde ubicamos el *Libro llamado Monte
Calvario* (n° 17) y la voluminosa historia universal o *Monarquía eclesiástica*
(n°s 2 y 6). Por añadidura, consta que el licenciado se interesaba en los Salmos
del rey David, respecto a los cuales contaba con exégesis hechas por el monje
capuchino Franz Titelman, flamenco (n° 22), y por su compañero de hábito el
obispo Francesco Panigarola, milanés (n° 24).

En cuanto a plumas notables de otros institutos religiosos, podemos señalar
en primer término a dos exponentes de los más conocidos en la vida eclesiástica
del Renacimiento. De un lado está el austero Ludolfo de Sajonia llamado
también Leutolfo o Landulfo, prior de la cartuja de Estrasburgo, que compuso
una famosa *Vita Christi* (n°s 9 y 14). Y el otro es uno de los principales opo-
nentes de Lutero, el teólogo dominico Silvestre de Prierio, autor de una *summa*
en la clásica línea tomista (n° 16), que se encuentra en numerosas bibliotecas
particulares de la sociedad colonial hispanoamericana.

Además, la lista comprende a varios sacerdotes españoles contemporáneos
de Monzón que se encuadran dentro de la tendencia ascética. Está el celebérrimo fray Luis de Granada con su *Introducción del símbolo de la fe*, una suerte
de breve enciclopedia de la religión católica, donde elogia a la Providencia
divina por sus virtudes creadoras de la belleza y bondad del universo (n° 3).
Hay un sitio para la *Historia pontifical y cathólica* del clérigo Gonzalo de
Illescas (n° 5) y otro para el capellán toledano Alonso de Villegas, creador de
una *Flos sanctorum* en cuatro tomos, que probablemente sea el más difundido
de los compendios hagiográficos de esta clase (n° 1). Menos renombrado es
Juan Bautista Fernández, quien en 1593 dio a luz su tratado sobre los principios
fundamentales de la doctrina católica (n° 15).

Tales escritos se complementan con algunos materiales de carácter litúrgico,
que le servían a nuestro personaje para sostener su vinculación directa con
Dios. Hallamos la Sagrada Escritura en dos versiones, una extensa, comentada
y otra más reducida (n°s 11 y 18). Asimismo hay un par de ejemplares del
breviario, en formatos grande y pequeño, que le marcaban al burócrata las
pautas del rezo eclesiástico a lo largo del año (n° 13). Semejante objetivo
cumplía un manual titulado *Reglas y arte para aprender a rezar el oficio
divino*, el cual circuló con bastante fluidez por aquella época (n° 21).

Muy interesante es señalar la afición del licenciado de Monzón al cultivo de
las humanidades, siguiendo las tendencias del Renacimiento italiano. Así, tiene
mucho atractivo la presencia del moralista clásico Plutarco de Queronea,
estimado como el último de los sabios helenos de la antigüedad (n° 23); pese
a que el documento que estudiamos no precisa el título de su obra, es ineludible
plantear la disyuntiva entre sus famosas *vidas paralelas*, esto es, la compara-

ción de personalidades ilustres grecas y latinas, y su conjunto de tratados morales, que incluye breves ensayos acerca de problemas intelectuales y de la convivencia humana. El médico lombardo Paolo Giovio, obispo de Nocera, redactó a mediados del siglo XVI sus *Elogios de los caballeros antiguos y modernos*, que han llamado la atención de los sujetos interesados en la Historia como medio de aprendizaje conductual (n° 4). Propósito moralizador similar es el que preside *Los emblemas*, un popular libro que escribió el jurisconsulto boloñés Andrea Alciati y que fue vertido al castellano en rima (n° 25).

El deleitoso espíritu de las bellas letras se manifiesta en esta biblioteca a través del estilo poético creado por Petrarca. Dentro de la corriente petrarquista se inscribe la selección de poemas elaborada por Octaviano Mirandula, que estaba en poder de Monzón (n° 19). Dicho estilo, con una métrica enteramente distinta a la usual en Castilla, fue adoptado en la primera mitad del quinientos por escritores como el diplomático barcelonés Juan Boscán y su buen amigo el capitán Garcilaso de la Vega, toledano, digno modelo de los militares-literatos renacentistas; gracias a la introducción de la nueva corriente, se logró una poesía castellana más rica en léxico, sensibilidad y forma. Precisamente las obras de ambos versificadores, Boscán y Garcilaso, figuran en nuestro conjunto (n°s 26 y 29).

Aunque estamos frente a un individuo de formación jurídica, los textos relacionados con el ámbito legal son, paradójicamente, los menos numerosos en esta colección. Todo se limita a la Nueva Recopilación, catálogo de más tres mil leyes vigentes en los dominios españoles, que recibió sanción oficial en 1567 (n°s 7 y 27). Para facilitar el manejo de esta compilación documental, contábase con un *repertorio* o índice formado por Diego de Atienza (n° 8). Y un cuaderno de legislación añadida realizaba el objetivo de poner al día, hasta 1592, fecha en que se publicó la segunda edición de la Nueva Recopilación, el aparato legislativo que normaba la existencia de todos los vasallos de Su Majestad católica (n° 10).

Sin embargo, no debe sorprendernos demasiado que las obras de jurisprudencia fueran tan escasas en la biblioteca del licenciado de Monzón. Primeramente, es menester tomar en consideración que él ya estaba retirado de toda actividad oficial y que, por lo tanto, su vida transcurría apaciblemente en la esfera privada, dedicándose al cuidado de negocios personales y a su propio cultivo literario y espiritual. De otro lado, según advierte en un documentado ensayo José M. Mariluz Urquijo (1984: 251-259), debemos recordar que si bien se asumía que los estudios de derecho eran indispensables para la administración de justicia y útiles para el ejercicio del gobierno, existía la convicción de que estas nociones puramente teóricas debían complementarse con el saber resultante de la experiencia cotidiana; durante el reinado de los Austrias en la monarquía española se pensaba que la verdadera escuela del burócrata era el escritorio y que su mejor maestro era el oficinista veterano, pues — como asevera tajantemente fray Juan de Torquemada — "la experiencia vence a toda ciencia natural y especulativa" (en Mariluz Urquijo 1984: 252). Si tal era la manera de concebir la formación profesional de los magistrados, ¿en qué otro elemento podría basarse la sapiencia del intrigante licenciado madrileño mejor que en su dilatada carrera como funcionario?

Visto el asunto con esa óptica, se comprende más fácilmente que el protagonista tuviera a la mano sólo el texto oficial de la Nueva Recopilación y un par de instrumentos de apoyo. Pero también cabe formular otra interrogación: hasta qué punto no estaría Monzón arrepentido de su disipada labor burocrática y habría decidido, consecuentemente, entregar la etapa postrera de su vida a limpiar su mala conciencia y arreglar sus obligaciones con el Todopoderoso... Así también, evocando el manido ideal del "descargo de conciencia", es posible comprender la abundancia de estudios teológicos, de tratados ascéticos y de manuales litúrgicos en la colección libresca que hemos examinado.

Aparte todo ello, el manuscrito de la tasación efectuada en septiembre de 1594 nos permite igualmente formar una idea en torno a los costos del material bibliográfico en la época quinientista. La labor tasadora se encargó a Esteban Bogia, un genovés con varios años de residencia en Madrid (donde vino a fallecer en 1613), que regentaba su propio negocio de librería frente a la iglesia de San Bernardo y tenía además un puesto de venta en el patio de Palacio[17]. Haciendo una suma global, resulta que los 46 volúmenes fueron apreciados en 16.853 maravedís, cifra equivalente a casi 45 ducados; vale la pena tomar el promedio aproximativo de un ducado por cada volumen como dato con valor de comparación. Anotaremos, por ejemplo, que los libros más caros de este conjunto eran la *Monarquía eclesiástica* de Pineda (cinco tomos), que se avaluó en 9 ducados, y el *Flos sanctorum* de Villegas (cuatro tomos), que representó 8 ducados, mientras que los impresos de más exiguo valor eran el cuaderno de leyes añadidas a la Nueva Recopilación y el texto de Plutarco, que apenas montaron 0,18 ducados, cada uno de ellos.

---

[17]Cf. Pérez Pastor 1891: XLIV-XLV.

11) Bagaje intelectual de un prelado criollo: la biblioteca del arzobispo Hernando Arias de Ugarte (1614)

Los inventarios de bibliotecas particulares constituyen una de las fuentes más valiosas para examinar las materias intelectuales que han atraído a personajes históricos de diferentes épocas, y en la situación concreta de Hispanoamérica sirven para demostrar cómo — no obstante la censura y controles oficiales — hubo durante el período colonial una extensa divulgación de la cultura imperante en Occidente. Este trabajo lleva el propósito de analizar la colección bibliográfica que poseía don Hernando Arias de Ugarte, criollo natural de Bogotá, quien se destaca por la brillantísima carrera que realizó en el ámbito de la judicatura y el clero. Al hacerse un inventario de las pertenencias que había en su morada limeña, justamente cuando iniciaba su vida en la dignidad episcopal, se comprobó que tenía una apreciable biblioteca de 640 volúmenes relativos a cuestiones jurídicas, religiosas, humanísticas, etc.[1]

Arias de Ugarte, descendiente de linajes cacereños y vizcaínos, nació en la capital de Nueva Granada en 1561. Para cursar estudios universitarios viajó durante su adolescencia a España; es sabido que en el lapso de 1577 a 1583 estuvo matriculado en la facultad de Leyes de Salamanca y que luego se graduó de doctor en ambos Derechos en la universidad de Lérida. Tras laborar algún tiempo como abogado en la Corte, regresó en 1595 al Nuevo Mundo, con el título de oidor de Panamá, y su buen desempeño en esta magistratura lo llevó a integrar posteriormente las audiencias de Charcas y Lima. Pero la inclinación que sentía hacia el oficio clerical determinó que abandonase la toga: en 1607 se ordenó de sacerdote y el 28 de septiembre de 1614, habiendo sido electo obispo de Quito, recibió la consagración episcopal de manos del metropolitano limeño Lobo Guerrero[2].

Enseguida, don Hernando solicitó a la alcaldía de la ciudad de los Reyes que hiciera inventario y tasación de todos sus bienes. A consecuencia de ello se elaboró un documento riquísimo, resultado de la visita hecha a la casa del mitrado, que se compone de las siguientes partidas: 1) censos y bienes raíces, 2) joyas de oro, piedras y cristal, 3) plata labrada, 4) pontificales y ornamentos, 5) colgaduras, doseles, sitiales, sillas y cojines, 6) vestidos, 7) retablos, cuadros, láminas y cosas de pintura, 8) objetos de madera, 9) librería, 10) ropa blanca y 11) escritorios, carroza, mulas, esclavos, alfombras. Fue el 11 de octubre de 1614 cuando se inspeccionó la biblioteca existente en el estudio de dicha residencia, y se le asignó al conocido librero Andrés de Hornillos la responsabilidad de tasar el valor de dichos libros. En conjunto, la colección fue

---

[1] Puede verse un sencillo esquema de dichas obras en mi artículo "Los libros del obispo", publicado en el diario *El Comercio*, Lima, 1º de setiembre de 1986.

[2] Cf. Mendiburu 1932, II: 148-154. Véase también Rodríguez Cruz 1984: 511.

apreciada en 30.598 reales, suma equivalente a casi 3.825 pesos corrientes (patacones)[3].

Conviene referir, aunque sea brevemente, los siguientes pasos en la carrera eclesiástica del criollo. En 1618 tomó posesión de la arquidiócesis de Bogotá, su metrópoli nativa, y ocho años más tarde asumió similar cargo en Charcas; posee el mérito de haber organizado en ambas sedes los primeros Concilios para reunir a los dignatarios de esas provincias. Por fin, en 1630 se instaló en la silla arzobispal de Lima y murió aquí mismo, a la edad de 76 años, el 27 de enero de 1638. Dejó fama de hombre muy recto, caritativo, humilde, y hay rumores que dicen que gustaba de firmarse como "Hernando, el indio"[4].

Respecto a los libros más caros de su biblioteca, debemos mencionar en primer término una recopilación de tratados de diversos doctores (entiéndase jurisperitos), en 28 tomos, cuyo valor fue estimado en 300 pesos; instrumentos como ése eran de uso frecuente entre los hombres de leyes formados en la escuela del Derecho común. Luego sucedían en importe pecuniario los doce volúmenes de *Anales eclasiásticos* del cardenal Cesare Baronio, monje filipense que dirigió la biblioteca apostólica del Vaticano, los cuales se tasaron en 200 pesos. También era costoso -apreciado en 150 pesos- el célebre *Theatrum orbis terrarum*, compuesto por el geógrafo flamenco Abraham Ortelius, que es considerado el primer atlas de tipo moderno; e interesa señalar además la valía de un pontifical impreso en Roma en tres cuerpos, con tablas doradas y manecillas de plata, que el librero Hornillos tasó en 80 pesos.

Escapa a nuestro propósito el hacer una evaluación minuciosa de los títulos que integraban tan rica colección, ya que ello haría excesivamente largo este trabajo. De todas formas, el contenido de la biblioteca puede quedar satisfactoriamente esbozado a través de un breve análisis en cuatro partes, que se ofrecerá a continuación: 1) Libros religiosos, 2) Derecho canónico, 3) Derecho civil, 4) Historia y otras materias. Apreciamos, en general, que Arias de Ugarte se identifica con los postulados de la doctrina de "ambos Derechos" canónico y civil, y que se mantiene al corriente de las últimas aportaciones brindadas dentro de esta línea en su tiempo. Sus inquietudes espirituales se complementan con textos sagrados, humanísticos y de diversa naturaleza, de modo que resulta claro el profundo bagaje intelectual de este prelado criollo.

---

[3]El inventario se conserva en AGN, Protocolo n° 2.004, Diego Jaramillo, 1637-1638, fol. 467.

[4]Sobre la tarea pastoral de este personaje, véase Dussel 1979: 103, 245, 248-249, 268. Luego de la muerte del arzobispo, su mayordomo Diego López de Lisboa y León —padre de los León Pinelo— publicó una biografía suya titulada *Epítome de la vida del illustrísimo dotor don Fernando Arias de Ugarte* (Lima: Pedro de Cabrera, 1638), que hoy constituye una rareza bibliográfica.

152

A. Libros religiosos

Como es natural, abundan en la biblioteca del diocesano los libros de contenido religioso. Hay textos pertenecientes a la liturgia católica, como misales, diurnos, breviarios (algunos de ellos salidos de las famosas prensas de Plantin, prototipógrafo del reino), calendarios, pontificales, ceremoniales, horas, junto con manuales de oración, instrucciones sobre la misa y un par de ediciones de la Biblia. El inventario registra asimismo varios trabajos de hagiografía; ubicamos martirologios, historias de las vírgenes de Loreto, Guadalupe y Montserrat, biografías de Gregorio López, San José y San Isidro, entre otros personajes.

Aparecen trabajos ascéticos y teológicos correspondientes al misticismo castellano del Siglo de Oro. Cabe señalar un volumen con obras de Santa Teresa de Jesús, el *Epistolario espiritual* de San Juan de Avila, el *Dilucidario* del carmelita Jerónimo Gracián, los comentarios teológicos de Gregorio de Valencia, las meditaciones de Luis de la Puente... No falta la *Mística teología* de San Buenaventura o la *Doctrina Cristiana* del cardenal Belarmino, ni tampoco ciertas sumas para confesores (llamadas "de casos de conciencia") que habitualmente se incluían en las bibliotecas particulares del coloniaje. La lista que examinamos contiene, por ejemplo, la *Summa angelica* del beato Angel de Clavasio, la *Summa silvestrina* del antiluterano Silvestre de Prierio y la *Summa caietana* del dominico Tommaso de Vio.

Por otra parte, existen documentos relacionados con las funciones de la Iglesia y del Santo Oficio: cánones de los Concilios tridentino y limense, constituciones sinodales de la arquidiócesis de Lima, un *directorium* y un *repertorium* para inquisidores, etc. Es curioso notar la reiteración de títulos vinculados a la Compañía de Jesús, institución con la que el doctor Arias de Ugarte mantuvo aparentemente excelentes relaciones. Tenía en su poder el *catalogus scriptorum* del jesuita Ribadeneyra, un libro del P. Arriaga (para uso del colegio de San Martín), reglas y ejercicios espirituales de la Compañía.

B. Derecho canónico

Nuestro personaje contaba con un ejemplar en tres volúmenes del *corpus juris canonici*, de Lyon, y con varios comentarios sobre los textos principales de ese conjunto. Ahí estaban las lecturas del papa Inocencio IV, del abad Nicolás de Tudeschi, del prepósito Giovanni Antonio da Sangiorgio y del célebre Baldo en torno a las Decretales; las glosas de Giovanni d'Andrea (catedrático boloñés), Pietro d'Ancarano, Domenico da San Gemignano y Luis Gómez (obispo y auditor de la Sacra Rota) al libro sexto de Decretales; los comentarios de Giovanni de Imola y el cardenal Zabarella sobre las constituciones de Clemente V.

Dicha rama de la jurisprudencia está representada también por numerosas monografías, que tratan de asuntos eclesiásticos o de la licitud en el desenvolvimiento mercantil-financiero. Hay tratados relativos a la Santa Cruzada (Manuel Rodríguez), las instituciones católicas (Simancas), las censuras (Esteban de

Avila), los beneficios (Nicolás García), las restituciones (Medina), las sucesiones (Juan de Rojas), la usura (Villalón), etc.

C. Derecho civil

La jurisprudencia representaba por entonces un saber imprescindible para todos cuantos desempeñaran función pública, y es por ello por lo que ubicamos una larga lista de títulos concernientes al Derecho civil en la biblioteca del ilustre bogotano. Existen un par de ediciones del *corpus juris civilis*, integrado por los cinco volúmenes tradicionales. Sesudos comentarios se destinaron a ilustrar esos textos y a sentar la doctrina jurídica vigente durante la baja Edad Media en Europa; podemos citar, a propósito, las obras de los maestros italianos Bártolo, Baldo, Paulo de Castro y Giasone de Maino (catedrático de Bolonia y Padua), que formaban parte de la colección que nos interesa. El arzobispo poseía también algunas lecturas sobre partes específicas del *corpus*, como el Digesto viejo, la *Instituta* o los tres últimos libros del Código.

El manuscrito del inventario patentiza la evolución desarrollada en el sistema legal hispánico hasta el siglo XVII. Incluye los fueros de Aragón y de Navarra, privilegios de la Mesta (corporación de los propietarios de ganado), ordenanzas de las audiencias de Valladolid, Granada y Sevilla, constituciones de las universidades de Salamanca y Lima. En cuanto a disposiciones válidas para el conjunto de los reinos castellanos, hay que anotar las Partidas y el Fuero real, sancionados ambos por Alfonso el Sabio, el Ordenamiento real de Montalvo, la Nueva Recopilación (aprobada en 1567 por Felipe II) y una compilación de leyes tocantes al gobierno de las Indias. A guisa de complemento, figuran abundantes glosas de consejeros palaciegos, magistrados o profesores universitarios sobre las normas legislativas de Castilla; en esto llevan ventaja las leyes de Toro, pues cuentan con siete glosadores en nuestro elenco bibliográfico.

Conforme asevera Bartolomé Clavero (1979: 166-179), uno de los signos del progreso logrado por el Derecho común de la Edad Moderna consiste en la proliferación de trabajos especializados, que van a originar diferentes ramas de la ciencia jurídica. Este fenómeno se percibe también en España, nación que atravesaba un auge en todos los órdenes de la vida intelectual. Aunque sería ocioso nombrar todos los tratados castellanos que aparecen en el inventario, conviene por lo menos dar noticia de los estudios que ahí constan sobre la administración de los corregidores, las inmunidades de la nobleza, la curia regia, el oficio fiscal, los réditos, los mayorazgos, los testamentos, los delitos, las penas...

De igual modo, hay una nutrida serie de monografías redactadas por autores de otras nacionalidades, especialmente italianos, que examinan problemas diversos. Figuran tratados referentes a las posesiones y el arbitrio judicial (Menochio), los frutos naturales (Copus), los maleficios (Angelo de Gambilioni), los crímenes de lesa majestad (Giganti), los homicidios (Marco Antonio Bianchi), las últimas voluntades (Mantica y Simón de Pretis), entre otros asuntos.

Caracteriza asimismo al Derecho común de aquella época la particularización territorial, vale decir, la tendencia a crear las estructuras legislativas propias de una determinada comarca o reino; estructuras basadas en los textos fundamentales de ambos Derechos y en las opiniones de sus principales comentaristas. Fue corriente que tales normas se difundieran de un país a otro, posibilitando así el ejercicio de una especie de legislación comparada. No debe sorprender, pues, que en el conjunto bibliográfico del prelado limeño hallemos varias obras — llamadas por lo general *decisiones* — con reproducciones y enjuiciamientos sobre sentencias adoptadas en los máximos tribunales (o parlamentos) de Francia, Portugal, Sicilia, Nápoles, Génova, Borgoña, Burdeos, el Delfinado, el Piamonte. Destacan al respecto las contribuciones de jurisconsultos como el abogado Guy Pape, el político Barthelemy de Chasseneux, el sacerdote Pierre Rebuffi o el parlamentario Nicolás Bohier, todos estos franceses.

Las *consilia*, reuniones de dictámenes de un profesional sobre diferentes materias, ocupaban buen espacio en los estantes de aquella sala de estudio. Entre las obras mayores de dicho género se hallan los pareceres selectos de Carlo Ricini, del perusino Corneo, del sienés Socino, del cardenal Parisio, del maestro boloñés Tartagna, de Felino María Sandeo, etc. De otro lado, había también un apreciable conjunto de "prácticas" o instrucciones en torno al procedimiento forense. Son especialmente conocidas — por lo que atañe a la jurisprudencia castellana — la *Práctica criminal* del consejero y obispo Díaz de Lugo, la *Praxis* de Suárez de Paz, la *Instrución de escriuanos* de Monterroso, las cuales figuran junto a textos semejantes de autores extranjeros.

Uno de los medios empleados para vulgarizar las enseñanzas del Derecho común fue la recopilación y publicación de tratados de sus más importantes exponentes, que debían ser manejados por todos los hombres del foro. Así se comprende la inclusión de 28 tomos de "tratados diversorum doctorum" (ya mencionados) y de cuatro volúmenes suplementarios de "communes opiniones". Hay igualmente compilaciones de obras individuales, como las del jurisconsulto francés Tiraqueau, del civilista ítalo Alciati, del doctor navarro Azpilcueta, del salmantino Rodrigo Suárez, del teólogo dominico Soto o del sabio prelado Covarrubias de Leyva, por no citar sino unos cuantos personajes famosos.

D. Historia y otras materias

Tenemos la persuasión de que don Hernando Arias de Ugarte era un buen aficionado a las humanidades, pues su biblioteca contiene muchos volúmenes de historia, filología y materias afines. El escritor cortesano Jerónimo de Zurita ofrece sus *Anales de la corona de Aragón*, mientras que Gonzalo de Illescas aparece con un ejemplar viejo de su *Historia pontifical*, bastante difundida por aquel tiempo. Con relación a la empresa colonizadora del Nuevo Mundo, cabe apuntar la presencia de las *Décadas* del cronista oficial Herrera, de la *Historia natural y moral de las Indias* del jesuita Acosta, de los relatos sobre el descubrimiento, conquista y guerras civiles del Perú elaborados por Zárate y el palentino Fernández. Y es curioso encontrar los comentarios de Alvar Núñez Cabeza de Vaca (donde este explorador narra sus aventuras en el continente americano) en compañía de las *Elegías de varones ilustres* de Castellanos e historias de Alemania, Inglaterra, Filipinas y Asia.

Además, se registra un vocabulario de Nebrija — sin duda, el autor más consultado durante la época virreinal — así como el *Dictionarium* multilingüe de Ambrosio Calepino, trabajos lexicográficos sobre el quechua y el araucano y una docena de textos de gramática. No hay que ignorar un par de tratados médicos (hechos por el griego Dioscórides y el vallisoletano Mercado), ni tampoco los libros acerca del aquilatamiento de metales y piedras preciosos. En cuanto a creación literaria, por ende, debemos señalar el popularísimo *Marco Aurelio o Reloj de príncipes* que escribiera fray Antonio de Guevara y la solitaria muestra poética que representa Lope de Vega con su *Dragontea*.

Con todo, esto no ha sido más que una somera revisión de la excepcional variedad de temas que captaban el interés del culto prelado.

III

BIBLIOTECAS Y AMBIENTE INTELECTUAL: RESEÑAS

12) Los libros del conquistador: Diego de Narváez (1545)

Varios trabajos recientes se han ocupado de determinar, con fuentes de primera mano, el bagaje cultural que poseían los hombres que intervinieron en la sojuzgación del Imperio incaico (mencionaré, por ejemplo, el análisis de Pedro Guibovich (1986) en torno a las lecturas de Francisco de Isásaga). En las líneas siguientes me propongo examinar el caso de uno de los soldados de la hueste perulera, Diego de Narváez, que participó en 1532 en la captura de Atahualpa como infante u hombre de a pie. Era probablemente hidalgo, de origen navarro; había pasado a Panamá siendo apenas un mozalbete, y después se radicó en la ciudad del Cuzco, donde desempeñó el puesto de escribano del Cabildo y poseyó una encomienda de indios. Por su firme lealtad a la bandera del rey le tocó morir violentamente en 1546, cuando el maestro de campo pizarrista Carvajal, el sanguinario *demonio de los Andes*, entró en la antigua capital de los incas y mandó ahorcar de inmediato a sus principales opositores.

Una escritura de 1545, que conserva el Archivo de Protocolos de Sevilla (según noticias que debo a la gentileza del profesor Klaus Wagner), señala cómo se invirtió una cantidad de dinero que dicho personaje había entregado a un pariente suyo, Andrés de Narváez, para que hiciera gestiones a su favor en España. El valioso documento indica que estaba remitiéndose entonces al vecino cuzqueño — entre otras cosas — un conjunto de 30 libros, los cuales costaron algo más de 43 ducados[1]. Aunque es probable que el infortunado encomendero no llegara a recibir personalmente ese cargamento, a causa de su abrupto fin, interesa sobremanera conocer qué especímenes bibliográficos llamaban la atención del conquistador.

Sorprendente es la comprobación de que la mayor parte de aquella suma, 27 ducados, fue destinada a adquirir "ocho libros de las obras de Erasmo". El escribano no creyó necesario precisar el título de estas obras del humanista de Rotterdam, pero, con todo, cabe suponer que se trata del *Enchiridion militis chistiani* (bastante difundido en el Perú quinientista) y de varios otros de sus textos que incitaban a la renovación espiritual, desdeñando las ceremonias tradicionales y fomentando la comunicación íntima, directa, con Dios; aquella era todavía la época de auge del influjo erasmista, antes de que casi todos los libros del ilustre teólogo fueran incluidos en el catálogo de obras prohibidas que la Inquisición publicó en 1559. Tal presencia del "príncipe de los humanistas" confirma las aseveraciones de Marcel Bataillon sobre la hondura de su repercusión en todo el mundo hispánico, poniendo de relieve la cantidad de colonizadores que eran aficionados al pensamiento de Erasmo, pues hallaban excelente modelo en su cristianismo ilustrado y reformador.

Esa sintonía con la corriente de renovación espiritual se ratifica mediante la inclusión de una obra del doctor Constantino, célebre predicador de la catedral

---

[1] APS, Oficio XV, Libro 2° de 1545, fol. 784.

de Sevilla, defensor de un evangelismo radical, que acabó su vida tachado de luteranismo. Y también se perciben huellas de la ideología erasmiana en otro escritor sevillano, el latinista Pedro Mejía, quien figura doblemente en la lista que analizamos: con su *Silva de varia lección* (1542), deleitoso compendio de curiosidades, y con la *Historia imperial y cesárea* (1545), que narra los hechos de emperadores romanos antiguos y modernos. En cuanto a lo histórico, hay que considerar asimismo al canónigo zamorano Florián de Ocampo, que por encargo oficial redactó los primeros tomos de la *Crónica general de España*, y cuya edición príncipe (1544) fue enviada a Narváez para que recrease con la lectura de acontecimientos de la era precristiana los ratos de ocio que pasaría en su morada del Cuzco.

Parece que el género didáctico-moralizante era uno de los que más atraían a nuestro personaje. Dentro de la remesa de libros figura el *Valerio* de Diego Rodríguez de Almena, sacerdote murciano, que es una colección de biografías de personajes diversos, en que cada anécdota se acompaña de una reflexión moral. Similar estructura poseen varios de los textos del franciscano Antonio de Guevara, obispo de Mondoñedo, como sus *Epístolas familiares*, o el libro denominado *Monte Calvario*, que se caracterizan por lo afectado de su prosa; ambos títulos, enormemente populares en el siglo XVI, formaban parte de aquel cargamento. Por otra parte, el manuscrito registra también al clásico tratado de Castiglione, *El cortesano*, donde el diplomático mantuano expone, en forma dialogada, los ideales del hombre palaciego y describe las costumbres de la sociedad española del quinientos. No es muy aventurado conjeturar que estaríamos ante la traducción al castellano hecha por el poeta Boscán.

Además, hay que agregar alguna obra imprecisa del humanista siciliano Lucio Marineo, que sirvió como capellán e historiógrafo en la corte de Carlos V. Y la vena renacentista se manifiesta a través del relato *De bello Judaico*, escrito por Flavio Josefo, uno de los soldados romanos que intervinieron en la toma de Jerusalén durante el siglo I.

La contribución religiosa es bastante significativa. San Jerónimo, doctor de la Iglesia, eximio conocedor de las lenguas antiguas, aporta sus epístolas en una costosa edición (valorada en 3 ducados), y figura igualmente a través de sus *Vitae patrum* o narración de los hechos de los eremitas en el desierto del Sinaí. También hay lugar para la "regla" de San Agustín, en que el insigne obispo de Hipona ofrece instrucciones relativas a la vida monacal. Ubicamos, de modo complementario, un tratado ascético que se rotula *Espejo de la conciencia*, al lado de una colección de salmos del profeta David vertidos al romance y de otro texto, difícil de precisar con certidumbre, que el manuscrito anota como "imposición devota" (?).

Las últimas referencias son notablemente interesantes, ya que suponen la remesa al Perú de obras narrativas de carácter ficticio y de comprometedor trasfondo ético, que inclusive estaban legalmente prohibidas de circular en el Nuevo Mundo. Trátase, por una parte, de la historia de los "invictos y magnánimos caballeros", príncipes de la fabulosa tierra de Trapisonda, llamados don Cristalián y el infante Luzescanio; novela de aventuras guerreras y sentimentales, inspirada en los libros de Amadís y Palmerín, que se atribuye a la dama vallisoletana Beatriz Bernal. De otro lado, el envío para el conquistador Narváez comprendía cuatro ejemplares (en edición de ínfimo precio) de la tragicomedia de Calisto y Melibea, la archifamosa *Celestina* del bachiller Fernando de Rojas, la misma que aparece en numerosas bibliotecas particulares de la época colonial. Una vez más, pues, se constata que los perfiles intelectuales que procuraba imponer el Estado castellano no gozaron de efectiva vigencia en sus dominios de ultramar y que los colonizadores hispanoamericanos, sin ser dechados de profunda erudición, eran hombres medianamente cultos, abiertos a diversas vías de enfoque de la cambiante realidad que les tocó vivir.

13) Los libros del tesorero: Alonso Riquelme (1548)

En virtualmente todos los relatos dedicados a narrar la empresa conquistadora de Pizarro, es indefectible la figura del tesorero Alonso Riquelme, un ladino andaluz que tuvo a su cargo el manejo de la hacienda pública durante las décadas iniciales del coloniaje. Debido a su importante posición dentro del esquema burocrático, y gracias a su administración no siempre límpida del dinero fiscal, Riquelme logró ocupar una ventajosa situación en el orden social heredado de la conquista. Obeso, gotoso y falto de vista, el funcionario murió en Lima en mayo de 1548; al hacerse un examen de sus cuentas, se verificó que había defraudado en más de 80 mil pesos a las arcas de Carlos V.

Conforme sabemos, los inventarios de bienes que se practicaban tras la muerte de los sujetos representan una clase de testimonio histórico de fundamental importancia para reconstruir el ambiente vital de los personajes antiguos. En el caso del tesorero Riquelme, hay constancia de que poseía en su hogar limeño una pequeña biblioteca de quince volúmenes (según noticias que debo a la gentileza del profesor José Antonio del Busto Duthurburu)[2]. Se trata, ciertamente, de las lecturas que empleaba el viejo funcionario y conquistador en sus ratos de ocio, con el fin de entretener su intelecto, prepararse para las tareas administrativas y sustentar una cristiana vinculación con Dios.

Se aprecia en nuestro sujeto interés por las narraciones históricas. En su cuarto de estudio había un viejo libro de Justino, historiógrafo conocido en la época renacentista por su compendio de las historias filípicas del clásico Trogo Pompeyo, que tratan sobre la evolución de Macedonia. También contaba con la entonces reciente *Crónica general de España* (Zamora, 1544), que escribió el canónigo zamorano Florián de Ocampo, sirviendo el puesto de cronista oficial. Existía asimismo una obra impresa del humanista siciliano Lucio Marineo, quien ejerció muchos años la docencia universitaria en Salamanca, y es probable que se trate de su libro *De rebus Hispaniae memorabilibus* (Alcalá de Henares, 1530).

Otro género literario que agradaba a Riquelme eran las compilaciones de textos moralizantes. Así, cabe destacar la presencia de las epístolas de San Jerónimo, doctor de la Iglesia y notable estudioso de idiomas antiguos, las cuales representan un testimonio de primera mano sobre las condiciones de la vida religiosa en la etapa siguiente a la oficialización del cristianismo en el Asia menor. Igualmente forman parte de esta biblioteca los famosos *Proverbios de gloriosa doctrina y fructuosa enseñanza* del Marqués de Santillana, donde se reúne un centenar de coplas de estilo apretado, a veces oscuro, sobre las principales virtudes humanas y las circunstancias de la muerte. Contemporáneos al burócrata andaluz son los dos volúmenes de las populares *Epístolas familiares* (Valladolid, 1539), compuestas por fray Antonio de Guevara, obispo de

---

[2] AGI, Justicia, leg. 425, n° 4.

Mondoñedo; estas cartas, dirigidas a personajes ilustres de la época, le sirven al monje franciscano para vaciar su pintoresca erudición y brindar consejos morales.

Dentro de un grupo de libros misceláneos podemos incluir al Fuero Real, que en 1255 promulgó Alfonso X el Sabio, con la intención de unificar la estructura jurídica en sus dominios de Castilla y León. No permanece ausente de esta colección bibliográfica el príncipe de los humanistas, Erasmo: la lista que analizamos registra su *Lingua* (Basilea, 1525), uno de los trabajos filológicos del erudito de Rotterdam. Además, figura "un libro de romance de filosofía", que evidentemente resulta imposible de precisar con certidumbre.

La dedicación al culto divino era natural, y obligatoria, en todo vasallo del católico rey de España. Tenemos certeza de que en la morada del tesorero había un texto del doctor Constantino Ponce de la Fuente, el célebre predicador sevillano, que tal vez fuese su difundida *Suma de doctrina cristiana* (Sevilla, 1543); ésta era una interpretación del Evangelio que exaltaba las virtudes del mensaje cristiano como reformador de las malas costumbres tomadas del Medievo. Al lado, tenían cabida varios impresos de carácter litúrgico: un par de horas en latín, el oficio de la Virgen, una colección de epístolas y evangelios.

Aunque sea un exiguo conjunto de lecturas, sorprende realmente la gran variedad en el contenido de los libros que poseía Alonso Riquelme, los cuales se hallaban destinados a brindarle a su dueño una diversidad de conocimientos y orientaciones espirituales. Interesa agregar que en la almoneda de los bienes que dejó el funcionario andaluz se sacó a remate la mayor parte de aquellos volúmenes; la escritura correspondiente manifiesta que "diez libros de historias", valorizados en 18 pesos, fueron adquiridos entonces por el regidor Francisco de Ampuero, un soldado riojano que estaba ligado en matrimonio con una hija de Huayna Cápac. De tal modo tenía lugar — precariamente, pero animada por una vigorosa curiosidad — la circulación de elementos intelectuales en la fase más temprana del asentamiento hispánico en el Perú.

14) Los libros del oidor: Lisón de Tejada (1549)

La formación e irradiación del Derecho común significa uno de los fenómenos culturales más trascendentes que se dieron en el mundo cristiano durante la baja Edad Media y el Renacimiento. Construida sobre los textos fundamentales de "ambos derechos", el canónico y el civil o romano, esta doctrina se fue desarrollando progresivamente gracias al empeño de los compiladores, glosadores, comentaristas y tratadistas de materias legales, quienes brindaron su magisterio en las facultades de Cánones y Leyes de los principales centros universitarios del Viejo Mundo. El propósito que los animaba era sentar unas normas generales para la estructura jurídica de las naciones cristianas, que deberían facilitar la interrelación política, económica y social de sus respectivos habitantes.

Hallándose en boga el Derecho común en los dominios castellanos, fue ésta misma la doctrina que trasplantaron a América los hombres de leyes enviados a formar las primeras instituciones de gobierno colonial. Uno de esos personajes fue el doctor Lisón de Tejada, magistrado que integró la plantilla fundacional de la Audiencia de Lima, provista en 1543. Sin embargo, le tocó experimentar en el Perú la rebelión de los encomenderos impulsada por Gonzalo Pizarro y fue inclusive escogido por el caudillo rebelde para que hiciera gestiones a su favor en la corte. El oidor tuvo la desgracia de perecer mientras efectuaba la travesía de retorno a su patria, en abril de 1545, siendo sus restos echados al océano junto a la isla de Bermuda.

En otro lugar (Hampe Martínez 1984) he tratado con detenimiento sobre la intervención de Tejada en el levantamiento pizarrista. Ahora quisiera ocuparme especialmente de la colección de libros que dejó este partidario del Derecho común en su morada limeña, conforme se detalla en una memoria elaborada en 1549 por orden del presidente la Gasca. Dicha biblioteca — compuesta de 22 volúmenes — se halló en casa del rico encomendero y comerciante Cristóbal de Burgos, el cual sirvió de anfitrión en la ciudad de los Reyes al infortunado jurista[3].

Preside el conjunto una decena de tomos perteneciente al maestro italiano Baldo de Ubaldi (fallecido hacia 1400), discípulo del célebre Bártolo y uno de los más notables exponentes de la escuela de los comentaristas desarrollada en Bolonia. Este jurisconsulto dictó cátedra en Perusa, Pavía y en la propia universidad boloñesa; examinó un sinfín de materias tocantes a "ambos derechos" y redactó una larga serie de tratados que adquirieron gran difusión luego de su muerte merced a la imprenta. Nuestro elenco bibliográfico contiene las cuatro partes o volúmenes de su lectura sobre el Código, es decir la recopilación de leyes emanadas de los antiguos gobernantes romanos, así como sus comentarios al libro de derecho feudal de Lombardía. También figura la extensa compilación de sus *consilia* o dictámenes sobre litigios diversos.

---

[3]BPR, ms. 1960, n° 12.

En cuanto al sistema legislativo eclesiástico hallamos la lectura de Baldo sobre las Decretales, conjunto documental reunido en la segunda mitad del siglo XIII por San Raimundo de Peñafort. A esta misma época corresponde el divulgado *Speculum judiciale*, un catálogo de instrucciones relativas al procedimiento forense, que se ubica en numerosas bibliotecas particulares de la América española. Su autor es el canonista francés Guillermo Durante, obispo de Mende, que vivió muy ligado a la administración de la Curia romana.

Además, el doctor Tejada poseía un ejemplar del comentario a las Instituciones justinianeas hecho por el caballero Jean Fabre de Roussines, a principios del siglo XIV; como se sabe, la Instituta (o Instituciones) era un compendio de la estructura normativa del Imperio romano. Por su parte, el catedrático Bartolomeo Saliceto, otro distinguido miembro de la generación de los comentaristas de Bolonia (muerto en 1412), aporta dos títulos fundamentales: su interpretación del Código, dividida en las cuatro partes habituales, y sus apreciaciones sobre el Digesto Viejo o selección de extractos de los mejores jurisconsultos clásicos. Y es interesante señalar la presencia del toscano Angelo dei Gambilioni, conocido sobre todo por su tratado de los "maleficios" — esto es, de los fraudes o perjuicios en general —, que igualmente llamaba la atención del personaje que nos ocupa.

Una colección de sentencias o *decisiones* emitidas en el tribunal de la Sacra Rota debía ofrecer pautas con miras a la tarea de resolver pleitos en la sociedad virreinal. Por lo demás, esos textos antedichos se complementaban con un par de manuales auxiliares. Mencionaremos un *Vocabularium utriusque juris*, cuyo autor no se especifica, aunque es dable suponer que se trata del léxico de Derecho común preparado por el maestro Nebrija, ilustre confaloniero del Renacimiento temprano español. Adicionalmente, se hallan unas *Decisiones de regulis juris*, especie de prontuario destinado a recoger las opiniones más importantes sobre la práctica judicial.

Tales son las publicaciones que el oidor Lisón de Tejada tenía a la mano en su residencia limeña, seguramente porque las consideraba indispensables para cumplir un buen desempeño en la Audiencia. Pero hay certeza de que el magistrado contaba por añadidura con otros materiales bibliográficos: fueron quince libros (contando manuscritos e impresos) los que llevaba consigo al realizar su funesta travesía de retorno a España, y es sabido que antes de dejar la capital peruana vendió parte de sus libros a nadie menos que el licenciado Vásquez de Cepeda, quien ha sido calificado como la "eminencia gris" del movimiento pizarrista. A pesar de que el contenido de dichas obras suplementarias nos permanece desconocido, los títulos de la biblioteca que hemos analizado demuestran claramente la intención que hubo de aplicar los principios del Derecho común en el Perú quinientista.

15) Un erasmista perulero:
Toribio Galíndez de la Riba (1554)

Entre los soldados ibéricos pertenecientes a la primera generación de colonizadores del Nuevo Mundo, eran verdaderamente escasos los hombres que habían recibido formación académica o poseían un bagaje intelectual considerable. Más tarde, sin embargo, al establecerse con firmeza el dominio de Castilla sobre las tierras americanas, creció el número de sujetos imbuidos de cultura humanística que se trasladaron a Indias. Un oscuro funcionario que responde a estas últimas características es Toribio Galíndez de la Riba, quien llegó al Perú formando parte de la expedición organizada por el pacificador Gasca, que aniquiló las rebeldes aspiraciones de los pizarristas. Dicho personaje — encargado de desempeñar tareas contables y escribaniles — se hace atractivo por sus virtudes de sincero oponente de la injusticia, de amigo del buen gobierno, de curioso examinador de la nueva realidad geográfico-social, y consta que uno de sus autores predilectos era Erasmo, el célebre humanista de Rotterdam.

La sugerente trayectoria vital desarrollada por Galíndez de la Riba, montañés oriundo de Puente Agüero (Santander), marca el tránsito de un apego cerrado a la causa monárquica hacia una actitud de franca rebeldía contra el gobierno colonial. En 1546, sin haber contraído matrimonio, decidió embarcarse con rumbo a Panamá; aquí ejerció las funciones de alguacil mayor y tuvo oportunidad de entablar relación con el licenciado Pedro de la Gasca, clérigo sagaz, que lo llamó para que brindara servicios en su misión pacificadora. Así fue que nuestro individuo se ocupó en el abastecimiento de los soldados, cabalgaduras y navíos que defendían la bandera del rey y, posteriormente, laboró como averiguador del manejo de las cuentas fiscales en Lima y Cuzco. Galíndez quedó bastante descontento tras efectuarse la distribución de los premios, ya que por su contribución a la derrota del movimiento pizarrista no recibió más que una pensión de 800 pesos, situada en tributos de repartimientos indígenas, junto con el título de escribano público de la ciudad de los Reyes.

Al estallar el levantamiento del vecino cuzqueño Hernández Girón, el funcionario determinó plegarse a la causa que promovían los encomenderos contra los magistrados de la Audiencia. Entre otras medidas, los alzados reclamaban la autorización del servicio personal de los indios, del trabajo forzado en las minas y de la utilización de nativos como vehículos de carga. Galíndez de la Riba tuvo la desgracia de que su complot fuera descubierto en Lima, cuando se alistaba para unirse con las tropas rebeldes. Y el 30 de junio de 1554, al cabo de un sumario proceso, se ejecutó la sentencia que lo condenaba a ser arrastrado, ahorcado y descuartizado públicamente, con pérdida de todos sus bienes, por haber traicionado a la Corona.

Dentro de la lista de objetos confiscados al escribano limeño, nos interesa especialmente su pequeña colección de ocho libros, que evidencian la apertura ideológica del personaje y su vinculación con la corriente espiritual impulsada por Erasmo[4].

Corresponde el primer lugar en el elenco bibliográfico al "ynquiridion del cauallero xpiano", según la descripción que hace el manuscrito original. Trátase, por supuesto, del manual erasmiano *Enchiridion militis christiani*, que es un compendio de reglas para la práctica del cristianismo, de acuerdo con la tendencia innovadora que preconizaba el moralista de Rotterdam. Esta suerte de breviario ponía el acento sobre la oración mental y el recogimiento de la vida interior, llamando a los fieles a emprender una comunicación directa de su alma con Dios, con no poco desdén hacia las ceremonias externas. La afección de Galíndez al pensamiento erasmista se ve ratificada, además, por la presencia en su biblioteca de un "libro pequeño de obras de Erasmo", que nos resulta difícil de identificar con certidumbre.

La curiosidad por conocer las nuevas realidades geográficas y sociales que se abrían ante los ojos europeos en el Renacimiento es otra de las características típicas del humanismo, que también aparece reflejada en el caso que enfocamos. El montañés tenía en su poder un ejemplar de la *Suma de geografía* compuesta por Martín Fernández de Enciso, un explorador que había participado en diferentes jornadas colonizadoras de la zona del Caribe. Tal orientación de naturaleza investigadora, situada en la esfera laica, se manifiesta asimismo a través de la inclusión de un repertorio de pragmáticas reales dentro del conjunto de bienes. Debido al apego que profesaban los españoles quinientistas hacia el ejercicio de la jurisprudencia y el imperio de la ley, no ha de extrañar que un funcionario enrolado en la burocracia indiana estuviera preocupado por conocer la legislación vigente en los reinos de Castilla, a fin de hallar amparo y fundamentación para su conducta.

De otro lado, la lista comprende algunos textos de estudio teológico y divulgación del cristianismo. A partir de la mención de "los quatro libros del Cartujano", debemos entender que se alude al flamenco Dionisio de Rickel, monje cartujo del siglo XV, y a su obra titulada *Liber utilissimus de quatuor hominis novissimis*. En este tratado el venerable Dionisio, conocido por el sobrenombre de "Doctor extático" en mérito a sus virtudes de orador y penitente, examina la significación del tránsito vital, analizando las cuatro postrimerías que enfrenta todo cristiano al final de su existencia: muerte, juicio, infierno y gloria. Una materia que incitaba, desde luego, a encaminar por la senda de la rectitud, de la devoción religiosa, lejos de los vicios y pecados.

En lo que respecta a volúmenes consagrados a la divulgación de los preceptos de Cristo, el inventario contiene dos referencias bastante inciertas: se designa una "cartilla de niños" y una "doctrina pequeña de Costino (?) para niños". No representa tarea fácil el identificar ninguno de los textos anotados, mas la afiliación de Galíndez de la Riba a la corriente reformadora erasmista

---

[4] AGI, Justicia, leg. 471, fol. 1043.

nos permite sugerir que se trata de libros relacionados con un autor que estaba vinculado a dicha tendencia; un predicador bastante conocido en aquel tiempo, poco antes todavía de que sucumbiera bajo el yugo censurador del Santo Oficio. Pensamos en el doctor Constantino Ponce de la Fuente, canónigo sevillano, capellán de Carlos V, que progresivamente se dejó seducir por la novedad de las ideas luteranas. De manera particular, cabe mencionar aquí su *Suma de doctrina cristiana*, editada en 1543. ¿Acaso sea la misma que tenía nuestro protagonista?

Cierra la relación bibliográfica "un libro de romances", harto complicado de precisar, pero que significa un elemento típico de la literatura castellana del Siglo de Oro. Conforme sabemos bien, el romance es un género poético eminentemente popular derivado de los cantares de gesta medievales, que presenta por lo común una forma épica, con relatos de lances guerreros o amorosos. Junto con los textos de índole moral, devota, científica, pues, también había lugar en la biblioteca del escribano rebelde para este tipo de literatura sencilla, ligera, aceptada en los más diversos ambientes sociales de la Península Ibérica.

En síntesis, hay que considerar a Toribio Galíndez de la Riba, burócrata de rango subalterno perteneciente a la segunda generación de colonizadores del Nuevo Mundo, como un simpatizante del humanismo cristiano fomentado por Erasmo, que cree en la factibilidad de instaurar conceptos ideales de moral y justicia dentro de la comunidad hispanoamericana. Viéndose incapaz de obtener un reconocimiento decoroso por sus servicios a la monarquía, cambia de bandera política y se pliega a los intereses de los encomenderos, lo cual finalmente determina su ejecución como traidor a la Corona. De todas formas, el tino de sus proposiciones administrativas y la variedad de sus aficiones intelectuales demuestran claramente la singular apertura ideológica de este personaje quinientista.

16) Los libros del inquisidor: Serván de Cerezuela (1583)

El primero de los "inquisidores apostólicos contra la herética pravedad y apostasía" que hubo en el Perú fue el licenciado Serván de Cerezuela, clérigo oriundo de Oropesa, que viajó a las Indias en acompañamiento del virrey don Francisco de Toledo, en 1569. Permaneció al frente del tribunal del Santo Oficio de Lima durante más de doce años, tiempo en el que se llevaron a cabo los primeros tres autos de fe, pereciendo en la hoguera diversas personas acusadas de herejía. La tarea de los ministros de la Inquisición consistía en reprimir toda desviación de la ortodoxia católica y en vigilar la imposición de un riguroso modelo ético, especialmente entre la población peninsular y criolla, ya que la masa indígena quedó al margen de su jurisdicción.

Desgastado por el largo ejercicio profesional, y habiendo renunciado inclusive a la diócesis de Charcas, el licenciado Cerezuela emprendió el viaje de regreso a su patria. Sin embargo, tuvo la mala suerte de caer enfermo de calenturas mientras cruzaba el mar de las Antillas, y falleció a bordo de la nave *Santa Catalina* el 24 de octubre de 1582, siendo enterrado en la catedral de Cartagena. Para fortuna de los historiadores subsiste todavía, en el Archivo General de Indias, el inventario de los bienes que el inquisidor llevaba consigo en esa embarcación, por donde podemos conocer el sustento material y el bagaje intelectual que poseía tan relevante personaje[5].

Queremos destacar aquí la biblioteca de 105 volúmenes, repartidos en cinco cajones, que el primer inquisidor de Lima tenía en su poder. ¿Qué clase de temas, autores y orientaciones se aprecian en la colección bibliográfica de Cerezuela?

En primer lugar figuran — como era de esperar en un funcionario del Santo Oficio — varios tratados sobre materias heréticas y dogma católico. Allí están la *Theoria et praxis haereseos* y las *Institutiones catholicae* que escribiera Diego de Simancas, prelado español del Renacimiento, maestro de Carlos V. También hay alguno de los estudios sobre heréticos de fray Alfonso de Castro, franciscano natural de Zamora, junto con el libro *De agnoscendis assertionibus catholicis et haereticis* del teólogo Arnaldo Albertino y un tratado de semejantes materias debido a la pluma del jurisconsulto boloñés Calderini. Cabe incluir dentro de este grupo a una de las obras (que nuestro documento no precisa) del doctor Díaz de Lugo, canonista formado en la escuela de Salamanca que llegó a ser consejero real y obispo de Calahorra.

Existe toda una serie de documentos eclesiásticos e inquisitoriales pertenecientes a la línea de la Contrarreforma. Se menciona una recopilación de constituciones, letras y decretos de San Pío V, dos volúmenes de apología del concilio de Trento, uno de cánones de la arquidiócesis de Colonia y otro de decretos de la iglesia de Cartagena, un directorio para inquisidores, etc. El

---

[5]AGI, Contratación, leg. 222, n° 2, ramo 1.

manuscrito registra un libro titulado "depurgatorio contra Lutero", que seguramente era un manifiesto de ataque a la doctrina protestante. Y además, el
inquisidor Cerezuela poseía un breviario, un ceremonial, un manual acerca de
los sacramentos, una exégesis de la Sagrada Escritura...

Siendo la jurisprudencia en ese tiempo la disciplina científica por excelencia,
que permitía examinar el conjunto de problemas administrativos y sociales, no
debe sorprender la presencia de buena cantidad de volúmenes de esta rama.
Aparecen los textos legislativos fundamentales de Derecho canónico y civil: las
Decretales, el Digesto, el Código, la Instituta. A ello se suman obras jurídicas
de variada especie, como una colección de pragmáticas reales, un compendio
de *decisiones* (sentencias) del Consejo de Nápoles y un tratado sobre la usura,
que no resulta fácil identificar.

No faltan, desde luego, los voluminosos comentarios de jurisconsultos
italianos de la baja Edad Media en torno a los textos fundamentales de "ambos
derechos". Ubicamos siete tomos de Nicolás de Tudeschi, mejor conocido como
el Abad Panormitano, con sus comentarios a las Decretales y las Clementinas;
a su lado figuran varios libros de Juan de Andrea (glosador de la Instituta), del
celebérrimo Bártolo, de Baldo de Ubaldi y del más moderno Jasón de Maino,
autor de unas extensas anotaciones al *corpus juris civilis*. De modo complementario, nuestro personaje contaba con sendos manuales de la práctica forense
editados en el siglo XVI por Maranta y por el protonotario apostólico Alciati,
jurista de la escuela de Bolonia.

Por otra parte debemos mencionar al religioso benedictino León Marsicano,
cardenal y obispo de Ostia, quien aporta a este conjunto bibliográfico su
historia de la abadía de Monte Casino, escrita en la duodécima centuria. La
antigüedad clásica — vale decir, el espíritu renacentista del licenciado Cerezuela — se manifiesta a través de un libro de Cicerón y de cinco tomos de
Platón, según la escuetísima anotación del inventario de bienes.

Extraña de algún modo la presencia de dos filósofos quinientistas de pensamiento avanzado, que rompen con los esquemas tradicionales de su época. El
inquisidor tenía en su biblioteca alguna de las muchas obras de Juan Luis
Vives, el humanista valenciano que pasó la mayor parte de su vida fuera de su
patria, dedicado a fomentar la reforma de la enseñanza y de las costumbres: su
ideal empírico-racionalista no cuaja aparentemente en un clérigo vinculado a la
Inquisición. Y lo mismo puede señalarse respecto al neoplatónico Giordano
Bruno (quien figura un par de veces en la lista analizada), sacerdote que dejó
la congregación dominica y se lanzó a criticar al catolicismo tradicional en
Italia, hasta que terminó consumido en la hoguera del Santo Oficio...

Hemos de concluir, por tanto, que la saludable apertura ideológica de
Cerezuela le permitía sintonizar con ciertas maneras de pensar novedosas e
inclusive sospechosas de herejía, aunque ello no impidió que como ministro de
la Inquisición cumpliera rectamente en el Perú su oficio de censor moral y
religioso.

17) Los libros del fiscal: Tomás de Solarana (1606)

Entre la serie de fiscales que hubo en el Tribunal de la Inquisición de Lima, corresponde el tercer lugar en antigüedad al licenciado Tomás de Solarana, clérigo presbítero, natural de Covarrubias (Burgos). En 1596 llegó a la capital peruana para desempeñar funciones en el Santo Oficio, y permaneció sirviendo dicho cargo hasta su muerte, ocurrida el sábado 1° de abril de 1606. No eran fáciles las tareas que debía cumplir en el órgano inquisitorial, pues le tocaba defender la moral pública — definida según estrictas leyes — en todos los juicios relativos a declaraciones contra la fe católica, rituales heterodoxos, prácticas supersticiosas y costumbres reñidas con los mandamientos de la Iglesia.

Tras la muerte de Solarana se llevó a cabo el consabido inventario de bienes, acto del cual subsiste testimonio escrito. El documento (cuya copia hemos consultado en el Archivo General de Indias) permite examinar la biblioteca privada del clérigo, compuesta de 91 títulos, que se halló en el estudio de su morada limeña[6]. Anota el manuscrito que "algunos de estos libros están maltratados aunque son pocos", y especifica que siete de aquellos volúmenes habían sido prestados al doctor Miguel de Salinas, provisor del Arzobispado de Lima, que era una de las personas más allegadas al difunto.

La colección bibliográfica del fiscal es interesante porque añade datos para completar nuestro análisis en torno a la difusión de libros e ideas en el Perú colonial. Entre las publicaciones registradas en el inventario de 1606 cabe distinguir seis grupos: 1) obras inquisitoriales, 2) estudios teológicos y materiales litúrgicos, 3) normas fundamentales del Derecho, 4) tratados de jurisconsultos, 5) clásicos de la antigüedad, 6) textos humanísticos y de otras materias. Los párrafos siguientes detallarán los títulos más significativos de cada uno de estos grupos.

Varias obras relacionadas con la misión fiscalizadora del Santo Oficio encabezan, por así decirlo, la lista que nos ocupa. Hallamos a teólogos ibéricos como el franciscano Alfonso de Castro, con su *De justa haereticorum punitione*, y el clérigo Diego de Simancas, maestro de Carlos V, quien aporta su tratado sobre las instituciones católicas; también figura algún libro tocante a materias heréticas del jurisconsulto y político boloñés Hugolino, así como el curioso *Malleus maleficarum* ("martillo de las brujas") que redactara Jacobo Sprengel como fruto de sus expediciones represivas contra los focos de brujería en Alemania, a finales del siglo XV. De modo complementario, aparecen los cánones y decretos del Concilio de Trento, que marcan las pautas del espíritu contrarreformista, y un par de manuales para uso corriente de los inquisidores.

Estudios teológicos vinculados a la corriente tomista y al ascetismo del Siglo de Oro integran, asimismo, dicha colección. Están las clásicas "sumas" de

---

[6]AGI, Contratación, leg. 279 (A), n° 3.

Silvestre de Prierio y el cardenal Tomás de Vio, dominicos ambos, que son de los autores que más se leyeron en Hispanoamérica durante la época colonial. El doctor navarro Azpilcueta ofrece su manual para confesores y penitentes; fray Melchor Cano, catedrático salmantino, brinda el *De locis theologicis* o exposición de los fundamentos de la doctrina católica; el franciscano Antonio de Córdoba contribuye con su tratado de los casos de conciencia. Aparte hay un ejemplar de la Biblia y un martirologio, al lado de textos litúrgicos como el misal, breviario, diurno, manual, etc.

Conforme se infiere de los títulos de su biblioteca, el licenciado Solarana poseía una buena formación en jurisprudencia. Contaba con las normas básicas de "ambos derechos": dentro del ramo canónico, ubicamos al Decreto de Graciano y a las Decretales, y dentro del ramo civil, se comprueba que tenía el *corpus* completo formado por las Pandectas, el Infortiatum, el Digesto nuevo, el Código y el misceláneo Volumen. De otro lado, en cuanto a disposiciones legales de origen español, contaba con una compilación de leyes y pragmáticas, con el Fuero Real y con la Nueva Recopilación, promulgada oficialmente en 1567 por Felipe II, que era un instrumento de consulta obligatoria para todos cuantos intervenían en la administración de justicia; a ello cabe agregar, por cierto, los cuatro tomos de comentarios a las Partidas hechos por el licenciado Gregorio López, sobrenombrado "el Acursio español".

Los avances en la escuela del Derecho común hicieron que las viejas obras de los glosadores y comentaristas, pertenecientes a la Edad Media, se complementaran en los siglos posteriores con monografías acerca de cuestiones jurídicas diversas. Por ejemplo, citemos — siguiendo el hilo del documento analizado — a la *Summa nobilitatis* (sobre nobleza y exenciones tributarias) de Otálora, los comentarios a la política de corregidores de Avendaño, las reglas judiciales de Díaz de Lugo, las resoluciones varias de Antonio Gómez, las obras del eminente prelado Covarrubias y Leiva. Otros tratados de jurisconsultos europeos que gozaban del aprecio de nuestro personaje eran el *De ordine judiciorum* de Maranta, el de bienes maternos de Pinhel, el de maleficios de Gambilioni, las cautelas de Cepolla, la práctica de Alciati y el famoso *Speculum* o repertorio de consejos sobre procedimiento forense del francés Guillermo Durand.

A su vez, la cultura de Grecia clásica está representada por Platón (probablemente en la traducción del humanista Marsilio Ficino) y por las sentencias de Demóstenes, el inmortal orador de las *Filípicas*. El influjo de las letras romanas se percibe a través de los comentarios guerreros de Julio César, los poemas de Horacio, las comedias de Terencio y alguna de las narraciones históricas de Cornelio Tácito, que también forman parte de ese centenar de volúmenes.

Puede decirse que el elenco bibliográfico termina con un sugestivo conjunto de materias humanísticas y prácticas, tales como unos "avisos de sanidad" (difíciles de identificar) y el célebre tratado medicinal del griego Dioscórides; en compañía de la gramática latina de Nebrija y del *Dictionarium* o enciclopedia multilingüe de Calepino — que igualmente se hallaban en poder del fiscal de la Inquisición —, dicho tratado médico fue uno de los libros más divulgados en el virreinato peruano, según lo comprueban repetidas evidencias documentales. Además nuestro inventario registra la crónica del "ínclito emperador de España D. Alfonso VII" escrita por el benedictino Sandoval, historiógrafo cortesano. Y, finalmente, aparece una "gramática de los yndios del Pirú" (referida al quechua), que ha de ser la meritoria obra de fray Domingo de Santo Tomás, inteligente y aún poco estudiado misionero dominico, quien menos de treinta años después de la conquista del Tahuantinsuyo dio a publicidad su *Gramática de la lengua general de los indios del Perú* (1560).

18) Los libros del rector: Cipriano de Medina (1635)

En esta ocasión vamos a ocuparnos de la biblioteca que poseía el doctor Cipriano de Medina, hombre de leyes de origen sevillano, cuya biografía han tratado historiadores como Eguiguren y Tauro. Luego de obtener el doctorado en ambos Derechos, vino a establecerse en 1584 en Lima; aquí se desempeñó como abogado de los pobres en la Audiencia, como abogado de los reos de la Inquisición y como asesor legal del Cabildo. Fue designado vicerrector del Colegio Real en 1592, cuando dicha institución empezaba sus actividades, y mereció el nombramiento de catedrático de Derecho canónico de la Universidad de San Marcos, aunque prefirió renunciar al puesto por no haberse llamado a concurso. Posteriormente, en 1605 y 1617, fue elegido para ejercer (cada vez por un año) el rectorado de la Universidad limeña, habiendo destacado su administración por el vigor con que gestionó la cobranza de las rentas asignadas para sueldos de los catedráticos. A los 75 años de edad, falleció en Lima en enero de 1635.

Como era de rigor, se practicó un inventario de bienes tras la muerte del personaje. Así podemos enterarnos de que tenía en su casa una biblioteca de 732 volúmenes impresos, cifra que la sitúa entre las mayores colecciones librescas del virreinato en su tiempo[7]. Se aprecia que es el instrumento de consulta y estudio de un profesional muy cuidadoso de su formación, ya que predominan largamente las obras de legislación y jurisprudencia.

La lista se abre con los textos fundamentales de Derecho canónico y civil, que fueron compilados y minuciosamente examinados a lo largo de la Edad Media, dando origen al sistema de "Derecho común". Según usanza habitual, están acompañados de los voluminosos comentarios de maestros italianos, ligados particularmente al foco universitario de Bolonia. Ubicamos diez tomos de Bártolo de Sassoferrato, el jefe de la escuela de los comentaristas (cuyas obras o "bártulos" — en el sentido original de la palabra — eran manejados por todos los estudiantes); a su lado figuran los estudios jurídicos de Nicolás de Tudeschi, el abad panormitano, Baldo de Ubaldi, Paulo de Castro y Jasón de Maino, entre muchos otros.

El doctor Medina poseía numerosas piezas — disposiciones legales y comentarios — del Derecho castellano, hecho que se explica bien debido a la vigencia que gozaban tales normas en las colonias de América: en todo asunto que no fuera directamente contemplado por la legislación indiana, valía lo preceptuado en Castilla. En los anaqueles de su biblioteca estaba la Nueva Recopilación de Felipe II, junto con extensos tratados de jurisconsultos como Diego de Covarrubias, el "Bártolo español", Juan Gutiérrez, Alfonso de Acevedo, el licenciado Gregorio López y el doctor navarro Martín de Azpilcueta. Las leyes de Toro (1505) son uno de los cuerpos legislativos que originaron mayor cantidad de estudios, tal como se observa en la propia colección que

---

[7]AGN, Protocolo notarial 818, siglo XVII, fol. 496.

enfocamos, donde existen los comentarios del consejero López de Palacios Rubios, del catedrático salmantino Antonio Gómez, del burgalés Salón de Paz, de Diego del Castillo, Miguel de Cifuentes, Guillén de Cervantes, Tello Fernández y Gómez Arias sobre la materia.

La Edad de Oro de la civilización hispánica, bien visible en los campos literario y político, alcanzó igualmente a la jurisprudencia; son numerosos los autores que, con penetrante lucidez, examinaron temas jurídicos concretos. El rector de la Universidad de San Marcos se ocupó de reunir monografías sobre estos asuntos: tratos y contratos (Tomás de Mercado), oficio fiscal (Alfaro), alcabalas (Lasarte y Molina), gabelas (García Gironda), réditos (Gaspar Rodríguez), beneficios (Nicolás García), aniversarios y capellanías (Pérez de Lara), mayorazgos (Peláez de Mieres), nobleza y exenciones (García de Saavedra), matrimonios (Alonso de la Veracruz), mejoras (Angulo), sucesiones (Rojas), particiones de bienes (Ayerbe de Ayora), ejecuciones (Amador Rodríguez), etc.

Además, hay que anotar la presencia de una larga serie de monografías de jurisconsultos extranjeros, que responden a las tendencias de especialización doctrinal y particularización territorial del "Derecho común" moderno. Señalaremos, por ejemplo, los tratados sobre probaciones, juramentos, inventarios, feudos, usufructos, censos, fideicomisos, nulidades, absoluciones, restituciones, tutorías, patria potestad. Quizá sea más interesante hacer referencia a las *decisiones*, obras que reunían y comentaban la legislación de algún territorio o los dictámenes de algún tribunal en particular, y es así que ubicamos libros tocantes a Piamonte, Nápoles, Sicilia, Borgoña, Burdeos, París, Tolosa, Portugal, Aragón o la Rota romana.

Por otro lado, la biblioteca incluye unos cuantos títulos religiosos y humanísticos que debían de servir para completar el bagaje intelectual del hombre de leyes. Aparece un ejemplar de la Biblia, en "un tomo de letra antigua" (conforme reza el manuscrito), y una de las partes de la *Suma teológica* glosada por el obispo gaetano Tomás de Vio. También hay lugar para la historia del Cid, prototipo del espíritu guerrero de la Reconquista, y para la crónica del benedictino Prudencio de Sandoval sobre el reinado de Alfonso VII de Castilla, gobernante medieval que también guerreó contra los moros. Aparte, encontramos los comentarios políticos del erudito flamenco Justo Lipsio, que ejerció cátedra en Lovaina.

Finalmente, el inventario de 1635 registra los catorce volúmenes manuscritos que conservaba en su poder el finado rector de la Universidad limeña. Se hallan varios tomos con cédulas reales, alegaciones jurídicas e informaciones en Derecho, formados a lo largo de su ejercicio de la abogacía tanto en Sevilla como en la capital peruana. Y también retenía Medina consigo un cuaderno de apuntes de clases tomados mientras era estudiante universitario: se trata del "cuaderno de las lecturas antiguas que oyó el señor doctor" (según lo anota el escribano), fiel testimonio de una vida entera dedicada al estudio y a la defensa de la ley.

19) Los libros del canónigo: Juan Hurtado de Vera (1636)

Hay personajes de la época virreinal cuya biografía es relativamente fácil trazar, gracias a su destacada actuación en la política o las letras, o merced a la preeminencia de su linaje. En cambio, hay otros individuos de quienes apenas es posible conocer unos cuantos rasgos personales: éste es el caso del doctor Juan Hurtado de Vera, canónigo de la iglesia metropolitana de Lima, que murió en 1636. Su figura nos resulta atractiva especialmente por su biblioteca particular, compuesta de 433 títulos y 691 volúmenes, que debió de ser una de las más ricas en el Perú de su tiempo (aunque es sabido que por la misma época un colega suyo, el prebendado Francisco de Avila — famoso "extirpador de idolatrías" de la zona de Huarochirí — era dueño de una colección bibliográfica de más de 2.150 títulos).

Según lo precisa una escritura conservada en el Archivo General de la Nación, fue el capitán Baltazar Becerra a quien le tocó heredar la biblioteca de Hurtado de Vera, junto con un par de esclavos negros, cuatro láminas, cincuenta cuadros y un escritorio que tenía el difunto canónigo[8]. Una parte importante de ese conjunto libresco estaba formada, tal como es fácil suponer, por textos de carácter religioso. El minucioso inventario registra numerosas vidas de santos, estudios morales, tratados místicos, sumas de la corriente tomista y repertorios de normas eclesiásticas.

Sin embargo, lo más nutrido de la biblioteca estaba constituido por obras de jurisprudencia, detalle que se explica porque los hombres del Siglo de Oro consideraban a dicha disciplina como un saber básico para resolver los más diversos asuntos, tanto públicos como privados, eclesiásticos como seculares. Encontramos 28 tomos de una colección de "tratados de varios doctores" (jurisperitos), 11 tomos del catedrático paviano Menochio, 10 tomos del procurador romano Farinacci y 9 tomos del plasentino Juan Gutiérrez, canónigo doctoral de Salamanca; hay también abundantes volúmenes de Bártolo, Baldo y el abate Tudeschi, maestros de la escuela de comentaristas de Bolonia, que sobresalen entre los principales jurisconsultos de la Edad Media. Además, había comentarios a normas legislativas castellanas y una larga serie de prácticas, consejos, decisiones y monografías de temas diversos, dentro de la línea del Derecho común.

El mundo clásico de la Hélade se halla representado por las populares fábulas de Esopo. De la antigua Roma cabe mencionar primeramente al elocuente "padre de la patria" Cicerón, que figura con un libro de sentencias, mientras que Plinio el Viejo brinda su enciclopédica *Historia natural*, fruto de un enorme trabajo de recopilación; Tácito, hombre público de la época imperial, ofrece en sus *Anales* la historia de Roma desde la muerte de Augusto hasta el gobierno de Nerón; el soldado y escritor Flavio Josefo merece doble cabida

---

[8]AGN, Protocolo notarial 871, siglo XVII, fol. 1418.

en virtud de su relato sobre la toma de Jerusalén y de su compilación de *Antigüedades judaicas*. El inventario de la biblioteca hace referencia a alguna obra de Plutarco — quizá sean sus vidas paralelas de griegos y romanos ilustres — y, por añadidura, certifica la existencia de unas "vidas de los emperadores romanos", que tal vez coincidan con las biografías que escribiera el latinista sevillano Pedro Mejía.

Podemos imaginar, conforme lo sugiere el documento de 1636, que unos estantes en la casa del prebendado limeño se reservaban para albergar estudios de historia y genealogía. En ese rincón estaría el tratado de Argote de Molina sobre la nobleza de Andalucía, así como su *Historia del gran Tamerlán*, que narra las hazañas del legendario mongol y rememora el viaje que efectuó hasta su palacio de Samarcanda el embajador González de Clavijo, a principios del siglo XV. Ahí también se ubicaría la crónica del reinado de Alfonso VII de Castilla, escrita por el benedictino Prudencio de Sandoval, junto con los anales de Aragón del cortesano Zurita y la historia del capellán toledano Rades acerca de las órdenes de caballería de Santiago, Calatrava y Alcántara. Un poco más allá estarían las *Ilustraciones genealógicas* en torno a la sucesión de los reyes de España y emperadores de Constantinopla, debidas a la pluma del cronista regio Esteban de Garibay, y llevarían en acompañamiento las notas de Vásquez de Mena sobre el linaje andaluz de los Vera...

Seguramente que no muy lejos se encontrarían los *Sucesos de las islas Filipinas*, relatados por el jurisconsulto Antonio Morga que sirvió de oidor en Manila. Por otra parte, la influencia del Renacimiento italiano se manifiesta a través de las "relaciones universales" de Botero, el famoso oponente de Maquiavelo, y se ratifica dentro del campo literario mediante la reiterativa aparición del insigne Petrarca, quien figura con su *Cancionero de poesías toscanas* y con sus *Triunfos* o colección de tercetos en recuerdo de la vida y muerte de Laura, su amada. Hay que nombrar asimismo a las novelas del ferrarés Giraldi, que fueron vertidas al castellano; y la vena petrarquista se extiende hasta las 300 estancias del *Laberinto de fortuna* de Juan de Mena y las obras del noble capitán-poeta Garcilaso de la Vega, las cuales pertenecen también al registro bibliográfico que analizamos.

Notable es el conjunto de autores hispánicos de la Edad de Oro que tenía a la mano, para su lectura y deleite, el doctor Hurtado de Vera. Poseía *La Araucana* de don Alonso de Ercilla, épica creación inspirada en sus andanzas en la pacificación de los indios de Chile; contaba con un par de títulos de la inmensa bibliografía del "Fénix de los Ingenios", Lope, que eran sus *Rimas sacras* y sus poemas de *La Circe*; tenía uno de los volúmenes con las festivas comedias de Tirso de Molina. Era poseedor de los *Diálogos de apacible entretenimiento* de Gaspar Lucas Hidalgo, obra en gran medida burlesca, satírica, ambientada en las celebraciones de carnaval, y también había un ejemplar del libro de apotegmas (cuentos, anécdotas, chistes) del hidalgo cordobés Juan Rufo. Y debe observarse, además, la presencia del exponente más importante de la literatura portuguesa: *Os Lusiadas* de Camoens, pieza maestra donde convergen la mitología renacentista y un hondo fervor épico y nacional.

El ensanchamiento de los horizontes científicos es un aspecto que caracteriza el advenimiento de la Era Moderna, y así se comprueba en la profusión de estudios cosmográficos que aparecen por dicho tiempo. Dentro de la biblioteca de nuestro personaje, importa distinguir al célebre "tratado de la esfera" compuesto por Sacrobosco, astrónomo de origen inglés. A una época más reciente corresponden el *Repertorio de los tiempos* de Jerónimo de Chaves, maestro sevillano, así como la *Cronografía* del sabio navarro Tornamira; de modo complementario, hay que tener en cuenta la mención de un "tratado del arte de marear" (que estaba manuscrito) y del manual de geometría hecho por el matemático y presbítero Juan Pérez de Moya, quien llegó a ser canónigo de Granada.

En cuanto a la ciencia de Galeno, el inventario registra al clásico tratado medicinal del griego Dioscórides — probablemente en la versión castellana de Laguna — y comprende, dicho sea de paso, un tomo con las obras (médicas, filosóficas, aritméticas) del erudito Avicena. De otro lado, Juan Calvo aporta su *Cirugía universal y particular del cuerpo humano,* en tanto que el médico cortesano Francisco Díaz expone su análisis de "todas las enfermedades de los riñones, vejiga y orina"... Por último, anotaremos que el canónigo del siglo XVII demuestra la intención de ser un pulcro hombre de escritorio: contaba con un diccionario de Calepino, una ortografía castellana de Mateo Alemán, un manual o "estilo" de cartas, una "dirección de secretarios" y, por supuesto, un vocabulario del insustituible Antonio de Nebrija, el autor más consultado en Hispanoamérica durante la época virreinal.

20) Universo intelectual: la biblioteca de Francisco de Avila (1648)

El doctor Francisco de Avila (1573-1647), famoso clérigo cuzqueño y recolector de los mitos indígenas de la provincia de Huarochirí, poseía a mediados del siglo XVII una de las más grandes bibliotecas privadas de Hispanoamérica. El inventario de los bienes que dejó al morir en su casa de Lima — donde era canónigo de la catedral — revela el contenido de su extraordinaria "librería" de 3.108 volúmenes, número en el cual se incluían 45 manuscritos[9]. Las enormes dimensiones de esta colección la hacen comparable sólo a la biblioteca del Seminario Tridentino de Puebla, en México, que fue iniciada en 1646 gracias a la donación de "una librería de...cinco mil cuerpos, poco más o menos", que hiciera el obispo Palafox; aparte esto, no hay referencias de ninguna parte del continente sobre otra colección tan extensa y surtida en aquella época como la formada por Avila.

Nuestra aproximación al ambiente cultural y el tráfico de libros en el virreinato peruano, que hemos esbozado en una serie de contribuciones previas, parece hallar su momento culminante en la personalidad y las ansias de conocimiento del doctor Avila. La variedad de temas, autores y disciplinas científicas que manejaba (o por lo menos tenía a su alcance) el célebre "extirpador de idolatrías" refleja bien las características de la diseminación de textos e ideas que tuvo lugar en las colonias españolas de América. Se trataba, en esencia, de una divulgación cultural orientada al contacto directo con y la proyección inmediata de los modelos europeos, conforme habrá ocasión de mostrar enseguida.

La publicación del inventario completo de la biblioteca de Avila, con las respectivas identificaciones de títulos y autores (trabajo que tenemos listo para entregar a la imprenta), despejará muchos interrogantes y nos ayudará a profundizar cabalmente en el universo intelectual del clérigo cuzqueño. Ahora nos limitamos a realizar un estudio introductorio del documento, comentando los aspectos más saltantes de ese vasto conjunto de materias.

Tanto en la serie de autores citados en el *Tratado de los Evangelios* — la obra máxima de Avila — como en el catálogo de la biblioteca, predominan largamente las materias de carácter religioso. Se aprecia que Juan Eusebio Nieremberg, Roberto Belarmino, Francisco Suárez, Gabriel Vásquez y Alfonso Salmerón, todos ellos sacerdotes jesuitas, eran los autores preferidos de nuestro personaje en los campos de la teología y la patrística. Las corrientes de ascetismo y misticismo, por otra parte, se hallan representadas con la *Introducción al símbolo de la fe* de fray Luis de Granada, el *Libro de la vanidad del mundo* del franciscano Diego de Estella y una recopilación de los escritos de Juan de Avila, el santo "apóstol de Andalucía".

---

[9]AGN, Protocolo notarial 468, siglo XVII, fol. 1027.

En el área del Derecho entran los glosadores y comentaristas medievales del *corpus juris civilis* y los estudiosos de normas legislativas de los reinos de Castilla, así como numerosos autores de manuales, decisiones y consejos sobre cuestiones jurídicas diversas. Hay que mencionar una colección de "tratados de los doctores", en 28 volúmenes de formato mayor, junto con los extensos comentarios al Digesto y al Código por maestros italianos como Bártolo, Baldo, Ugolino y Paulo de Castro; también estaban los consejos del procesalista Scaccia, del criminalista Deciani, del penalista Farinacci y del familiarista Ancarano y los tratados de jurisprudencia indiana de Solórzano Pereira y León Pinelo, entre otros.

Un simple repaso a las obras de filosofía, la disciplina básica en el campo de las artes liberales o humanidades, deja notar el predominio absoluto de la corriente neoescolástica: Aristóteles, Santo Tomás de Aquino, fray Domingo de Soto y sus seguidores. Se observa, además, que Avila tenía muy amplia curiosidad por los temas históricos, ya que abundan en su colección las historias de la España antigua y medieval, los anales de naciones diversas, los relatos de las guerras europeas de la Reforma, las crónicas de la expansión ultramarina y las biografías de emperadores y reyes, todo lo cual parece evidenciar la simpatía del canónigo por la clásica definición ciceroniana de la Historia como "maestra de la vida". Sus autores predilectos dentro de la literatura hispánica del Siglo de Oro eran — conforme a la frecuente mención de sus obras — Mateo Alemán y Lope de Vega.

Rasgo distintivo de esta biblioteca es la profusión de libros de materias científicas y tecnológicas, que aparecen como testimonio de la variedad de intereses espirituales y prácticos que tenía el clérigo cuzqueño. En su cuarto de estudio se alineaban tratados de cirugía, anatomía, farmacología y veterinaria, piezas relacionadas con la técnica de la metalurgia y la fabricación de moneda, manuales de aritmética, mapas y obras de astronomía, cosmografía y navegación. Un conjunto de curiosas publicaciones sobre animales, plantas y alimentos, muchos de ellos recién introducidos en Europa gracias a la colonización de las Indias, completaba esta parte de la colección.

Efectuando una proyección de los datos que poseemos sobre tasaciones de libros en el siglo XVII, se llega a la conclusión de que la biblioteca privada de Francisco de Avila debió valer aproximadamente 18.200 pesos corrientes, una considerable suma para la época. ¿Cómo lograría reunir el personaje tan enorme cantidad? No tenemos respuesta segura a esta cuestión, y tampoco está claro el destino que recibieron los 3.108 volúmenes luego de la muerte y el reparto de propiedades de Avila. Contamos por lo menos con la declaración de su albacea principal, Florián Sarmiento Rendón, quien se hizo cargo de los objetos inventariados "para acudir con algunos de los dichos libros a quien el dicho difunto dejó ordenado a boca, cumpliendo en todo su voluntad"; pero es plausible sugerir que una parte considerable de aquella colección se trasladaría a manos de comerciantes y pasaría a engrosar el mercado de libros de Lima.

No sorprende que sea realmente ínfima la proporción de obras americanistas impresas en el Nuevo Mundo y/o tocantes a este hemisferio dentro de la biblioteca de Avila. El relativo desinterés del canónigo de Lima por las poblaciones indígenas y los asuntos de historia natural y moral en su propio ambiente de origen no hace más que confirmar, en definitiva, una tendencia general bien conocida. Se ha demostrado que la primera mitad del seiscientos fue un período de auge en la exportación de libros españoles a las Indias y que este fenómeno coincidió con la escasa demanda del mercado hispanoamericano por publicaciones de tema local.

21) Los libros del cacique: don Pedro Milachami (1662)

Nuestra pesquisa se ha centrado hasta ahora en las preocupaciones intelectuales de la llamada "república de españoles", o sea la sociedad hispánica colonial. A través de sucesivos hallazgos de registros de embarque e inventarios de bibliotecas particulares, ha sido posible fijar el conjunto de lecturas que interesaban a los elementos más conspicuos de la burocracia y el clero: virreyes, oidores, fiscales, tesoreros, inquisidores, obispos, canónigos... Pero aún habían escapado a nuestra atención los personajes de la sociedad indígena, especialmente los caciques o jefes comunales, que también accedieron a la cultura libresca y asimilaron patrones mentales del Occidente europeo. No es desconocido, por cierto, que la mayoría de *curacas* trató de vincularse con los dirigentes españoles apenas luego de su llegada al Tawantinsuyo, que la propia legislación colonial autorizó a los señores nativos a adoptar usos y costumbres de origen hispánico y que, desde comienzos del siglo XVII, se establecieron en el virreinato colegios especiales para la educación de los jóvenes caciques.

Ahora queremos añadir a esa serie de referencias documentales un testimonio de valor excepcional. Es el testamento e inventario de los bienes de don Pedro Milachami, cacique principal de los cañaris en el repartimiento de Urin-Huanca (o Luringuanca), que está fechado en el pueblo de Concepción, a orillas del Mantaro, en diciembre de 1662[10]. Hemos podido consultar una copia de este documento gracias a la amabilidad de Olinda Celestino, antropóloga peruana residente en París. Nuestra compatriota se ha ocupado ya de exponer la significación y las características de dicho testamento (1984), enfatizando la profunda "aculturación" religiosa — influida por la prédica de los misioneros franciscanos — que se percibe en las declaraciones de última voluntad del noble cañari.

Será interesante formular, ante todo, algunas precisiones respecto al origen étnico del personaje y su ambiente vital. Don Pedro Milachami pertenecía al grupo de los cañaris, comunidad originaria de la sierra meridional del Ecuador que disfrutó de una extraordinaria capacidad de movimiento bajo el gobierno de los incas; abundan referencias sobre la instalación de tales pobladores en diferentes lugares del territorio peruano y, por ello mismo, no sorprende encontrarlos (como es el caso) en la parte baja del valle del Mantaro, en el actual departamento de Junín. Muy poderosa debió ser aquí la influencia del curaca don Pedro, pues la documentación revela que era gobernador del repartimiento de Luringuanca y que habitaba una cómoda mansión, con vajilla de plata, grandes lienzos de motivos religiosos y unos cuantos libros. Esta pequeña biblioteca, formada por dieciséis volúmenes, es la que reclama particularmente nuestra atención.

---

[10]ANZ, leg. 3, fol 362.

¿Qué obras atraían la curiosidad intelectual del hispanizado cacique? Primero constatamos, en efecto, su inclinación a la liturgia y los principios morales del catolicismo, orientada conforme a la escuela de los místicos castellanos del Siglo de Oro. En su hogar del pueblo de Concepción, Milachami contaba con un ejemplar de las *Postrimerías del hombre* (1603) del mercedario Pedro de Oña, tratado sobre las cualidades necesarias para la salvación del alma, y también poseía "un librito de oración y meditación", destinado a encaminar correctamente su comunicación con el supremo creador. No cabe duda de que su iniciación en las prácticas ascéticas se debió al contacto con los sacerdotes franciscanos, responsables de las tareas de evangelización en la zona del Mantaro y beneficiarios, por lo demás, de muchos de los legados de nuestro protagonista.

Otra corriente de interés para el cacique era la narración histórica y, especialmente, la historia del Imperio hispánico en su etapa de esplendor. El jefe cañari tenía en casa — según registra el inventario — la *Historia de la vida y hechos del emperador Carlos V* (1604), escrita por el benedictino Prudencio de Sandoval, obispo de Pamplona y cronista oficial de la corte. Junto con ella está mencionada una "historia de Felipe segundo", en torno a la cual no parece osado especular que se trataría del libro de otro historiógrafo cortesano, el famoso y debatido Antonio de Herrera, que dio a la estampa la *Historia general del mundo del tiempo del rey Felipe II* en tres partes (1601-1612). Esta presunción parece confirmada, en el propio documento que analizamos, mediante la rudimentaria inscripción de un volumen adicional de Herrera: "libro sin cubierta ni principio ni fin", de acuerdo con el apunte del parco escribano...

Sin embargo, es evidente que las aficiones literarias del señor indígena se orientaban de preferencia hacia un género más ligero, el de las comedias de Lope de Vega, tan penetrantes en su exploración del carácter español como amplias en su tratamiento de diversos problemas humanos. El célebre "Monstruo de la naturaleza" se halla representado en esta biblioteca por siete volúmenes de sus comedias sueltas y por tres *partes* o colecciones de sus piezas dramáticas (las cuales empezaron a publicarse en 1604); el manuscrito especifica más de una vez que se trata de ejemplares gastados, "ya viejos", detalle que refuerza nuestra convicción de que éstas eran las lecturas predilectas del cacique Milachami y nos induce a pensar, por añadidura, que serían textos que pasaban con frecuencia de mano en mano. ¿Acaso sea correcto suponer que las comedias de Lope, genuino exponente de las viejas tradiciones castellanas, se pusieron en escena y cautivaron también a los pobladores autóctonos del valle del Mantaro durante el coloniaje?

Finalmente, el inventario anota un pequeño "libro de moza de cuentos", que engrosa aquella categoría de obras de creación literaria. El *Manual del librero hispanoamericano*, del documentado Palau y Dulcet (1948-76), no incluye ninguna publicación de título semejante y, en todo caso, sólo nos remite a otra de las comedias lopescas, denominada "La moza de cántaro" (1650). Sea esto como fuere, debe admitirse que lo inmenso de la bibliografía del Fénix español, autor de quizá más de medio millar de composiciones teatrales, nos impide precisar con mayor detalle las piezas que integraban la colección del gobernador de Luringuanca. Lo cierto es que, al igual que cientos de pobladores hispanoamericanos del siglo XVII, don Pedro Milachami se dejó seducir por el gracioso encanto de las escenas, los versos y los personajes de Lope, cuyos textos arribaban en grandes cantidades al Nuevo Mundo.

Dentro de la evolución de las mentalidades en América, el caso particular que estudiamos refleja fielmente la etapa en que las novelas de caballerías — fantásticos relatos que habían animado a la generación de los conquistadores — cedieron su primacía a las obras de hondo contenido moral o científico y, sobre todo, a las cautivantes comedias de Lope de Vega. Refiriéndose a la popularidad que gozaron estas creaciones, Irving A. Leonard (1953: 263) ha escrito:

> Más cortas y baratas que los libros hasta entonces populares, y más llenas de temas cercanos a la realidad y al entendimiento del hombre de la calle, esta literatura dramática no sólo llegó a ser la preferida en España y en las colonias, sino que influyó también poderosamente sobre las costumbres, el lenguaje y el pensamiento de aquella época.

Hay que recordar que otras autoridades en la materia — como Aurelio Miró Quesada, Marcos A. Morínigo o Guillermo Lohmann Villena — han estudiado con detenimiento la presencia de América en el universo dramático de Lope, las relaciones personales del Fénix con el nuevo continente y la representación de sus obras teatrales en el Perú, entre otros aspectos.

Grande y rico es, pues, el conjunto de sugerencias que abre la modesta biblioteca del señor de los cañaris en el valle del Mantaro. Vuelve a poner de manifiesto la notable prontitud y libertad con que circularon en el territorio americano, inclusive entre la población indígena, las corrientes intelectuales imperantes en el Viejo Mundo. Y, al mismo tiempo, despierta muchos interrogantes sobre las modalidades de "aculturación" mental en las comunidades andinas a partir de la Conquista, preguntas que sólo el continuo trabajo de investigación podrá en el futuro responder.

22) Los libros del obispo: Manuel de Mollinedo y Angulo (1673)

El madrileño don Manuel de Mollinedo y Angulo destaca en la lista de prelados que han regido la diócesis del Cuzco por el extraordinario celo con que fomentó la vida cristiana en esa región. Durante su pontificado, de 1673 a 1699, se visitaron continuamente las doctrinas de indios, se edificaron numerosos templos y se fundó la Universidad de San Antonio Abad. La vida de este clérigo, auténtico mecenas del arte cuzqueño, ha sido iluminada en décadas recientes gracias a las contribuciones documentales del profesor Horacio Villanueva Urteaga.

Para conocer más profundamente la personalidad de Mollinedo, puede ser valioso examinar el inventario de su biblioteca particular, que permanece inédito entre los viejos protocolos del Archivo General de la Nación. Según lo mandaba la legislación de la época colonial, todo obispo debía hacer un registro y tasación pública de sus bienes antes de tomar posesión de su diócesis. Y así fue como el 14 de marzo de 1673, en Lima (poco después que don Manuel hubiese llegado a tierra peruana), se practicó la inspección de rigor a la colección bibliográfica que este diocesano traía desde España; verificóse que los libros estaban guardados en diecisiete cajones que contenían en total 696 volúmenes. Los libreros Gerardo Carlier y Bernardo Mosquera, llamados especialmente para el objeto, tasaron el valor global de la biblioteca en 3.991 pesos corrientes[11].

Reviste notable interés identificar cuáles eran las piezas que el personaje había escogido para llevar consigo desde su patria. Trataremos de caracterizar *grosso modo* la biblioteca en los párrafos siguientes a fin de mostrar las principales inquietudes espirituales de Mollinedo, aunque es obvio que un análisis minucioso de todos los títulos — que todavía se aguarda — habrá de arrojar información más completa.

Son abundantes las obras pertenecientes al misticismo castellano del Siglo de Oro, así como los estudios de teología moral sujetos a la doctrina tomista. Cabe mencionar un par de volúmenes de Santa Teresa, el *Audis filia* de San Juan de Avila, los *Nombres de Cristo* de fray Luis de León, varios libros del P. Andrade, un catecismo de fray Luis de Granada, etc. En el inventario figuran muchos teólogos ibéricos de esa misma época, sobre todo jesuitas, como Francisco Suárez (23 tomos), Gabriel Vásquez (9 tomos), Gaspar Hurtado (8 tomos) o el cardenal Juan de Lugo (7 tomos); también debemos citar las aportaciones del siciliano Diana, monje teatino (12 tomos), del dominico valenciano Serra (7 tomos) y del carmelita portugués Silveira (7 tomos), entre las más voluminosas.

---

[11]AGN, Protocolo notarial 1457, siglo XVII, fol. 379.

Hay biografías de santos, mártires y hombres venerables. Aparece el divulgado *Flos sanctorum* de Villegas, junto con varios martirologios y vidas de prelados modernos como San Francisco de Borja, Santo Tomás de Villanueva o don Juan de Palafox. No falta una Biblia complementada con unas "concordancias" de la Sagrada Escritura, ni tampoco material de la liturgia católica: misales, horas, diurnos, breviarios y nada menos que 100 catecismos, destinados seguramente a repartirse entre los curas de la diócesis cuzqueña.

Por otra parte encontramos tratados de Derecho canónico, debidos a la pluma del capuchino portugués Manuel Rodrigues o el jesuita Lessius, profesor de Lovaina, entre otros autores. Se ubican asimismo unas interesantes relaciones de dignatarios clericales — "teatros eclesiásticos" — de Castilla e Indias en compañía de diferentes normas legislativas de la Iglesia. Allí están los cánones del Concilio de Trento, unas sinodales del arzobispado de Toledo, reglas de la congregación de Nuestra Señora de la Almudena, constituciones de la hermandad del Refugio de Madrid...

La jurisprudencia, disciplina insustituible para quienes desempeñaban función pública en aquel tiempo, se halla representada por estudios del lusitano Pedro Barbosa, del ilustre Solórzano Pereira y del doctor Jerónimo Castillo de Bobadilla, quien aporta desde luego su *Política para corregidores y señores de vasallos*, bastante consultada por entonces. Igualmente reciben cabida textos fundamentales de "ambos Derechos" (canónico y civil): las Decretales, las Clementinas, el Código, los Digestos, la Instituta y, con valor suplementario, la clásica *glossa ordinaria* del maestro Accursio.

Parece que la historia, tanto de los sucesos políticos como de los bélicos, llamaba mucho la curiosidad del obispo Mollinedo. Tenía en su poder un relato de antigüedades de Roma, una historia de Carlos V, una historia de la Florida, una historia de las órdenes militares, una crónica de tres reyes de Castilla, una narración de las guerras de Inglaterra, cuatro tomos pequeños de historia de Francia... De forma más precisa, cabe anotar la historia de los Césares del sevillano Pedro Mejía, la crónica de Indias del cortesano Herrera, la *Historia pontifical* de Illescas, la *Monarquía eclesiástica* (o historia universal) de Pineda, la *Historia general de España* del P. Juan de Mariana y dos volúmenes titulados *De Bello Belgico*, compuestos por el jesuita Famiano Estrada, que tratan sobre las guerras de Flandes durante el quinientos.

Además, figuran títulos relativos al mundo clásico grecorromano: Aristóteles, Ovidio, Séneca, Tácito y Plinio el Joven se muestran acompañados de unas "elegancias" del latinista veneciano Pablo Manucio y de varios textos del humanista Justo Lipsio, célebre estudioso flamenco. En cuanto a la literatura castellana de la Edad de Oro, conviene destacar la presencia de sendos ejemplares de *La Celestina* y *Don Quijote*, obras popularísimas que aparecen en más de una biblioteca del período virreinal; también poseía nuestro sujeto un volumen pequeño con las coplas de don Jorge Manrique, un libro de Góngora y cinco tomos del variado y burlesco Quevedo. Todo ello — al lado de ciertas fábulas en romance — guarda relación con la *Arcadia* del napolitano Sannazaro, igualmente comprendida en el registro, ya que esta poesía pastoril ejerció profunda influencia en España.

El último género distinguible es el lexicográfico, que supone al *Dictionarium* multilingüe de Ambrosio Calepino y un vocabulario del indefectible Nebrija. Por añadidura, mencionaremos el curioso *Arte de escribir* del calígrafo Pedro Díaz Morante, un compendio de medicina y un tratado sobre la ballestería. Muy diversas, pues, eran las materias que atraían el interés del famoso prelado del Cuzco a fines del siglo XVII.

IV

ENSAYOS SOBRE EL MERCADO DE LIBROS

23) Presencia de un librero medinense en Lima: Juan Antonio Musetti (1544)

Es indudable que aún hace falta esclarecer muchos aspectos esenciales para componer un cuadro satisfactorio de la vida intelectual que se llevó a cabo en territorio peruano durante los siglos del Virreinato. A fin de realizar esa tarea, es imprescindible recoger noticias de la más diversa especie; no interesan solamente las obras que circulaban y los lectores que existían dentro de la sociedad colonial, sino también todo lo relacionado con librerías e imprentas, es decir, aquellos establecimientos de donde salían los textos que respondían a la inquietud espiritual de los colonos peruleros. En el presente trabajo me propongo ofrecer algunas referencias sobre la presencia en Lima de un mercader de libros oriundo de Medina del Campo, que probablemente constituye el primer individuo que ejerció comercio libresco en la ciudad de los Reyes.

1. Partida hacia el Nuevo Mundo

El 23 de agosto de 1543, en virtud de una real provisión despachada en Valladolid, se comisionó a Agustín de Zárate para que fuera a tomar cuentas a los oficiales de Hacienda en las provincias del Perú y Tierra Firme, con poderes de juez de cuentas o contador general[1]. Dicho personaje, que desempeñaba a la sazón el oficio de escribano de cámara en el Consejo de Castilla, pertenecía a un linaje de funcionarios ligados por tradición a la Corona. Haciendo un bosquejo de su biografía, Raúl Porras Barrenechea, quien tuvo a la vista los papeles concernientes a los pleitos de Zárate que se guardan en el Archivo General de Indias, sentó la afirmación de que el contador había sido el primer comerciante de libros que hubo en el virreinato peruano[2]. Una afirmación errónea, aunque no del todo descaminada de la verdad, conforme veremos en seguida.

En la floreciente villa de Medina del Campo, enriquecida gracias a sus famosas ferias comerciales, Zárate tenía amistad con un librero de origen italiano llamado Juan Pedro Musetti. Respecto a este individuo, se sabe que nació alrededor de 1514 y que, aparte la venta de libros, desarrollaba labores editoriales, para lo cual se valía de los servicios de impresores como Pedro de Castro, en Medina, y Juan Picardo, en Zamora (Pérez Pastor 1895: 492). Un documento notarial de enero de 1543 ofrece interesante información en torno a las actividades mercantiles de Musetti; se detalla un conjunto de deudas acumuladas en favor de él por valor de más de un millón de maravedís, dando a conocer que sus deudores principales eran el librero Juan Bali, salmantino (con 330.704 mrs.), y su colega Antonio Delfino, de Granada (con 90.907 mrs.).

---

[1] AGI, Lima, 566, lib. 5, fol. 28v.
[2] Cf. su prólogo a Zárate 1944: 3-8. La mencionada afirmación se encuentra repetida en Lohmann Villena 1944: 232.

Además, le debían dinero muchas otras personas — libreros, impresores y gente diversa — con vecindad en Medina de Campo, Valladolid, Alcalá de Henares, Madrid, Avila, Toledo, Burgos, Arévalo, Bilbao, Jaén y Coimbra[3].

Ante la partida del contador Zárate hacia tierras del Nuevo Mundo, Juan Pedro Musetti concibió la viabilidad de extender sus redes comerciales, enviando a los dominios indianos a su hermano Juan Antonio. Así, el 3 de noviembre de 1543 zarpaba de Sanlúcar de Barrameda la impresionante armada de cincuenta navíos capitaneada por el primer virrey del Perú, Blasco Nuñez Vela. Entre los pasajeros registrados a bordo del galeón *San Medel y Celedón* se hallaba Agustín de Zárate, acompañado de un séquito de familiares y paniaguados: viajaban junto a él sus sobrinos Polo de Ondegardo (el afamado jurista, consejero de virreyes) y Diego de Zárate; los hermanos Antón y Cristóbal Nieto, ambos escribanos públicos, naturales de Antequera; Juan de Bayona, un presunto pariente del contador; Toribio Gómez, oriundo de Borleña; y también Juan Antonio Musetti, vecino de Medina del Campo. En la misma embarcación cruzaron el Atlántico el doctor Lisón de Tejada, el licenciado Ortiz de Zárate y el licenciado Alvarez, oidores de la recién creada Audiencia de Lima, así como el gobernador de Nicaragua Rodrigo de Contreras[4].

Otro de los hombres que realizaron la travesía a bordo del *San Medel y Celedón* fue el clérigo extremeño Diego Martín, mayordomo de Hernando Pizarro, quien según dícese influyó decisivamente en el ánimo de los funcionarios de la Audiencia mediante sus persistentes críticas contra el virrey. Años más tarde, en una declaración testimonial, Diego Martín afirmaba haber conocido al mercader Juan Antonio en Sanlúcar de Barrameda y haber visto que "llebó mercadería de libros e otras cosas menudas, y fuelles y cañones para fraguas; y este testigo le compró en Panamá ciertos fuelles"[5]. Queda constancia de que la citada embarcación arribó al puerto de Nombre de Dios, en el istmo centroamericano, el 9 de enero de 1544[6].

2. Actividades de Juan Antonio Musetti en Lima

Tras la instalación en el mando de Blasco Nuñez Vela, resuelto a hacer cumplir a rajatabla las ordenanzas recientemente promulgadas para la gobernación de las Indias, se originó en territorio peruano un ambiente de grave intranquilidad, en que germinó la rebelión de Gonzalo Pizarro y los encomenderos. En medio de esta convulsión social, Agustín de Zárate se vio en dificultades para llevar a

---

[3]AHPU, Protocolo notarial de Rodrigo Sánchez, 1540-45, fol. 690. Carta de poder y traspaso otorgada por Juan Pedro Musetti a favor de Francisco González de San Juan y Gregorio de Basurto (Medina del Campo, 25 de enero de 1543).

[4]AGI, Indiferente General, 1.801.

[5]AGI, Justicia 1.072, pieza 3. Testimonio brindado en la probanza hecha por parte de Agustín de Zárate (Sevilla, enero de 1550).

[6]AGI, Justicia, 1.079, pieza 1, fol. 246. Fe otorgada por Diego Ruiz, contador que fue de la provincia de Tierra Firme (Panamá, 12 de abril de 1549).

efecto la misión que le había sido confiada en la metrópoli. El 25 de setiembre de 1544, en Lima, otorgó una carta de protestación ante el escribano Antón Nieto, en la que advertía que todo cuanto había hecho o hiciere en adelante con relación a la prisión y destierro del virrey no debería considerarse como deservicio a la Corona, pues "lo hago como persona opresa e atemorizada de tan justo miedo e temor como se deue tener a todo vn pueblo e vn exército tan victorioso e ynsolente". Actuaron entonces como testigos el licenciado Polo de Ondegardo y nuestro conocido Juan Antonio Musetti, en lo que significa el primer vestigio documental de su presencia en la ciudad de los Reyes[7].

Asimismo, Juan Antonio aparece en condición de testigo en otras escrituras libradas por Zárate durante su breve permanencia en la Nueva Castilla; por ejemplo, el 9 de marzo de 1545, al hacer protestación acerca del acuerdo que iba a tomarse con respecto a la suma de pesos que él había cobrado del tesorero Alonso Riquelme como resultado de su examen de cuentas[8]. Igualmente, Musetti ofició de promotor fiscal en el proceso incoado contra Riquelme sobre el quinto de plata perteneciente a la Real Hacienda, que se había rematado entre los soldados luego de las fundiciones de la isla Puná y de Cajamarca, en los momentos decisivos de la Conquista. Dicho litigio se ventiló ante el propio Agustín de Zárate, ejerciendo sus atributos de juez de cuentas, y quedó suspendido en mayo de 1545, tras una apelación interpuesta por el tesorero[9]. Parece que por su desempeño como agente de la Corona, el comerciante peninsular obtuvo una remuneración de cien pesos de oro, según se desprende de los libros de contabilidad hacendaria[10].

Además, existen otras noticias referentes a su actuación en Lima, siempre en vinculación con el contador general. Se sabe que Juan Antonio vendió, por 20 pesos, un cofre grande para guardar los pliegos de cuentas fiscales y, a cambio de 10 pesos, un cofre de acero para poner la marca del rey que se utilizaba en el labrado de los metales[11]. Por otra parte, hay información de que nuestro personaje ejercía también comercio de otros géneros, y tenemos la certeza de que "en vn quarto de [la] casa de Niculás de Ribera el Viejo posava, en vna cámara que estaba en el corral, Juan Antonio Musseti, mercader, el qual vendió allí su hazienda, que lo más della hera libros y algunas otras cosas menudas que avía llevado de España"[12]. Era en esa casa de Ribera el Viejo,

---

[7]AGI, Justicia 1.072, pieza 1, fol. 26.

[8]AGI, Justicia, 1.079, pieza 1. fol. 37. Pueden mencionarse, además, las escrituras de protestación otorgadas por Agustín de Zárate en 10 de noviembre de 1544 y en 20 de enero de 1545.

[9]AGI, Contaduría, 1.679, n° 1.

[10]AGI, Contaduría, 1.680.

[11]AGI, Contaduría, 1.679, n° 1.

[12]AGI, Justicia, 1.072, pieza 7. Interrogatorio de la probanza hecha por parte de Agustín de Zárate (1549).

precisamente, donde Agustín de Zárate y su séquito habían alquilado unas habitaciones para posar durante su agitada estadía en la capital del Perú[13].

Ahora bien, la pregunta que corresponde formular es: ¿qué libros vendió Juan Antonio en Lima? Esta es una cuestión a la que, lamentablemente, no se puede contestar con plena certidumbre, pero existen indicios que nos ayudan a elaborar una respuesta. Primeramente, consta que por aquellos años Juan Pedro Musetti envió a Indias una remesa de cien breviarios, tasados al precio de dos pesos cada uno, que estaban destinados a venderse en la ciudad de México; y no es improbable que hubiera emprendido negocio similar en Lima, por intermedio de su hermano (Pérez Pastor 1895: 423-424). De otro lado, parece natural que el librero medinense tuviera el propósito de ofrecer en el mercado peruano las obras que él mismo había editado en Castilla.

Gracias a la meritoria investigación de Cristóbal Pérez Pastor, son conocidos los textos que salieron de las prensas de Medina del Campo a lo largo del Siglo de Oro de las letras hispánicas. Sabemos que en noviembre de 1541, en el taller tipográfico de Pedro de Castro, se acabó de imprimir una edición de las *Ordenanzas reales de Castilla*, con costes pagados por Juan Pedro Musetti (*Ibid.*: 12). Tratábase de la recopilación de normas legales que en 1484, por encargo de los Reyes Católicos, había compuesto el doctor Alfonso Díaz de Montalvo, jurista de vasta experiencia, oidor y consejero de dichos soberanos; en esta obra reunía — agrupadas en ocho libros, por orden de materias — las leyes promulgadas en Cortes desde 1348, así como pragmáticas y ordenanzas reales y algunos capítulos del *Fuero real*, que en el siglo XIII había decretado Alfonso el Sabio. Pese a no recibir sanción oficial, el denominado *Ordenamiento* de Montalvo fue manejado por todos los jurisconsultos y letrados de la época, siendo reeditado en numerosas oportunidades[14]. Así también, Juan Pedro dio a publicidad el año siguiente, 1542, otra edición de la mencionada obra.

Posteriormente, en agosto de 1544 salieron de la misma imprenta de Pedro de Castro, en Medina, *Las obras del Boscán y algunas de Garcilaso de la Vega*, en edición costeada por Musetti (*Ibid.*: 31). De este texto, aparecido luego de la muerte de ambos autores, se ha afirmado hace poco que "es, sin duda, uno de los libros de poesía más importantes de la historia de la literatura castellana" (Armisen 1982: 335). Su origen se encuentra en la entrañable amistad que unió al soldado-poeta Garcilaso con el barcelonés Juan Boscán, por

---

[13]AGI, Justicia, 1.079, pieza 1, fol. 29. Carta de pago suscrita por Bernaldino de San Pedro, en la suma de 50 pesos, por concepto de ocho meses de alquiler de una parte de la casa perteneciente a Nicolás de Ribera el Viejo (Los Reyes, 6 de julio de 1545). Es conocido que por aquel entonces el Trece del Gallo vivía en una casa situada en la plaza mayor de Lima, en la esquina formada por las calles denominadas posteriormente de Mercaderes y de Mantas. Cf. Riva-Agüero 1935: 19.

[14]Cf. García-Gallo 1979, I: 401-402; Pérez Martín 1978: 15-20.

lo que éste se encargó de corregir tanto sus propias composiciones como las de su difunto amigo durante los últimos años de su vida, y al morir dejó la obra estructurada en cuatro libros, de la siguiente forma: I) poesías de Boscán escritas en metro y lengua castellanos; II) sonetos y canciones de Boscán compuestos a la manera toscana; III) textos diversos de Boscán; y IV) algunas poesías seleccionadas de Garcilaso de la Vega. La primer versión de esta obra vio la luz en Barcelona, en marzo de 1543, y recibió pronto una favorable acogida entre el público lector de la Península, dando lugar a la aparición de varias ediciones — algunas fraudulentas — en corto espacio de tiempo (*Ibid.*: 336-340. Cf. Menéndez Pelayo 1945: 135). Es dable suponer que el librero medinense remitiera a su hermano en Lima un conjunto de ejemplares de esta pieza literaria editada por él mismo.

Otra cuestión fundamental es la que atañe al público que podría tener interés en tales lecturas. En cuanto a esta materia, es lógico presumir que un comerciante libreril no había de encontrar mercado demasiado atrayente en la Lima de los años de 1540, ya que el ambiente de guerra civil no daba lugar a la tranquilidad necesaria como para dedicarse de lleno a la vida intelectual y, además, porque el número de gente alfabeta era ciertamente reducido. Como dato interesante, conviene recordar la almoneda de los bienes de fray Vicente de Valverde (febrero de 1542), en que los libros del desdichado obispo del Cuzco se repartieron dentro de un pequeño círculo de letrados, escribanos, clérigos y mercaderes[15]. De igual modo, cabe apuntar que se conocen varios de los libros que tenía en su aposento limeño el doctor Lisón de Tejada, uno de los magistrados de la Audiencia que intervinieron en la destitución del virrey. Existe evidencia de que en su biblioteca abundaban las obras jurídicas, tales como los comentarios de Baldo de Ubaldi en torno a distintas partes del Código justinianeo, a las Decretales y a libros de feudos, glosas de Bartolomé de Saliceto sobre el Código y el Digesto, textos de Guillermo Durante, el tratado de Gambilioni acerca de los maleficios, decisiones de la Sacra Rota, etc.[16]

Devolviendo la atención a Zárate, hay que indicar que a principios de julio de 1545, luego de un año de permanencia en la ciudad de los Reyes, emprendió el viaje de regreso a la metrópoli. Antes de partir vendió los bienes que poseía en su residencia de la capital, valiéndose de su vinculación con el tratante segoviano Gaspar de Cuéllar Aguilar. Este mismo testimoniaba tiempo después que había visto las pertenencias del contador general, "porque todo lo más fue encargado a vn criado deste testigo, que se llamaba Françisco Velásquez, para que juntamente con Juan Antonio, que yva en compañía del dicho Agustín de Çárate, lo vendiesen en casa deste testigo"; y la parte sobrante de aquellas

---

[15]AHRA, Volumen s/n. con papeles sobre Valverde, doc. 2 Publicado en Hampe Martínez 1981: 147.
[16]BPR, Ms. 1.960, n° 12. Memoria de los libros del oidor Tejada que se llevaron a Castilla (1549).

mercancías se remató en almoneda pública[17]. Tras la salida del funcionario regio, el librero Musetti permaneció atendiendo sus propios negocios en Lima.

3. Retorno del contador Zárate a la metrópoli

Pero el manejo financiero realizado por Agustín de Zárate no mereció, desde luego, el beneplácito de aquellos funcionarios a quienes había tomado cuentas, o sea los oficiales de Real Hacienda de la jurisdicción de Nueva Castilla. En una carta fechada en Lima el 2 de enero de 1546, el tesorero Riquelme, el contador Cáceres y el veedor Salcedo formulaban una serie de cargos contra el emisario vallisoletano; entre otras acusaciones exageradas, denunciaban que "truxo a esta tierra çiertas mercaderías y puso vna tienda pública en su casa para vendellas", estimando que por este conducto había obtenido ganancias ilícitas de más de siete mil pesos, sin pagar el impuesto de almojarifazgo[18]. Tales denuncias fueron recogidas en la Corte por el fiscal del Consejo de Indias, licenciado Juan de Villalobos, quien consiguió la expedición de una cédula, mandando a las autoridades de la Casa de la Contratación, de Sevilla, incautarse de todas las partidas de oro y plata que el contador general trajere de manera sospechosa del continente americano[19].

La vuelta de Zárate a la Península demoró varios meses, lapso que él ocupó efectuando gestiones en la provincia de Tierra Firme y en el virreinato de Nueva España, hasta que finalmente entró en la barra de Sanlúcar de Barrameda el 5 de julio de 1546[20]. Una vez desembarcado, se dio con la desagradable sorpresa de que existía una disposición conminándole a presentarse en el plazo de quince días ante la Corte, donde debería guardar prisión. Permaneció allí recluido sin explicación oficial alguna, hasta que el 10 de mayo de 1547 se admitió en el Consejo de Indias una demanda planteada por el fiscal Villalobos, en uno de cuyos capítulos se le acusaba de haberse eximido de abonar derechos de almojarifazgo por las mercancías que había vendido en una tienda pública en Lima[21]. Merced a los voluminosos expedientes formados a raíz de ese y otro pleito abiertos contra Zárate, hemos conseguido datos valiosos acerca del comerciante de Medina del Campo que nos interesa.

Tras el restablecimiento en la metrópoli, las relaciones de Agustín de Zárate con su amigo medinense se desarrollaron con más intensidad que antes, lo cual quizá deba interpretarse como un reconocimiento a los favores que había

---

[17]AGI, Justicia, 1.079, pieza 13. Testimonio de Cuéllar Aguilar en la probanza hecha por parte de Agustín de Zárate (Segovia, noviembre de 1547).

[18]AGI, Justicia, 1.072, pieza 2, fol. 55v.

[19]AGI, Indiferente General, 1.963, lib. 9, fol. 342. Real cédula despachada en Madrid, 26 de febrero de 1546.

[20]AGI, Justicia, 1.079, pieza 1, fol. 139. Fe otorgada por el escribano Juan Diranco (Sevilla, 4 de agosto de 1546).

[21]AGI, Justicia, 1.079, pieza 1, fol. 10.

dispensado a su hermano en América. Hallándose preso en la cárcel de Madrid, el 28 de agosto de 1546, el contador asignó poder a Juan Pedro Musetti para que ejecutara todo género de cobranzas en su nombre[22]. Usando de dicha facultad, Juan Pedro suscribió un par de escrituras en representación del funcionario indiano: recibió de Juan de Burgos, vecino de Valladolid, un adeudo de 15.000 maravedís pertenecientes a la mujer de Zárate (23 de octubre de 1546)[23], y delegó su poder en la persona de Francisco López, andante en la Corte, para que formulara cierto requerimiento al ex gobernador del Perú licenciado Vaca de Castro (28 de octubre de 1546)[24].

A ello podemos añadir otros datos sobre la amistad que enlazaba a ambos personajes. En una misiva dirigida desde la prisión al canónigo zamorano Florián de Ocampo, cronista oficial del Emperador, Zárate se quejaba de que "desde aquí a Çamora yo e escrito dos bezes, por la bía de Juan Pedro y por cartas del señor secretario [Jerónimo] Çorita, y no e sido digno de tener vna sola letra de vuestra merçed" (Madrid, 18 de abril de 1547)[25]. Apenas soltado en libertad, el contador general se encaminó a la villa de Medina del Campo, donde el 7 de junio de 1547 firmó una carta de indemnidad en favor del vecino Cristóbal de Heván, fiador suyo, circunstancia en la cual Musetti se halló presente como testigo[26]. Un mes más tarde volvemos a ubicar al librero medinense, vertiendo declaraciones en la probanza hecha por parte de Agustín de Zárate en Aranda de Duero, lugar en que estaba levantada por entonces la Corte. Juan Pedro confesó en esa ocasión que había conocido a su amigo en 1539, cuando desempeñaba una escribanía en el Consejo Real, y dijo tener noticia de que al partir hacia Indias había dejado en la metrópoli un capital de aproximadamente 80.000 maravedís, constituido en juro[27].

4. Vinculaciones con Guillermo de Millis

Actuando en sociedad con Guillermo de Millis, otro empresario medinense, Musetti publicó en noviembre de 1547 una edición de la obra del licenciado Andrés Martínez de Burgos titulada *Repertorio de todas las premáticas y capítulos de Cortes hechos por Su Majestad desde el año de 1523 hasta el año de 1544*, que se labró en las prensas de Pedro de Castro. En razón de haberse ignorado la orden que mandaba incluir en todos los libros el privilegio real autorizando su impresión, se resolvió en el Consejo de Castilla abrir proceso contra los responsables de tal edición. Fue de ese modo que los tres consortes, Musetti, Millis y el impresor Castro, vinieron a parar en los calabozos de la

---

[22]Traslado de dicho documento en AHPU, Protocolo notarial de Francisco de la Rúa, 1544-46, fol. 295.

[23]*Ibid.*, fol 296v.

[24]*Ibid.*, fol 294v.

[25]BRME. Ms. U-II-4, núm. 110. Publicado en Cirot 1914: 315.

[26]AHPU, Protocolo notarial de Alonso Ruiz, 1547, fol. 124.

[27]AGI, Justicia, 1.079, pieza 21.

Corte, donde fueron sometidos a interrogatorio con el fin de averiguar detalles de su dolosa labor; por esta vía nos enteramos de que la tirada del libro consistió en unos 1.400 ejemplares y que el compilador recibió por su texto una paga de 250 ducados. Finalmente, ambos mercaderes pudieron reintegrarse a su vecindad de Medina del Campo, dando como fiador al contador Agustín de Zárate, quien extendió una escritura de obligación en dicho sentido el 30 de enero de 1548 (Pérez Pastor 1895: 44-48).

En cuanto al mentado Guillermo de Millis, sabemos que pertenecía a una familia originaria de Tridino (Italia), dedicada al negocio libreril tanto en Lyon como en Medina. Parece que se inició en el oficio de editor en 1539, dando a publicidad la *Reprobación de supersticiones y hechicerías* escrita por el maestro Pedro Ciruelo. Después continuó en dicha ocupación , empleando los servicios del tipógrafo Pedro de Castro, hasta que la muerte de éste motivó a instalar su propia imprenta, en 1551 (*Ibid.*: 487); a partir de entonces le hallamos ejerciendo una intensa actividad en el mercado libresco de la Península, con ediciones de obras muy difundidas[28]. En una declaración proporcionada en junio de 1547, su socio Juan Pedro Musetti afirmó conocer a Millis desde hacía más de doce años, diciendo saber que poseía en Medina del Campo una "tienda de libros mui cavdalosa, que vale más de mill ducados", y que en Salamanca era dueño de otro establecimiento semejante[29].

También era estrecha la vinculación que unía a Agustín de Zárate con el librero Millis. Este se constituyó en uno de los fiadores del vapuleado funcionario durante la época en que permaneció encarcelado, a causa de los juicios que se trabaron contra él en el Consejo de Indias. Tenemos constancia de que el 8 de junio de 1547 Guillermo de Millis se obligó a pagar hasta 2.000 ducados, que habían de servir en calidad de fianza[30]; luego, el 18 de julio siguiente, se asoció con Cristóbal de Heván y con el mercader Andrés Ortiz, todos vecinos de Medina, para sumar la cantidad de 8.000 ducados, requerida por el contador para obtener la libertad condicional[31]. Este compromiso fue reiterado varias veces por los mencionados fiadores durante los años consecutivos[32]. En un testimonio brindado en noviembre de 1549, Millis reconocía que sus lazos

---

[28]Entre otros textos, Guillermo de Millis dio a publicidad comedias de Terencio, proverbios de Séneca, la *Introductio ad sapientiam* de Juan Luis Vives, el *Tratado de la excelencia de la vida solitaria* de Petrarca, la *Crónica general de España* de Florián de Ocampo, y asimismo la *Historia general de las Indias* del clérigo Francisco López de Gómara (1553), cuya circulación fue prohibida a poco de haberse terminado de imprimir.

[29]AHPU, Protocolo notarial de Alonso Ruiz, 1547, fol. 132.

[30]*Ibid.*, fol. 123.

[31]AGI, Justicia, 1.079, pieza 1, fol. 103.

[32]*Ibid.*, fol. 155 y 185. Escrituras de obligación y fianza otorgadas en 8 de diciembre de 1547 y en 19 de julio de 1549. Cabe mencionar además la carta de poder extendida por Millis, Heván y Ortiz a favor de Agustín de Zárate, en Medina del Campo, 21 de agosto de 1549. AGI, Justicia, 1.072, pieza 1, fol. 118.

económicos con Zárate provenían de tiempo antiguo, pues manifestaba que tenía con él una deuda de aproximadamente 20.000 maravedís, "que se los prestó a çierto plazo, que dél no tiene memoria"[33].

Conforme hemos apreciado, la figura clave de todo este episodio de libreros y librerías es el contador general Agustín de Zárate, hombre de mentalidad típicamente renacentista, que había escalado posiciones dentro del ambiente cortesano merced a la influencia de su padre Lope Díaz de Zárate, que fue por varias décadas secretario del Consejo de la Inquisición. Según palabras de Cieza de León, el contador era tenido por "sabio y leído en letras latinas"[34]; aseveración que se encuentra confirmada a través del inventario de bienes practicado en la casa que habitaba Zárate en Valladolid, en la calle de Teresa Gil, el 1 de setiembre de 1549. En dicha oportunidad se hallaron, dentro de un arca blanca, "çiento y diez bolúmenes de libros, escriptos en latín y en romançe, entre grandes y pequeños"[35]. Buen aficionado a las letras, dotado de innegable lucidez, el juez de cuentas del Perú y Tierra Firme aprovechó su dilatada reclusión en la cárcel para crear el compendioso y ameno relato de la *Historia del descubrimiento y conquista del Perú* (Amberes, 1555), traducida a lenguas extranjeras y vuelta a editar reiteradamente en las décadas sucesivas (cf. McMahon 1965: xi-lviii).

5. Epílogo

Sobre la presencia en la capital peruana de Juan Antonio Musetti, el mercader de libros oriundo de Medina del Campo, únicamente resta señalar que falleció hacia fines de 1547. En una real cédula dada en Valladolid el 1 de setiembre de 1548, se instruía a las autoridades de la Audiencia de Lima efectuar averiguaciones en torno a los bienes y deudas que hubiera dejado dentro de su jurisdicción el citado personaje, y se añadía que tales pertenencias deberían ser remitidas a la Casa de la Contratación de las Indias. Este despacho fue expedido a instancias de su hermano Juan Pedro, único heredero del comerciante Musetti[36].

Por desgracia, en las pesquisas desarrolladas en los libros de bienes de difuntos y en los registros de embarque asentados en la Casa de la Contratación, en Sevilla, no he hallado referencia alguna al posible envío del legado de Juan Antonio. Es probable que puedan aparecer noticias más detalladas acerca de las actividades que realizó él en Lima examinando los protocolos notariales de aquella época que se han conservado.

---

[33] AGI, Justicia, 1072, pieza 4.
[34] Cf. Porras Barrenechea, prólogo a Zárate 1944: 3.
[35] AGI, Justicia, 1072, pieza 4.
[36] AGI, Lima, 566, lib. 5, fol. 304.

24) Una remesa de libros: Alonso Cabezas y su mercadería enviada al Perú (1549)

En *Books of the Brave*, Irving A. Leonard (1949: 102) fue el primero en dar a conocer la existencia de una temprana relación de libros remitidos al Perú en los fondos del Archivo Nacional de Lima, aunque no llegó a transcribir enteramente el documento. Redactado probablemente en Sevilla el 1° de noviembre de 1549, el manuscrito contiene una lista de los 79 volúmenes que el mercader Alonso Cabezas envió a su compañero Pero Ortiz, residente en Nombre de Dios, a bordo de la urca *La Madalena*[1]. Por referencias documentales complementarias, sabemos que este barco, con 150 toneladas de peso y conducido por el maestre Miguel de la Borda, arribó a la costa atlántica de Tierra Firme el 11 de marzo de 1550 y pagó de almojarifazgo casi 1,450 pesos, lo que representaba la vigésima parte del valor de su cargamento[2]. Consta, además, que después de efectuado el registro de los productos (31 de marzo), la mercadería fue entregada a Ortiz[3].

Aparte del interés bibliográfico que supone, este envío de libros nos permite conocer cómo operaba la compañía mercantil de los Illescas y Gibraleón, considerada la más importante del comercio hispanoamericano de aquella época, con centro en Sevilla y sucursales en diversos puntos de las Indias (cf. Lockhart 1968: 87, 90). A decir verdad, el grupo de libros no era más que uno de los tantos rubros que componían el envío hecho por Cabezas, cuyo valor total ascendía a 5,485.758 maravedís; incluía entre otros objetos, vino, terciopelo, seda, alfombras, manteles, espadas, naipes y queso de Mallorca[4]. Sumado este gran cargamento a las telas y vestidos que, pocos meses antes, Cabezas había mandado a su socio en el navío *La Concepción*, todo el conjunto — valorado en algo más de trece mil pesos al salir del viejo continente — fue recogido por Pero Ortiz y llevado al Perú; y parece que ésta era una misión que cumplía regularmente, pues queda constancia de su presencia en la capital a fines de 1548 (Rivera Serna 1949, docs. 421 y 645). Lo cierto es que, venido con la mercadería a Lima y amparado en Alvaro y Diego de Illescas, encargados de administrar aquí los negocios de la empresa familiar, quienes actuaron como testigos de la transacción, Ortiz vendió los productos a Gonzalo Díaz, el 24 de abril de 1551, por aproximadamente 20.000 pesos[5].

---

[1]AGN, Lima, Protocolo notarial n° 160, Sebastián Vásquez, 1551-54, fols. 1227v.-1228. Véase la transcripción paleográfica de Daniel Ulloa Taboada, "Libros de caballerías en América en 1549", en *Mar del Sur*, 30 (Lima, noviembre-diciembre 1953), p. 81.

[2]Chaunu 1955: 432-433 y 437, n° 63.

[3]AGN, Protocolo notarial n° 160: Sebastián Vásquez (1551-54), fol. 1230v.

[4]*Ibid.*, fols. 1219-1230.

[5]*Ibid.*, fols. 1230-1231.

Poco después, Díaz entablaría una querella judicial contra Ortiz, aduciendo que la mercadería estaba incompleta; pero el litigio acabó pronto, el 10 de julio de ese mismo año, cuando ambos concertaron un compromiso ante el escribano Sebastián Vásquez[6]. A través de los papeles relativos a este pleito podemos conocer los precios que tenían los libros de entonces. Si efectuamos una comparación con los de otros productos, resulta que las partes de la *Suma Teológica* con comentarios del cardenal Cayetano — obra voluminosa — costaban algo más que una espada; que las novelas de caballerías, que se contaban entre los impresos más baratos, equivalían a tres pares de botines; y que un misal dominico valía tanto como un jubón. Por otra parte, hay que considerar que los textos editados en la metrópoli se vendían en cada colonia a precio diferente, y era en el Perú donde, debido a su lejanía y su riqueza económica, alcanzaban el valor más elevado (Aulet Sastre 1946: 311-312).

Haciendo una ponderación de los libros anotados en el registro, se puede conjeturar que el envío respondía a un encargo de la comunidad dominicana, pues aparecen muchos elementos ligados a ella. Consideremos en primer término al filósofo Tomás de Vio, natural de la ciudad napolitana de Gaeta, de donde proviene el sobrenombre de *Cayetano* con el que se hizo conocido entre sus contemporáneos. Miembro de la Orden de Predicadores desde joven, ocupó el generalato entre 1508 y 1518; fue creado cardenal en 1517 y Obispo de Gaeta dos años más tarde. Es él un auténtico antirreformista, un antiluterano de acción que en 1528, por encargo del Papa León X, fue a Augsburgo para tratar de disuadir a Lutero de sus concepciones novedosas, misión en la que indudablemente fracasó. Escolástico en pleno Renacimiento, comentó algunos libros del Antiguo y Nuevo Testamento, dándoles interpretaciones de sentido alegórico, y dejó en total más de un centenar de obras. De ellas, la que le ha dado mayor celebridad son sus *Comentarios a la Suma Teológica* (Roma, 1507-22), que contribuyeron decisivamente a la difusión del tomismo; y además, escribió un *Summa caietana de peccatis* (Roma, 1525), que se menciona junto con aquélla en nuestro documento.

Aparece también el monje capuchino Francisco Titelman, de origen belga, con su *Elucidatio in omnes Psalmos* (la más antigua que conozco es la edición póstuma de París, 1545), exégesis de los textos del profeta David que se incluye a menudo en los inventarios librescos de la Colonia. Profesor en Lovaina primero, el autor se trasladó después a Italia, donde publicó comentarios a las obras de Aristóteles. No obstante haber sido opositor de Erasmo, éste alabó el notable talento de humanista que poseía Titelman.

Otro dominico mencionado en el documento es Silvestre Mazzolini de Prierio, pensador piamontés fallecido en Roma en 1523. Enseñó teología en Bolonia, Pavía y Roma, sucesivamente, y en 1515 fue nombrado maestro del Sacro Palacio, cargo que desempeñó hasta su muerte. Como buen antirrefor-

---

[6]*Ibid.*, fols. 1215-1217.

mista, estuvo entre los primeros que atacaron por escrito las doctrinas de Lutero, contra el que dirigió su *Epitome responsis ad Lutherum* (Perusa, 1519) y *Errata et argumenta Lutheri* (Roma, 1520), que forman parte de una larga serie de obras. La que nos interesa en este trabajo es la *Summa summarum, que sylvestrina dicitur* (Bolonia, 1515), reimpresa varias veces en los años siguientes y hallada con frecuencia en las bibliotecas antiguas de América.

Junto con los de autores definidos, figura un número apreciable de libros litúrgicos y religiosos, señalados sólo mediante indicaciones genéricas. De ellos es prácticamente imposible ofrecer precisiones bibliográficas por cuanto abundaron desde los comienzos de la imprenta, publicándose en diversas ciudades europeas. El manuscrito menciona misales de Venecia, breviarios romanos y sevillanos, horas en latín y en romance; y también encontramos un grupo especial de breviarios, horas y diurnos "dominicos", que según nuestra suposición estarían especialmente destinados a los frailes de Santo Domingo. Al lado de ésos se halla un par de obras religiosas que estuvieron entre las más leídas de la Colonia y de las cuales aparecen noticias ya en 1501: hay dos ejemplares del *Flos sanctorum*, especie de santoral biografiado o compendio de hagiografías — su precio relativamente elevado parece denotar que se trataba de una edición ilustrada, como las hubo muchas —, y una docena de vocabularios eclesiásticos.

Del análisis de los libros enviados al Perú en 1549 se desprende que surgen de un contexto histórico-religioso distinto del que había vivido, entre otros, el obispo Vicente de Valverde. Instalado para entonces el Concilio tridentino, se percibe la influencia de la Contrarreforma, con una fuerte dosis de antiluteranismo. Incluso los textos de Erasmo, a pesar de su oposición a las doctrinas luteranas, han caído en desgracia y están ahora bajo los vigilantes ojos de la Inquisición, que en 1559 tacharía oficialmente de herética a casi toda la producción erasmiana. Ya no hay más humanismo reformista, sino una cultura del Renacimiento con evidentes rezagos escolásticos y tomistas. Por los autores y el tipo de obras anotados, parece claro que esos libros irían a engrosar la biblioteca del monasterio dominicano de Lima.

Cierra la relación una decena de textos pertenecientes al género popular de la época, cuyo carácter se manifiesta incluso a través de su bajo precio. Lamentablemente, permanecen sin precisar esos "nuebe libros de cauallerías". Sólo sabemos con certeza que se importó la anónima *Crónica del Rey don Rodrigo, con la destrucción de España*, que algunos presumen escrita por Pedro del Corral y cuyo ejemplar conocido más antiguo pertenece a la edición que en 1551 publicó en Sevilla el impresor alemán Juan Cromberger. Según la clasificación de Gayangos para las novelas de caballerías, se la considera entre las que tratan de asuntos históricos (cf. Torre Revello 1940: 223). Y con este ejemplo queda claramente comprobado que las disposiciones prohibitivas de la Corona respecto de la venta y circulación de libros tuvieron escasa vigencia en el Nuevo Mundo.

25) Una librería limeña: el negocio de Tomás Gutiérrez de Cisneros (1651)

De lo poco que se conoce sobre el mercado de libros en Lima durante la primera mitad del siglo XVII, o sea en la época de mayor apogeo económico e intelectual del virreinato peruano, podemos rescatar la figura del comerciante y mecenas Tomás Gutiérrez de Cisneros. Este personaje, bien vinculado al parecer con libreros e impresores de la corte madrileña, se dio el lujo de dotar una capellanía en Castilla para que con ella pudiera financiar su ordenación sacerdotal el comediante y novelista Juan Pérez de Montalbán. El punto ha sido tratado por Irving A. Leonard en un artículo ya viejo (1944) donde, dejando en suspenso la identificación biográfica de Gutiérrez de Cisneros, se detiene a comentar dos escrituras sobre envíos de libros realizados por este negociante con destino a Potosí y a Chile.

¿Qué piezas daban vida al boyante comercio libresco ejercido por dicho sujeto? Para responder esta cuestión contamos afortunadamente con una escritura guardada en el Archivo General de la Nación de Lima, y fechada el 15 de abril de 1651, que ofrece relación detallada de todos los libros que quedaron "por fin y muerte" de Gutiérrez de Cisneros en su tienda de la capital. El stock o repertorio de publicaciones puestas a la venta se integraba de 1.110 títulos, según las entradas que registra el inventario póstumo[1]. A modo de complemento hay que señalar la memoria de treinta cajas de libros — también minuciosamente descritos — que quedaron depositados en la aduana del Callao a la fecha de la muerte de nuestro comerciante, habiendo venido desde España en una remesa conducida por Jusepe de Buendía[2].

En cuanto al valor monetario de aquel conjunto de impresos se puede añadir el dato de que fueron rematados por 9.000 pesos corrientes a otro prominente librero limeño de entonces, Julián Santos de Saldaña; dicho precio incluía no sólo las existencias de la tienda capitalina y la remesa depositada en el Callao, sino también un lote de veinte cajones vacíos (con sus respectivas tapas) que quedaron en poder de los herederos de Gutiérrez de Cisneros. Fijándonos en los títulos que componían el stock de esta librería, será factible reconstruir de manera aproximativa el universo de lecturas que atraían el interés de las capas cultas del virreinato hacia la mitad del siglo XVII. El mayor número de ejemplares en existencia será normalmente indicio de mayores expectativas de venta por parte del librero, aunque también habrá que tomar en cuenta el *argumentum ex silentio* — observado con certeza por Archer Taylor en su estudio general sobre catálogos de librerías (1957) — para asignar su debida importancia a las publicaciones escasas o que estaban agotadas, justamente a causa de su buena acogida en el mercado colonial.

---

[1]AGN, Protocolo notarial de Fabián Fernández, 1650-51, n° 529, fol. 554.
[2]*Ibid*, fol. 570v.

Que los conventos y las casas de estudio dirigidas por congregaciones religiosas eran los más grandes compradores de libros en aquella época, queda demostrado a través de las piezas que llenaban en mayor número las repisas del almacén de Gutiérrez de Cisneros. Allí había 459 ejemplares de la portátil e insustituible gramática latina de Antonio de Nebrija, base de la educación humanística y neotomista en toda Hispanoamérica. Le seguía en cantidad (394 ejemplares) una buena porción de la tirada realizada en Lima, en 1648, del *Arte de la lengua general de los indios del Perú,* obra del quechuista cuzqueño Juan Rojo Mejía y Ocón, catedrático de la Universidad de San Marcos y cura de la parroquia de San Sebastián de Lima; esta "arte" o gramática seguía el propósito bien conocido de facilitar la evangelización de las comunidades aborígenes en su propio idioma.

Piezas diversas de carácter religioso conformaban el grueso del bagaje libresco en la sociedad colonial. Al hilo del inventario que comentamos, cabe mencionar especialmente a la *Instrucción de ordenantes* del jesuita Antonio Quintana Dueñas (175 ejemplares), junto con alguna relación difícil de identificar sobre el martirio de los franciscanos y jesuitas en el Japón (110 ejemplares), la recopilación de vidas de santos por Pedro de Tebar (78 ejemplares), la *Cristiana reformación* de Francisco de Castro (62 ejemplares), la apología de la religión de Nuestra Señora del Carmen por fray Marcos de Guadalajara (52 ejemplares) y el célebre *Contemptus mundi* de Kempis, seguramente en la versión castellana de fray Luis de Granada (48 ejemplares). Considerando los escritores teológicos de manera individual, hay que poner de relieve la repetida presencia del P. Juan Eusebio Nieremberg, jesuita español de origen alemán, quien aparece con sus tratados sobre la diferencia entre lo temporal y eterno, el aprecio y estima de la gracia divina, la adoración en espíritu y verdad, la hermosura de Dios, etc.

Invariable vigencia mantenían todavía alrededor de 1650 los clásicos latinos de la antigüedad. Primaba en interés la vena moralizante de Valerio Máximo, con su compilación de hechos y dichos memorables (42 ejemplares), seguida por las obras poéticas de Horacio y de Ovidio, las composiciones históricas de Quinto Curcio y de César, las tragedias de Séneca y los comentarios de Cicerón. También había unos cuantos ejemplares del tratado de arquitectura de Vitruvio, que continuaba inspirando a los diseñadores de casas, palacios y templos, al igual que en la época pagana del mundo mediterráneo.

Por lo que toca a las letras hispánicas del Siglo de Oro, no sorprende constatar la preeminencia de las comedias de Lope de Vega (38 ejemplares), que se leían con tanta fruición como se representaban en los corrales o escenarios teatrales del virreinato. Parece más interesante, con todo, destacar la rápida divulgación que gozaron las obras en prosa de Francisco de Quevedo y Villegas, recopilación de textos "de enseñanza entretenida y donairosa moralidad" que se editó por primera vez en Madrid en 1648; de ella poseía nuestro librero 36 ejemplares en su tienda de Lima y 40 más en la remesa depositada en el Callao. Sabemos asimismo de la buena salida que tenían en el mercado las obras de Anastasio Pantaleón de Ribera, la vida picaresca de *Guzmán de Alfarache* narrada por Mateo Alemán, el *Don Quijote* de Cervantes y los *Sucesos y prodigios de amor* de Juan Pérez de Montalbán, el escritor protegido de Gutiérrez de Cisneros e hijo de un comerciante de libros madrileño.

Se impone al final una sección de obras misceláneas, conforme era costumbre en las clasificaciones temáticas del siglo XVII. Aquí tienen cabida los *Emblemas* o interpretación de famosos pensamientos por el jurista italiano Andrea Alciati, el *Cronicón* del holandés Cristiano Adricomio, con su descripción de Jerusalén y otros lugares de Tierra Santa, la *Práctica de procuradores* de Juan Muñoz, el manual para secretarios de señores y ministros por Gabriel Pérez del Barrio, entre otros. Aportaciones más curiosas son el *Gobierno de la caballería ligera* del conde Giorgio Basta, alguna "arte" o tratado para ensayar oro y plata y la no menos codiciada obra *Geometría y trazas pertenecientes al oficio de sastres* (9 ejemplares), tal vez en la versión compuesta por Martín de Andújar.

Hemos contemplado en este breve panorama la abundancia de medios económicos, la variedad de materiales de lectura y el predominio de la espiritualidad y la cultura neoescolástica: tales son las circunstancias en que floreció en Lima el negocio libreril de Tomás Gutiérrez de Cisneros.

V

APENDICE DOCUMENTAL

1) Almoneda de los bienes del obispo don fray Vicente de Valverde (1542)*

En la çibdad de los Reyes de la Nueva Castilla, provincia del Perú, en diez e seys días del mes de febrero, año del Señor de mill e quinientos e quarenta e dos años, ante el señor Francisco Nuñez, alcalde hordinario en esta dicha çibdad por Su Majestad, e en pressencia de mi, Pedro de Salinas escrivano público e del Concejo desta dicha çibdad, de pedimyento de doña María de Trillo, hermana del señor Obispo don Fray Biçynte de Valverde, que aya gloria, su heredera, mandó traher al almoneda los bienes ynventariados para que se bendan en pública almoneda; los quales se traxeron en almoneda pública en la plaça de esta ciudad por boz de Vasco Palea, pregonero público en la forma e manera syguientes:

Rematósse vn libro ques arte del Antonio de
Lebrixa en el bachiller [Francisco de]
Guerra [de Céspedes] en dos pesos e medio....   2 ps. 4 ts.

Rematósse vn libro ynquidirión [*sic*] de Erasmo
en Alonso Requexo en dos pesos e tres tomy-
nes.......................................   2 ps. 3 ts.

Rematósse vn libro de theología en Bernaldino
de San Pedro en dos pesos e medio...........   2 ps. 4 ts.

Rematósse vn libro de romançe de los milagros
de Nuestra Señora en Luys Suares en vn peso..   1 p.

Rematósse vn libro de romançe hecho por Erasmo en el padre [Alonso de] Henao en peso e
medio.....................................   1 p. 4 ts.

Rematósse vn libro de albeytería en el liçenciado
[Juan] Guerrero en peso e medio.............   1 p. 4 ts.

Rematósse otro libro [de] Terençio en Juan de
Betanços en peso e ducado..................   1 p. 6 ts.

---

*Archivo Histórico Riva-Agüero, Lima. Volumen s/n. con papeles sobre Valverde, doc. 2.

Rematósse otro libro de los milagros de Nuestra
Señora de la Peña de Françia en Francisco de
León en vn peso e tres tomynes...............   1 p. 3 ts.

Rematáronsse çinco libros pequeños en el bachiller [Juan Vélez de] Guevara para los padres
de Santo Domingo en nueve pesos e medio......   9 p. 4 ts.

Rematáronse em Alonso Días el *Vesino* dos libros
pequeños en vn peso ....   1 p.

Otros quatro libros pequeños se remataron en el
dicho bachiller Guevara para los dichos pa-
dres en peso e medio........................   1 p. 4 ts.

2) Inventario de la biblioteca del doctor Agustín Valenciano de Quiñones (1576)[*]

1. las obras de Paulo de Castro en siete cuerpos
   (CASTRO, Paolo de. *In libros juris civilis commentaria*).
2. Arcediano sobre el Decreto
   (BAISIO, Guido de. *Super Decreto commentaria*).
3. Bártulos en diez cuerpos
   (BARTOLO DA SASSOFERRATO. *In omnes juris civilis libros commentarii*).
4. Baldo en cinco cuerpos
   (BALDO DEGLI UBALDI. Autor de varias obras).
5. derecho ceuil y canónico en diez cuerpos
   (*Corpus juris civilis* y *Corpus juris canonici*).
6. Ynocencio sobre las Decretales
   (INOCENCIO IV, papa. *Commentaria super quinque libros Decretalium*).
7. Abbad Panormitano en nueue cuerpos
   (TUDESCHI, Niccolò de. *Interpretationes in quinque Decretalium libros*).
8. consejos y singulares de Ypólito vn cuerpo
   (MARSILI, Ippolito de. *Consilia et singularia omnia*).
9. letura de Ypólito en vn cuerpo
   (MARSILI, Ippolito de. Probablemente sea su *Lectura super titulum C.ad 1. Corneliam de sicariis*).
10. Jasones en diez cuerpos
    (MAINO, Giasone de. *In Codicem et Digestum commentaria*).
11. Arcediano sobre el Sexto
    (BAISIO, Guido de. *Lectura super sexto Decreto*).
12. Filipo Franco sobre el Sexto
    (FRANCHI, Filippo de. *Lectura super sexto Decretalium*).
13. Cardenal sobre las Clementinas
    (ZABARELLA, Francesco, cardenal. *Commentaria in Clementinarium volumen*).
14. Baldo sobre las Decretales
    (UBALDI, Baldo degli. *Commentaria in tres priores libros Decretalium*).
15. Cornio sobre la sexta parte del Código
    (CORNEO, Pier Filippo. Commentaria in sextum librum Codicis).
16. especuladores en tres cuerpos
    (DURAND, Guillaume. *Speculum juris*).

---

[*]Archivo General de la Nación, Lima, Inquisición, Contencioso, leg. 1.

17. consejos de Ancarrano
    (ANCARANO, Pietro d'. *Consilia*).
18. Joan de Imola sobre las Clementinas
    (IMOLA, Giovanni da. *Commentarii in libros Clementinarum*).
19. Baldo sobre los feudos
    (BALDO DEGLI UBALDI. *In usus feudorum commentaria*).
20. Platea sobre los tres libros del Código
    (PLATEA, Joannes de. *Super tribus ultimis libris Codicis commentaria*).
21. Socino en tres cuerpos
    (¿SOCINI, Mariano (Junior), autor de varias obras?).
22. Decio en quatro cuerpos
    (DECIO, Filippo, *Consilia*).
23. suma de Açón
    (AZZONE DEI PORCI. *Summa azonis, hoc est locuples juris thesaurus*).
24. suma de Ostiense
    (BARTOLOMEI, Enrico. *Summa aurea*).
25. consejos de Oldraldo
    (PONTE, Oldrado da. *Consilia seu responsa et quaestiones aureae*).
26. Joan Andrés sobre el Sexto vn cuerpo
    (ANDREA, Giovanni d'. *Sextus liber Decretalium, cum epitomis, diviosinibus et glossa ordinaria...*).
27. diccionario de Alderico
    (ALBERICO DA ROSCIATE. *Dictionarum juris*).
28. Angelo sobre la Insitituta
    (UBALDI, Angelo degli).
29. Alexandrus en ocho cuerpos
    (TARTAGNA, Alessandro. *Consilia sive responsa*).
30. Bertachino en quatro cuerpos
    (BERTACHINI, Giovanni. *Repertorium*).
31. Floriano sobre el Digesto biejo
    (SANCTO PETRO, Florianus de. *In primam et secundam ff. Vet. partem commentaria*).
32. Ripa en tres cuerpos
    (RIPA, Johannes Franciscus. Autor de varias obras).
33. Felino en ocho cuerpos
    (SANDEO, Felino Maria. *Opera*).
34. tratados de los doctores en doze cuerpos
    (Probablemente sea *Tractatum ex variis juris interpretibus collectorum*).
35. decisinis [*sic*] de Nicolao Boerio
    (BOHIER, Nicolás. *Decisiones in sacro Burdegalensium senatu olim discussarum et promulgatarum*).

36. Casaneo las costumbres de Borgoña
(CHASSENEUX, Barthelemy de. *Commentari in consuetudines ducatus Burgundiae*).
37. Guillermo Benedicto sobre el capítulo rreinucios
(BENEDICTI, Guillaume. *Repetitio in capitulum Raynutius de testamentis*).
38. Rafael Bolaterano
(MAFFEI, Raffaele. *Commentariorum urbanorum octo et triginta libri*).
39. hordenanças rreales en vn cuerpo grande
(Ordenanças reales de Castilla).
40. otras hordenanças rreales
41. otras hordenanças rreales
42. preguina Bonifacia [*sic*] en dos cuerpos
(BONIFACIUS, *Peregrina de imprenta*).
43. premáticas rreales
(Probablemente sea *Recopilación de algunas bullas del summo pontífice concedidas en favor de la jurisdicción real, con todas las pragmáticas y algunas leyes del Reyno*).
44. Fuero rreal
45. cautelas de Cepola
(CEPOLLA, Bartolomeo. *Tractatus cautelarum*).
46. consejos de Cepola
(CEPOLLA, Bartolomeo. *Consilia criminalis*).
47. singulares de doctores en dos cuerpos
(Singularia doctorum).
48. Joan Fabro sobre el Código
(FAURE DE ROUSSINES, Jean. *Breviarium in Justiniani imperatoris Codicem*).
49. consejos de Romano
(PONTANO, Lodovico. *Consilia*).
50. Angelo de maleficiis
(GAMBILIONI, Angelo dei. *De maleficiis tractatus*).
51. nouelas de Joan Antonio en tres cuerpos
(No identificado).
52. el Ostiense sobre las Decretales en dos cuerpos
(BARTOLOMEI, Enrico. *Lectura in quinque Decretalium libros*).
53. Andreas de Isernia sobre los feudos
(ISERNIA, Andrea d'. *Super feudis*).
54. Antonio sobre las Decretales en quatro cuerpos
(ANTONIO DE BUTRIO. *Super libros Decretalium commentarii*).
55. summa angélica
(CLAVASIO, Angel de, beato. *Summa angelica de casibus conscientiae*).

56. summa silbestrina
(PRIERIO, Silvestris de. *Summa sylvestrina, qua summa summarum merito nuncupatur*).
57. Hugo de Celso
(CELSO, Hugo de. *Reportorio universal de todas las leyes destos Reynos de Castilla*. Medina del Campo: Francisco del Canto, 1553. fol.).
58. summa rrosela
(ROSELLO, Timoteo. *Summa de secreti universali in ogni materia*).
59. Hordenamiento rreal
(DIAZ de MONTALVO, Alfonso. *Solenne repertorium seu secunda compilatio legum*. Salamanca: Pedro de Castro, 1549. fol.).
60. decisiones de Rota
61. decisiones napolitanas de Mateo de Aflitis
(AFFLITTO, Matteo de. *Decisiones sacri regii consilii Neapolitani*).
62. decisiones de Rota
63. consejos de Socino
(SOCINI, Mariano (Junior). *Consilia*).
64. las Partidas de Montaluo en quatro cuerpos
(DIAZ de MONTALVO, Alfonso. *Las siete Partidas del sabio rey don Alfonso nono, con la glosa de...*).
65. Hugo de Celso
(Cf. n° 57, *supra*).
66. vn cuerpo de Abbad biejo
(TUDESCHI, Niccolò de).
67. Angelo de maleficiis biejo
(Cf. n° 50, *supra*).
68. vn Código pequeño
70. suma de concilios
(CARRANZA DE MIRANDA, Bartolomé. *Summa conciliorum et pontificum a Petro usque ad Pium quartum*).
71. las trezientas de Joan de Mena
(MENA, Juan de. *Las trezientas del famosíssimo poeta...*).
72. éticas de Aristótiles
(ARISTOTELES. *Ethicorum ad Nicomachum libri decem*).
73. oficina de Textor en tres cuerpos
(RAVISIUS TEXTOR, Johannes. *Officinae epitome*).
74. theologia naturalis
(SABUNDE, Ramón. *Theologia naturalis*).
75. paradoxas de Alciato
(ALCIATI, Andrea. *Paradoxorum ad Pratum libri sex*).
76. Marcial
(MARCIAL, Marco Valerio. *Epigrammaton*).

77. santo Agustín sobre los Salmos
    (AGUSTIN, San. *In Psalmorum quinquagenam explanatio*).
78. Aulo Gelio
    (GELIO, Aulo. *Noctes Atticae*).
79. Soto de natura et gracia
    (SOTO, Domingo de. *De natura et gratia*).
80. suma de Gayetano en dos cuerpos
    (VIO, Tommaso de. *Summa Caietani. Docta, resoluta ac compendiosa de peccatis summula*).
81. Miranda de rresidencia episcopal
    (CARRANZA DE MIRANDA, Bartolomé. *Controversia de necessaria residentia personali episcoporum et aliorum inferiorum pastorum*).
82. ytinerario
    (TUDELA, Benjamín de. *Itinerarium*. Amberes: Chistopher Plantin, 1575. 8°).
83. Rofense contra Lutero
    (San JUAN FISHER. *Sacri sacerdotii defensio contra Lutherum*).
84. rretórica de Cicerón ad Erenium
    (CICERON, Marco Tulio. *Rhetoricorum ad C. Herennium libri quatuor*).
85. el maestro de las Sentencias
    (LOMBARDO, Pietro. *Magistri Sententiarum libri quatuor*).
86. manual del sacramento mexicano
    (*Manuale sacramentorum secundum usum ecclesiae Mexicanae*. Hay ediciones de México: Juan Pablo, 1560. 4°, y México: Pedro Ocharte, 1568. 4°).
87. el quinto thomo de las obras de Platón pequeño
    (PLATON. *Omnia opera*, tr. de Marsilio Ficino).
88. Estolio Itálico [*sic*]
    (SILIO ITALICO, Cayo. *De bello Punico libri septemdecim*).
89. Amato Lusitano
    (RODRIGUES DE CASTELLO BRANCO, João. *Diálogo en el qual se trata de las heridas de cabeça con el casco descubierto*).
90. Francisco Turriano
    (TORRES, Francisco de. Autor de varias obras).
91. ynquiridión del derecho
    (*Enchiridion tractatuum juris utriusque*).
92. Felón Judeo
    (FILON, Judío. Autor de varias obras).
93. Fero sobre el Salmo XXXI
    (WILD, Johann. *Explicatio doctissima in Psalmum trigesimum primum*).

94. Jonás profeta
   (WILD, Johann. *Jonas propheta per quadragesimam pro concione*).
95. Fero sobre el hijo pródigo
   (WILD, Johann. *De filii prodigi parabola conciones*).
96. suma de virtudes e vicios en dos cuerpos
   (PERAULT, Guillaume. *Summa virtutus et vitiorum*).
97. Titelman sobre los Salmos
   (TITELMAN, Franz. *Elucidatio in omnes Psalmos*).
98. Obidio
   (OVIDIO NASON, Publio. *¿Las metamorphoses o transformaciones?*).
99. Matheo Gribaldo
   (GRIBALDI, Matteo. *De methodo ac ratione studendi in jure civili*).
100. ditis creterse [?]
101. Ynquiridión de juezes
102. Celestina
   (ROJAS, Fernando de. *Tragicomedia de Calisto y Melibea)*.
103. flores de doctores
   (*Flores doctorum insignium tam Graecorum quam Latinorum*, ed. de
   Thomas Hibernicus. Amberes: Johannes Beller, 1563. 8°).
104. obras de Montemayor en metro
   (MONTEMAYOR, Jorge de).
105. las quistiones del Tostado en rromance
   (MADRIGAL, Alfonso de, el Tostado. *Las catorze questiones*).
106. apotemas
   (ERASMUS, Desiderius. *Apothegmas, que son dichos graciosos y
   notables*, tr. de Francisco Tamara).
107. manual de Nauarro
   (AZPILCUETA, Martín de. *Enchiridion sive manuale confessariorum
   et poenitentium*).
108. otro manual de Nauarro
109. Paris de Puti
   (PUTEO, Paris de. Autor de varias obras).
110. figura Biblie
   (AVILA, Francisco de. *Figurae Bibliorum veteris testamenti*,
   Antequera: Antonius Nebrissensis, 1574. 8°).
111. Orosio [*sic*] de gloria e nobilitate
   (OSORIO, Jerónimo. *De gloria* y *De nobilitate civili et christiana*).
112. vn Código pequeño
113. Cobarrubias bariarum
   (COVARRUBIAS Y LEIVA, Diego de. *Variarum ex jure pontificio,
   regio et caesareo resolutionum libri tres*).
114. Ripa de peste
   (RIPA, Johannes Franciscus. *Tractatus de peste*).

115. Guidon de presuncionibus
     (PAPE, Guy. *Tractatus de presumptionibus*).
116. margarita poetarum
117. Tiraquelo de vtroque rretrato
     (TIRAQUEAU, André. *De utroque retractu, municipali et conventio-
     nali, commentarii duo*).
118. Patricio en vn cuerpo
     (No identificado).
119. Tiraquelo de penis
     (TIRAQUEAU, André. *De poenis legum et consuetudinum statuto-
     rumque temperandis*).
120. Castillo sobre las leyes de Toro
     (CASTILLO DE VILLASANTE, Diego del. *Utilis et aurea glossa
     super legibus Tauri*).
121. Cobarrubias sobre el quarto
     (COVARRUBIAS Y LEIVA, Diego de. *In librum quartum Decreta-
     lium epitome*).
122. Cobarrubias praticarum
     (COVARRUBIAS Y LEIVA, Diego de. *Practicarum quaestionum
     liber*).
123. rrepetición de Rodrigo Xuárez
     (SUAREZ, Rodrigo. *Repetitiones in leges*. Lyon: Hros. de Jacobus
     Giunta, 1558, 8°).
124. alegaciones de Rodrigo Xuárez
     (SUAREZ, Rodrigo. *Allegationes et consilia*. Lyon: Sebastián de
     Honoratis, 1559, 8°).
125. Otárola de nobelitate dos [?]
     (ARCE DE OTAROLA, Juan. *Summa nobiliatatitis Hispanicae et
     immunitatis regiorum tributorum*).
126. rreportorio de premáticas
     (*Repertorio de todas las premáticas y capítulos de Cortes hechos por
     Su Magestad*).
127. Belapertica
     (BELLEPERCHE, Pierre de. Autor de varias obras).
128. báculo pastoralis
129. dicisionis de Guidon
     (PAPE, Guy. *Decisiones parlamenti Delphinatus*).
130. tratado del juego de Alcocer
     (ALCOCER, Francisco de. *Tratado del juego*. Salamanca: Andreas
     de Portonariis, 1559. 4°).
131. decisiones capele Tolosane
     (*Decisiones capellae Tholosanae*).

218

132. Diego Pérez sobre el Hordenamiento rreal
     (PEREZ DE SALAMANCA, Diego. *Commentaria in libros Ordinationum regni Castellae*).
133. Gómez Arias sobre las leyes de Toro
     (GOMEZ ARIAS, Fernando. *Subtilissima nec non valde utilis glossa ad leges Tauri*. Alcalá de Henares: Juan de Brocar, 1542. fol.).
134. Antonio Gómez sobre las leyes de Toro
     (GOMEZ, Antonio. *Opus praeclarum et utilissimum super legibus Tauri*. Salamanca: Andreas de Portonariis, 1567. fol).
135. Antonio Gómez sobre las barias
     (GOMEZ, Antonio. *Commentaria variaeque resolutiones juris civilis, communis et regii*).
136. notas de Baldepeñas
     (VALDEPEÑAS, Rodrigo de. *Glosa religiosa y muy christiana sobre las coplas de don Jorge Manrique*).
137. Césares de Pedro Mexía
     (MEJIA, Pedro. *Historia imperial y cesárea*).
138. Tito Libio
     (LIVIO, Tito. *Las décadas*, tr. de Francisco de Encinas. Colonia: Arnold Birckmann, 1533. fol.).
139. tratado de concilios
140. espejo de conciencia
     (*Espejo de la consciencia, que tracta de todos los estados*).
141. Palacios Rubios sobre las leyes de Toro
     (LOPEZ DE PALACIOS RUBIOS, Juan. *Glossemata legum Tauri*. Salamanca: Joannes de Giunta, 1542. fol.).
142. Monterroso
     (MONTERROSO Y ALVARADO, Gabriel de. *Práctica civil y criminal y instructión de escrivanos*).
143. Casaneo de gloria mundi
     (CHASSENEUX, Barthelemy de. *Catalogus gloriae mundi*).
144. estampa de emperadores
145. historia de los Reyes Cathólicos
     (PULGAR, Hernando del. *Chrónica de los muy altos y esclarecidos Reyes Cathólicos don Fernando y doña Ysabel*).
146. Diodoro Sículo
     (DIODORO SICULO. *Biblioteca historica*).
147. Biblia
148. Gomecio en las rreglas de cancelería
     (GOMEZ, Luis. *Commentaria in regulas cancellariae judiciales*).
149. Acosta sobre el capítulo si pater
     (COSTA, Manoel da. *Cap. si pater de testament. lib. sexto ff. commentaria*. Salamanca: Vincent de Portonariis, 1569. fol.).

150. Lepe conjuriis
(No identificado).

151. los rresponsos de Ripa
(RIPA, Johannes Franciscus. *Responsa in quinque libros Decretalium, in ff. vetus, Infortiatum, ff. novum et Codicem*).

152. las obras de Rodrigo Xuárez
(SUAREZ, Rodrigo. Autor de varias obras).

153. Joan Estobeo
(STOBEAUS; Johannes. *Sententiae ex thesaurus Graecorum delectae*).

154. el biage del príncipe
(CALVETE DE ESTRELLA, Juan Cristóbal. *El felicíssimo viaje del muy alto y muy poderoso príncipe don Phelippe desde España a sus tierras de la baxa Alemaña*. Amberes: Martín Nucio, 1552. fol.).

155. Tiraquelo sobre la ley sinquan (diose al thesorero de la yglesia del Cuzco: hera suyo).
(TIRAQUEAU, André. *Commentarii in 1. si unquam C. de revocandis donationibus*).

156. Concilio tridentino
(*Canones et decreta sacrosanti oecumenici et generalis Concilii Tridentini*).

157. Filipo Decio de rregulis juris
(DECIO, Filippo. *Lectura super título ff. de regulis juris*).

158. Gabriel sobre el canon
(BIEL, Gabriel. *Sacrosancti canonis missae expositio pia et catholica*)

159. Partidas de Gregorio López en quatro cuerpos
(LOPEZ DE TOVAR, Gregorio. *Las siete Partidas del sabio rey don Alfonso nono, nuevamente glosadas por...*).

160. biridario de poetas (*Viridarium illustrium poetarum*).

161. Pablo Jobio en dos cuerpos
(GIOVIO, Paolo. Autor de varias obras).

162. Jenofonte
(JENOFONTE. *Obras*, tr. de Diego Gracián. Salamanca: Joannes de Giunta, 1552. fol.).

163. rreglas y falencias de Socino
(SOCINI, Bartolomeo. *Fallentiae et aureae regulae ex toto fere jure delectae*).

164. las obras de sant Joan Grisóstomo en 5 tomos
(JUAN CRISOSTOMO, San. *Opera*).

165. prática de Petro Jacobo
(JACOBI, Pierre. *Aurea practica*).

166. triduo xpi de María Magdalena

167. Cicero rrelegatus et rrebocatus
(CICERON, Marco Tulio).

168. Biblia pequeña
169. expeculum conjujorum
     (VERACRUZ, Alonso de la. *Speculum conjugiorum*).
170. de crimen lese magestatis Gerónimo Gigas
     (GIGANTI, Girolamo. *Tractatus de crimine laesae maiestatis*).
171. Agustino de cibitate Dei
     (AGUSTIN, San. *De civitate Dei*).
172. las vidas de Plutarco
     (PLUTARCO. *Las vidas de los ilustres y excellentes varones griegos y romanos*, tr. de Juan Castro de Salinas. Colonia: Arnold Birckmann, 1562. fol.).
173. doctrina xpiana
     (¿AGUSTIN, San. *Doctrina chistiana?*).
174. los tres libros del Código pequeños
     (Será alguna edición del *Volumen*).
175. Agustino suegubino
     (No identificado).
176. epístolas de santo Agustín
     (AGUSTIN, San. *Liber epistolarum*).
177. vn misal rromano grande
178. Nicéforo
     (NICEFORO, San. *Chronología*).
179. san Cipriano
     (CIPRIANO, San. *Opera*).
180. otro Concilio tridentino
     (Cf. n° 156, *supra*).
181. otros apotemas
     (Cf. n° 106, *supra*).
182. rreglas de cancelería
     (*Regulae cancellariae*).
183. Gerónimo Gigante de pensionibus
     (GIGANTI, Girolamo. *Tractatus de pensionibus ecclesiasticis*).
184. tratado de signodo de episcopi
     (Probablemente sea ASTOR, Antonio Juan. *Responsum sive tractatus de synodo diocesana*).
185. doctrina xpiana
186. Plinio de natural historia
     (PLINIO SEGUNDO, Cayo, el Viejo. *Historia naturalis*).
187. Medina de penitencia et rrestitucione
     (MEDINA, Juan de, doctor. *De poenitencia, restitucione et contractibus*).
188. epístolas de Pío segundo
     (PIO II, papa. *Epistolae*).

189. epístolas de sant Pablo
(*Epistolae divi Pauli apostoli*).

190. Ynstituta pequeña

191. Paris de Puteo
(Cf. n° 109, *supra*).

192. rrecopilación de leyes en dos cuerpos
(*Recopilación de las leyes destos Reynos hecha por mandato del rey
don Philippe segundo*. Alcalá de Henares: Andrés de Angulo, 1569.
2v. fol.).

193. obras de sant Bernardo
(BERNARDO, San. *Opera omnia*).

194. Ledesma sobre el quarto
(LEDESMA, Martín de. *Prima et secunda quartae doctoris...*
Coimbra: Juan Alvarus, 1555-60. 2v. fol.).

195. Montaluo sobre el Fuero rreal
(DIAZ DE MONTALVO, Alfonso. *Fuero real de España, glosado
por...* Salamanca: Joannes Baptista de Terranova, 1569. fol.).

196. ynstituciones cathólicas de Simancas
(SIMANCAS, Diego de. *De catholicis institutionibus*).

197. Baldo nobelo de docte
(BALDO DEGLI UBALDI. *Tractatus de dotibus et dotatis mulieri-
bus*).

198. Ancarrano sobre el Sexto
(ANCARANO, Pietro d'. *Super sexto Decretalium*).

199. Hugo de Celso
(Cf. n° 57, *supra*).

200. prática de Lanfranco
(ORIANO, Lanfranco da. *Practica judiciaria*).

201. expeculum de finali rretribucione

202. prática de Guillermo
(No identificado).

203. prática de Ferrara
(FERRARI, Giampietro. *Practica aurea*).

204. libro de albeytería
(Probablemente sea REINA, Francisco de la. *Libro de albeytería*.
Burgos: Philip de Giunta, 1564. 4°, o bien LOPEZ DE ZAMORA,
Pedro. *Libro de albeytería*. Pamplona: Tomás Porralis de Saboya,
1571. fol.).

205. rreglas de Bernaldo Díaz
(DIAZ DE LUGO, Juan Bernardo. *Regulae juris, cum suis am-
pliationibus et restrictionibus*).

206. tratado de curia Pisana
(RODRIGUEZ DE PISA, Juan. *Tractatus de curia Pisana de origine decurionum*. Medina del Campo: Pedro de Castro, 1548. 4°.).

207. Maranta de ordine judicione
(MARANTA, Roberto. *Tractatus de ordine judiciorum*).

208. tratado del juego de Alcocer
(Cf. n° 130, *supra*).

209. vn libro de la gineta
(MANZANAS, Eugenio. *Libro de enfrenamientos de la gineta*. Toledo: Francisco de Guzmán , 1570. 4°.).

210. opera Gregorii en dos cuerpos
(GREGORIO I, el Magno, papa, San. *Opera*).

211. Concilio tridentino grande
(Cf. n° 156, *supra*).

212. Soto sobre el quarto en dos cuerpos
(SOTO, Domingo de. *Commentaria in quartum Sententiarum*. Salamanca: Joannes Baptista de Terranova, 1568-70. 2v. fol.).

213. Soto de justicia et jure
(SOTO, Domingo de. *De justitia et jure*. Salamanca: Joannes Baptista de Terranova, 1573. fol.).

214. suma de tratos de frai Tomás de Mercado
(MERCADO, Tomás de. *Summa de tratos y contratos*).

215. dicionario poético (diose a Luis de Quiñones para en que estudie)
(*Dictionarium poeticum*).

216. Flaminio sobre los salmos (diose al dicho Luis de Quiñones)
(FLAMINIO, Marcantonio. *In librum Psalmorum brevis explanatio*).

217. Simancas de rrepúblicas
(SIMANCAS, Diego de. *Collectaneorum de republica libri novem*).

218. Simancas de primogenitis en dos cuerpos (diéronse al dicho Luis de Quiñones).
(SIMANCAS, Diego de. *De promogeniis Hispaniae*, Salamanca: Joannes Maria de Terranova, 1566, 4°.).

219. Cristiados de Gerónimo Vida (diose al dicho Luis de Quiñones).
(VIDA, Marco Girolamo. *Los Christiados*, tr. de Juan de Martín Cordero. Amberes: Martin Nucio, 1554. 8°.).

220. ynquiridión ad berborum copia (diose al dicho Luis de Quiñones)
(MORELLO, Teodorico. *Enchiridion ad verborum copiam*).

221. bocabulario eclesiástico (diose al dicho Luis de Quiñones porque se truxeron de Lima para él)
(FERNANDEZ DE SANTAELLA, Rodrigo. *Vocabularium eclesiasticum*).

222. Laurencio Justiniano
(LORENZO JUSTINIANO, San. *Opera*).

223. opera xpi
224. Josefo
    (JOSEFO, Flavio. Autor de varias obras).
225. tres cuerpos de la parte historial de santo Antonino
    (San ANTONINO, arzobispo de Florencia. *Chronica in tres partes divisa*).
226. santo Tomás contra gentes [*sic*]
    (TOMAS DE AQUINO, Santo. *Summa contra gentiles*).
227. quiliadas de Erasmo
    (ERASMUS, Desiderius. *Adagiorum chiliades*).
228. la glossa hordinaria en seis cuerpos
229. Tito Libio en lengua latina
    (LIVIO, Tito. *Decades*).
230. consejos de Ludouico Bozadino
    (GOZZADINI, Lodovico. *Consilia seu responsa*).
231. quatro bolúmines de rrepeticiones de derecho cebil
232. yndex de las rrepeticiones arriba dichas
233. tratatus de estatutis de Alberico
    (ALBERICO DA ROSCIATE. *Singularis in statutorum materia tractatus*).
234. obras de Cobarrubias en dos cuerpos
    (COVARRUBIAS Y LEIVA, Diego de. *Omnia opera*).
235. rreglas del derecho del dotor Dueñas
    (DUEÑAS, Pedro de. *Regulae utriusque juris cum ampliationibus ac limitationibus*).

3) Memoria de los libros del señor doctor Gregorio Gonçález de Cuenca, Presidente de Santo Domingo desta ysla Española (1581)*

1. testos del derecho canónico en quatro cuerpos
   (*Corpus juris canonici*, 3 v. fol. (I) *Decretum Gratiani, Margarita Decreti*; (II) *Decretales Gregorii IX.*, *Tabula Ludovici Bolognini, Margarita Decretalium*; (III) *Sextus liber Decretalium, Clementis V. constitutiones, Extravagantes Joannis XXII.*, *Extravagantes* communes. Lyon: Hugo à Porta, 1559).

2. Dixesto Nuevo
   (*Pandectas juris civilis*, 3 v. fol. (III) *Digestum Novum.* Lyon: Joannes Ausultus, 1566; Lyon: Hugo à Porta, 1572).

3. Dixesto Viejo
   (*Pandectas juris civilis*, 3 v. fol.(I) *Digestum Vetus*).
   (sobre ediciones, cf. n° 2, *supra*)

4. el Esforzado [*sic*]
   (*Pandectas juris civilis*, 3 v. fol. (II) *Infortiatum*).
   (sobre ediciones, cf. n° 2, *supra*).

5. el Código
   (*Codicis Justiniani repetitae praelectionis libri XII.* Lyon: Guillaume Rouille, 1571; Amberes: Christopher Plantin, 1575).

6. Bártulos en honze cuerpos
   (BARTOLO DE SASSOFERRATO. *Opera*, quibus praeter Alexandri Barbatiae, Seisellii, Pomatis, Nicelli et aliorum adnotationes accesserunt. 5 v. fol. Turín: Hros. de Nicolò Bevilacqua, 1573-74).

7. Baldo sobre el Código y Dixestos en ocho cuerpos
   (BALDO DEGLI UBALDI. *Commentaria*, 4 v. fol. (I) *In primam et secundam Digesti Veteris partem;* (II) *In primam et secundam Infortiati partem. In primam et secundam Digesti Novi partem;* (III) In librum Codicis I., II., III., IV. et V.; (IV) In librum Codicis VI., VII., VIII., IX., X. et XI.* Turín: Hros. de Nicolò Bevilacqua, 1576).

8. Baldo sobre los Decretales en vn cuerpo
   (BALDO DEGLI UBALDI. *Commentaria in tres priores libros Decretalium.* fol. Turín: Hros. de Nicolò Bevilacqua, 1578).

---

*Archivo General de Indias, Sevilla, Escribanía de Cámara, 846 (B), fols. 1.084v-1.088.

9. Paulo de Castro sobre el Código y los Dixestos en diez cuerpos
   (CASTRO, Paulo de. *Comentaria,* 9 v. fol. (I-II) *In primam et secundam Digesti Veteris partem;* (III-IV) *In primam et secundam Infortiati partem;* (V-VI) *In primam et secundam Digesti Novi Partem;* (VII-VIII) *In primam et secundam Codicis partem;* (IX) *Repertorium.* Venecia: Giunta, 1575; Turín: Hros. de Nicolò Bevilacqua, 1576).

10. Xasón sobre el Código [y] Dixesto en nueve cuerpos
    (MAINO, Giasone de. *In Codicem et Digestum commentaria.* 9 v. fol. Turín: Hros. de Nicolò Bevilacqua, 1573).

11. Xasón y Gomeçia de açionibus en vn cuerpo
    (MAINO, Giasone de. *In titulum de actionibus commentaria.* fol. Lyon: Jacobus et Joannes Sennetonii, 1546).

12. Abbad sobre los Decretales en nueve cuerpos
    (TUDESCHI, Niccolò de. *Interpretationes in quinque Decretalium libros.* 9 pt. fol. Lyon: Sennetonii frates, 1547).

13. Jelino sobre los Decretales en quatro cuerpos
    (SANDEO, Felino María. *Commentaria ad quinque libros Decretalium.* 3 pt. fol. Turín: Hros. de Nicolò Bevilacqua, 1572).

14. Ynoçençio sobre los Decretales en vn cuerpo
    (INOCENCIO IV, papa. *Commentaria super quinque libros Decretalium.* fol. Francfort: Martín Lechler, 1570; Venecia: Bernardus Majorinus, 1570).

15. Joan Cabro [sic] sobre la Ynstituta en vn cuerpo
    (FAURE DE ROUSSINES, Jean. *Ad Institutiones Justinianeas commentaria.* Turín: Hros. de Nicolò Bevilacqua, 1578).

16. Joan de Platea sobre los tres libros del Código
    (PLATEA, Joannes de. *Super tribus ultimis libris Codicis commentaria.* fol. Lyon: Joannes Moylin alias de Cambray, 1528).

17. Angelo sobre los Auténticos y sobre el tratado del malefiçis en vn cuerpo
    (GAMBILIONI, Angelo dei. *De maleficiis tractatus.* Venecia: Franciscus Francisci, 1578).

18. Propósito sobre el quarto de los Decretales y Filipo Franco de apelaçiones en vn cuerpo
    (SANGIORGIO, Giovanni Antonio da. *Aurea et singularis lectura super quarto Decretalium.* fol. Lyon: Vincent de Portonariis, s.f. FRANCHI, Filippo de. *Commentaria super titulo Decretalium de apellationibus.* fol. Francfort: Petrus Fabricius, 1576; Venecia: Giunta, 1578).

19. Cardenales sobre las Clementinas en vn cuerpo
    (ZABARELLA, Francesco, cardenal. *Commentaria in Clementinarum volumen.* fol. Lyon: François Fradin, 1534; reimp. 1543).

20. el catálogo de Castaneo en vn cuerpo
(CHASSENEUX, Barthelemy de. *Catalogus gloriae mundi.* fol. Venecia: Hros. de Vicenzo Valgrisi, 1576).

21. obras de Ypólito de vn cuerpo
(MARSILI, Ippolito de. Autor de varias obras).

22. Guillermo Benedito sobre el capítulo reynunçio en vn cuerpo
(BENEDICTI, Guillaume. *Repetitio in capitulum Raynutius de testamentis.* fol. Lyon: Bartholomaeus Vincentius, 1575).

23. Partidas de Gregorio López en tres cuerpos
(LOPEZ DE TOVAR, Gregorio. *Las Siete Partidas del sabio rey don Alfonso el Nono,* nuevamente glosadas por [...]. 3 v. fol. Salamanca: Andreas de Portonariis, 1565).

24. Partidas de Montalbo en dos cuerpos
(DIAZ DE MONTALVO, Alfonso. *Las Siete Partidas del sabio rey don Alfonso Nono,* con la glosa de [...]. 2v. fol. Alcalá de Henares: Juan de Brocar, 1542).

25. Prepósito sobre el título de apelaçionibus en vn cuerpo
(SANGIORGIO, Giovanni Antonio da. *Tractatus appellationum.* fol. Como: Orcho & Paravesino, 1474).

26. Angelo de Peruçio sobre el Código en vn cuerpo
(UBALDI, Angelo degli. Posiblemente se trata de su *Interpretatio ad decimum et undecimum librum Codicis,* incluida en: Baldo degli Ubaldi, *Commentaria in librum Codicis VI., VII., VIII., IX., X, et XI.* fol.) [sobre ediciones, cf. n°7, *supra*]

27. quinze cuerpos de los tratados de dibersos doctores (de los quales paresçe que tiene el fiscal el bolumen honzeno).
(Tractatus ex variis juris interpretibus collectorum. 13 v. fol. Lyon: Georg Regnault, 1544).

28. el repertorio de Çelsos en vn cuerpo
(CELSO, Hugo de. *Repertorio de las leyes de todos los reinos de Castilla.* fol. Valladolid: Juan de Villaquirán, 1547; Medina del Campo: Francisco del Canto, 1553).

29. las repetiçiones de diuersos doctores en 9 cuerpos grandes
(*Repeticiones seu commentaria in varia jurisconsultorum responsa.* 9 pt. fol. Lyon: Hugo à Porta & Antonius Vincentius, 1553).

30. obras de Zaçio en quatro cuerpos
(ZASIUS, Ulrich. *Opera omnia.* 3 v. fol. Lyon: Sebastian Gryphius, 1550-51).

31. obras de Alçiato en çinco cuerpos
(ALCIATI, Andrea. *Omnia quae in hunc usque diem sparsim prodierunt usquam opera.* 5 v. fol. Basilea: Michael Isingrinius, 1551).

32. Carolo Molineo sobre las costumbres de París
(MOULIN, Charles du. *Commentarii in consuetudines Parisienses.*
fol. Lausana: Franciscus Le Preuse, 1576; Gabriel Buon, 1576).

33. Çino sobre el Código [y] Dixesto Viejo en vn cuerpo
(PISTOIA, Cino da. Guittone Sinibaldi alias. *In Codicem et aliquod titulos primi Pandectorum tomi, id est Digesti Veteris, dotissima commentaria.* fol. Francfort: Sigismund Feyrabend, 1578).

34. Arçediano sobre el Decreto en vn cuerpo
(BAISIO, Guido de. *Super sexto Decreto uberrima commentaria.* Lyon: Hros. de Jacobus Giunta, 1547; Lyon: Franciscus Gaillardus, 1558).

35. Geminiano sobre el Decreto en vn cuerpo
(SAN GEMIGNANO, Domenico da. *In sextum Decretalium volumen commentaria.* fol. Lyon: Mattahaeus Bernardus & Stephanus Servanius, 1562; Venecia: Giunta, 1578).

36. Cornio sobre el sesto del Código en vn cuerpo
(CORNEO, Pier Filippo. *Aurea commentaria in sextum librum Codicis.* fol. Lyon: Vincent de Portonariis, 1519).

37. las obras de Minchaca en quatro cuerpos
(VASQUEZ DE MENCHACA, Fernando. Posiblemente se trate de su obra más difundida: *De successionibus et ultimis voluntatibus.* 3 v. fol. Francfort: Sigismund Feyrabend, 1577).

38. Filipo Franco sobre el sesto de los Decretales en vn cuerpo
(FRANCHI, Filippo de. *Lectura super sexto Decretalium.* fol. Venecia: Giunta, 1579).

39. Joan Andrés sobre el sesto en vn cuerpo
(ANDREA, Giovanni d'. *Sextus liber Decretalium, cum epitomis, divisionibus et glossa ordinaria* [...]. 4°. Lyon: Hugo à Porta, 1553).

40. Baldo sobre los feudos en vn cuerpo
(BALDO DEGLI UBALDI. *In usus feudorum commentaria.* fol. Turín: Hros. de Nicolò Bevilacqua, 1578).

41. Palaçios Rubios en vn cuerpo sobre el capítulo per bestra
(LOPEZ DE PALACIOS RUBIOS, Juan. *Repetitio rubricae et capituli Per vestras, de donationibus inter virum et uxorem.* Francfort: Georg Corvinus, 1573; Salamanca: Ildefonso de Terranova y Neyla, 1578).

42. comunes opiniones en dos cuerpos
(*Communes opiniones sive receptae juris utriusque sententiae,* ad haec Antonii Gabrielii communes conclusiones adiecimus. Lyon: Hros. de Jacobus Giunta, 1571).

43. Mariano Sosino sobre los Decretales en vn cuerpo
(SOCINO, Mariano (Senior). *Commentaria super libri quinti Decretalium.* fol. Lyon: s.i., 1574; Parma: Seth Viotto, 1575).

44. obras de don Antonio de Padilla en vn cuerpo
(PADILLA Y MENESES, Antonio de. Autor de varias obras).

45. regla de derecho çebil y canónico de diuersos autores en vn cuerpo
(*Regulae juris tam civilis quam canonici, a diversis conscriptae ac collectae.* fol. Lyon: Hros. de Jacobus Giunta, 1566; Venecia: Hieronymus Scotus, 1571).

46. Joanes Manabio [*sic*] sobre el sesto de Decretales en vn cuerpo
(Probablemente se trate de LE MOINE, Jean (Joannes Monachus). *Glossa aurea super sexto Decretalium libro.* fol. París: Joannes Parvus & Bartholomaeus Bertault, 1535).

47. Mateo de Aflito sobre las constituçiones del reino de Siçilia en vn cuerpo
(AFFLITTO, Matteo de. *In utriusque Siciliae Neapolisque sanctiones et constitutiones praelectio.* fol. Venecia: Giovanni Varisco, 1580).

48. Mateo de Aflito sobre los feudos en dos cuerpos
(AFFLITTO, Matteo de. *Commentaria in primum, secundum et tertium librum Feudorum.* Lyon: Hros. de Jacobus Giunta, 1548; Lyon: Claudius Servanius, 1560).

49. obras de Joan Corraçio en vn cuerpo
(CORRAS, Jean de. Autor de varias obras).

50. Joan de Orozco sobre el Dixesto Viejo en vn cuerpo
(OROZCO, Juan de. *Ad responsa prudentum comentarii. Duo hi tomi in priores integrosque Digestorum duos libros sunt.* fol. Salamanca: Andreas de Portonariis, 1558).

51. Pedro Rebuffo sobre las leyes de Françia en tres tomos
(REBUFFI, Pierre. *Commentaria in constitutiones regias Gallicas.* 3 v. fol. Lyon: Claude Senneton, 1567; Lyon: Carolus Pesnot, 1576).

52. nueve tratados de Rebuffo en vn cuerpo
(REBUFFI, Pierre. *Tractatus novem.* fol. Lyon: Claude Senneton, 1566).

53. Casaneo sobre las costumbres de Borgoña en vn cuerpo
(CHASSENEUX, Barthelemy de. *Commentarii in consuetudines ducatus Burgundiae, fereque totius Galliae.* Lyon: Bartholomaeus Vincentius, 1572; Francfort: Nicolaus Bassaeus, 1574).

54. repertorio de los ynquisidores en vn cuerpo
(*Repertorium inquisitorum pravitatis haereticae.* 4°. Venecia: Damianus Zenarus, 1575).

55. las repetiçiones de Segura en vn cuerpo
(SEGURA, Diego de. *Repetitiones decem in diversis materiis.* fol. Salamanca: Andreas de Portonariis, 1547).

56. Acosta sobre la ley Galus y otras obras en vn cuerpo
(COSTA, Manoel da. *Commentaria in V. et quid si tantam l. Gallus ff. de liberis et posthumis.* Coimbra: s.i., 1548).

57. Lara de alimentos en vn cuerpo
   (LAURET, Bernard. *Casus in quibus judex secularis potest manus in personas clericorum sine metu excommunicationis imponere. De previlegiis clericorum. De exemptionibus. De carceribus. De alimentis.* 8°. Lyon: Jacques Mareschal, 1513; París: Regnault Chaudière, 1517).

58. consejos de Carolo Requi en tres cuerpos
   (RICINI DE REGGIO, Carlo. *Responsa sive consilia.* 5 v. fol. Venecia: Nicolò Bevilacqua & socios, 1571).

59. consejos de Felipo Deçio en dos bolúmenes
   (DECIO, Filippo. *Consilia sive responsa.* 2 v. fol. Turín: Hros. de Nicolò Bevilacqua, 1579).

60. consejos de Romano en vn cuerpo
   (PONTANO, Lodovico. *Consilia.* fol. Lyon: Claudius Servanius, 1565; Francfort: Sigismund Feyrabend, 1577).

61. consejos de Alexandre en quatro cuerpos
   (TARTAGNA DE IMOLA, Alessandro. *Consilia, libri septem.* 2 v. fol. Francfort: Nicolaus Bassaeus, 1575).

62. consejos de Paulo Paris en quatro cuerpos
   (PARISIO, Pietro Paolo. *Consilia,* exinnumeris mendis repurgata. 4 pt. fol. Venecia: Nicolò Bevilacqua & socios, 1570-73).

63. consejos de Felipo Cornio en quatro cuerpos
   (CORNEO, Pier Filippo. *Consilia sive responsa.* 4 v. fol. Venecia: Nicolò Bevilacqua & socios, 1572).

64. consejos de Rolando en dos cuerpos
   (VALLE, Rolandus à. *Consilia sive responsa, libri quatuor.* fol. Venecia: Joannes Baptista Somaschus, 1571; Lyon: Claude Ravot, 1573).

65. consejos de Cabrita [*sic*] en dos cuerpos
   (CAPRA, Benedetto. *Consilia sive responsa, in quibus de testamentis, materia feudali et substitutionibus tractatur.* fol. Lyon: Hros. de Jacobus Giunta, 1558; Venecia: Francesco Ziletti, 1576).

66. consejos de Baldo en seis cuerpos
   (BALDO DEGLI UBALDI. *Consilia,* cum questionibus, summariis et repertorio per Hieronymum Chuchalon. 3 v. fol. Lyon: Vincent de Portonariis, 1543).

67. consejos de Gosadino en vn cuerpo
   (GOZZADINI, Lodovico. *Consilia seu responsa.* Venecia: Nicolò Bevilacqua & socios, 1571).

68. consejos de Çabarela en vn cuerpo
   (ZABARELLA, Francesco, cardenal. *Consilia.* fol. Lyon: Hros. de Jacobus Giunta, 1552).

69. consejos de Federico de Sena en vn cuerpo
(PETRUCCI, Federico, de Siena. *Consilia sive responsa, quaestiones et placita.* fol. Venecia: Francesco Ziletti, 1570; Venecia: Joannes Antonius Bertanus, 1576).

70. consejos de Aretino en vn cuerpo
(ACCOLTI, Francesco. *Consilia seu responsa, argumenta deinde.* fol. Venecia: Nicolò Bevilacqua & socios, 1572).

71. singulares de diuersos doctores en vn cuerpo grande
(*Singularia doctorum,* hac postrema editione emendata et aucta. 2 v. fol. Venecia: Hieronymus Scotus, 1578).

72. tratados de los conçilios
(No identificado).

73. Abenoamo [*sic*] sobre los capítulos de corregidores
(NUÑEZ DE AVENDAÑO, Pedro. *De exequandis mandatis regum hispaniae, quae rectoribus civitatum dantur.* fol. Salamanca: Joannes à Canova, 1564; reed. 1573).

74. Claranta
(Posiblemente se trate de alguna obra de Paulus CLARANTES).

75. Plaza sobre los delitos
(PLAZA Y MORAZA, Pedro de. *Epitome delictorum.* Salamanca: Joannes à Canova, 1558; Venecia: Hieronymus Scotus, 1573).

76. consejos de Oldraldo en vn cuerpo
(PONTE, Oldrado da. *Consilia seu responsa et quaestiones aureae.* fol. Francfort: Petrus Fabricius, 1576).

77. sumularia [*sic*] Ypólito en vn cuerpo
(MARSILI, Ippolito de. *Singularia solemnis et poenae divini.* 8°. Lyon: Jacobus Giunta, 1546).

78. curia pisana en vn cuerpo
(RODRIGUEZ DE PISA, Juan. *Tractatus de curia Pisana, de origine decurionum.* 4°. Medina del Campo: Francisco de Linares, 1532; Medina del Campo: Pedro de Castro, 1548).

79. Mulinio de primogenis
(MOLINA, Luis de. *De Hispanorum primogeniorum origine ac natura.* 2 v. fol. Alcalá de Henares: Andrés de Angulo, 1573).

80. segunda parte de Diego Pérez sobre el Ordenamiento
(PEREZ DE SALAMANCA, Diego. *Commentaria in quatuor posteriores libros Ordinationum regni Castellae.* Salamanca: Dominicus de Portonariis, 1574).

81. Rodrigo Xuárez sobre las leyes del Fuero y las alegaçiones y Çifuentes sobre las leyes de Toro y las ordenanças de los adelantamientos, todo en vn cuerpo
(SUAREZ, Rodrigo. *Allegationes et consilia, eiusdem exactissima in aliquas Fori leges lectura.* 8°. Lyon: Sebastian de Honoratis, 1559. CIFUENTES, Miguel de. *Glosa sobre las leyes de Toro.* Medina del Campo: Mateo y Francisco del Canto, 1555).

82. Calepino de los nuevos
(CALEPIO, Ambrogio da. *Dictionarium sive linguarum novem: Romanae, Graecae, Ebraicae, Gallicae, Italicae, Germanicae, Hispanicae, Anglicae, Belgicae,* fol. Amberes: Vda. y hros. de Johann Steelsius, 1572).

83. ordenanças de Valladolid
(*Recopilación de las ordenanzas de la Real Audiencia y Chancillería de Su Magestad que reside en la villa de Valladolid.* Valladolid: Francisco Fernández de Córdova, 1566).

84. repetiçiones de Rodrigo Xuárez
(SUAREZ, Rodrigo. *Repetitiones in l. Quoniam, in prioribus C. de in offic. testa. et in l. Post rem judicatam ff. de re judic., necnon in alias Fori et Ordinamenti leges.* 8°. Lyon: Hros. de Jacobus Giunta, 1558).

85. de Tiraquelo los tratados y de juri constituti, vn cuerpo
(TIRAQUEAU, André. *De juri constituti possessorii tractatus.* 8°. París: Jacques Kerver, 1550; Venecia: Turratum, 1555).

86. otro Tiraquelo de penis tenperanidis
(TIRAQUEAU, André. *De poenis legum ac consuetudinum statutorumque temperandis aut etiam remittendis, et id quibus quotque ex causis.* fol. Lyon: Claude Senneton, 1559).

87. otro Tiraquelo de nobilitati et primogenitiba
(TIRAQUEAU, André. *Commentarii de nobilitate et jure primogeniorum.* fol. Basilea: Hieronymus Froben & Nicolaus Episcopius, 1561; Lyon: Guillaume Rouille, 1579).

88. otro Tiraquelo sobre las leyes vnquan
(TIRAQUEAU, André. *Commentarii in l. Si unquam C. de revocandis donationibus.* fol. Lyon: Guillaue Rouille, 1574).

89. otro Tiraquelo tratado
(TIRAQUEAU, André. *Tractatus varii.* fol. Lyon: Guillaume Rouille, 1574).

90. deçiçiones de Mateo de Aflitis
(AFFLITTO, Matteo de. *Decisiones sacri regii consilii Neapolitani.* fol. Lyon: Philip Tinghius, 1574).

91. deçiçiones de Capiçio
   (CAPECE, Antonio. *Decisiones sacri regii consilii Neapolitani.* fol. Lyon: Philip Tinghius, 1574).

92. deçiçiones de Tomás Gramático
   (TOMMASO GRAMMATICO. *Decisiones sacri regii consilii Neapolitani.* fol. Lyon: Philip Tinghius, 1574).

93. deçiçiones de Guiden Papa
   (PAPE, Guy. *Decisiones Parlamenti Delphinatus.* Francfort: Petrus Fabricius, 1573; Lyon: Philip Tinghius, 1575).

94. deçiçiones de Niculao Boheris
   (BOHIER, Nicolás. *Decisiones aureae in sacro Burdegalensium Senatu olim discussarum et promulgatarum.* fol. Lyon: Joannes Mareschall, 1566; Lyon: Antonius Vincentius, 1567).

95. deçiçiones de Otabiano e de Montano
   (No identificado).

96. deçiçiones de Belamera y de otros
   (BELLEMERA, Edigio de, y otros. *Sacrosantae decisiones canonicae, collectae ab [...].* fol. Lyon: Hros. de Luc'Antonio Giunta, 1567).

97. deçiçiones de Rota
   (*Decisiones Rotae.* fol. Lyon: Vito Mercator, 1567).

98. Castillo sobre las leyes de Toro
   (CASTILLO DE VILLASANTE, Diego del. *Utilis et aurea glossa super legibus Tauri.* fol. Salamanca: Joannes de Giunta, 1544; Medina del Campo: Guillermo de Millis, 1553).

99. Burgos de Paz sobre las leyes de Toro
   (SALON DE PAZ, Marcos. *Ad leges Taurinas insignes commentarii.* fol. Valladolid: Francisco Fernández de Córdova, 1568).

100. Tello Hernández sobre las leyes de Toro
   (FERNANDEZ MESSIA, Tello. *Prima pars commentariorum in constitutiones Taurinas.* fol. Granada: Hugo Mena & René Rabut, 1566).

101. Palaçios Rubios sobre las leyes de Toro
   (LOPEZ DE PALACIOS RUBIOS, Juan. *Glossemata legum Tauri, quas vulgus de Toro appellat.* fol. Salamanca: Joannes de Giunta, 1542).

102. Antonio Gómez sobre las leyes de Toro y Gómez Darias
   (GOMEZ, Antonio. *Opus praeclarum et utilissimum super legibus Tauri.* fol. Salamanca: Andreas de Portonariis, 1567; reed. 1574.
   GOMEZ ARIAS, Fernando. *Subtilissima nec non valde utilis glossa ad famosissimas, subtiles, necessarias ac quotidianas leges Tauri.* fol. Alcalá de Henares: Juan de Brocar, 1542).

103. Diego Pérez sobre la primera parte del Ordenamiento
(PEREZ DE SALAMANCA, Diego. *Commentaria in quatuor priores libros Ordinationum regni Castellae.* Salamanca: Dominicus de Portonariis, 1574).

104. Carolo Molineo de husuris
(MOULIN, Charles du. *Tractatus commerciorum et usurarum, reditiuumque, pecunia constitutorum et monetarum.* 8° Lyon: Antonius de Haray, 1572).

105. Pinelo de bonis maternis
(PINHEL, Aires. *Commentaria ad constitutiones C. de bonis maternis.* fol. Salamanca: Joannes Baptista de Terranova, 1568; Salamanca: Mathias Gastius, 1573; Lyon: Philip Tinghius, 1576).

106. Pinelo sobre la ley segunda
(PINHEL, Aires. *Ad rubricam et legem secundam C. de rescindenda venditione commentarii.* fol. Salamanca: Joannes Baptista de Terranova, 1568).

107. Menoquio de retirenda posesione
(MENOCHIO, Giacomo. *De adipiscenda et retinenda possessione commentaria.* Colonia: Walther Fabricius & Joannes Gymnicus, 1572; Venecia: Joannes Baptista Somaschus, 1575).

108. Menoquio de adisçenda et recuperanda posesione
(MENOCHIO, Giacomo. *De adipiscenda, retinenda et recuperanda possessione commentaria.* fol. Colonia: Joannes Gymnicus, 1577).

109. barias resuluçiones de Antonio Gómez
(GOMEZ, Antonio. *Comentaria variaeque resolutiones juris civilis, communis et regii.* 3 v. fol. Salamanca: Andreas de Portonariis, 1562-63; Francfort: Georg Corvinus, 1572).

110. las obras completas de don Françisco Sarmiento
(SARMIENTO DE MENDOZA, Francisco. Posiblemente se trate de sus *Selectae interpretationes.* 4 v. fol. Los primeros 2 v. en Burgos: Philip de Giunta, 1573-75 y los últimos 2 v. en Astorga: Petrus Cosin, 1577).

111. Baeça de ynoque devitore
(BAEZA, Gaspar. *Prima pars tractatus de inope debitore, ex Castellana consuetudine creditoribus addicendo.* fol. Granada: Hugo Mena, 1570).

112. Manuel de Acosta sobre la ley Galus
(Cf. n° 56, *supra*).

113. Nauarro sobre el capítulo ynter berba
(AZPILCUETA, Martín de. *Commento en romance, a manera de repetición latina y scholástica de juristas, sobre el capítulo Inter verba.* fol. Coimbra: Juan Barreros & Juan Alvarus, 1544).

114. Baeça de deçima tutoris
  (BAEZA, Gaspar. *De decima tutori Hispanico jure praestanda tractatus.* fol. Granada: Hugo Mena, 1567).

115. Otálora de nobilitate
  (ARCE DE OTALORA, Juan. *Summa nobilitatis Hispanicae et immunitatis regiorum tributorum causas, jus, ordinem, judicium et excusationem breviter complectens.* fol. Salamanca: Andreas de Portonariis, 1559; Salamanca: Joannes Baptista de Terranova, 1570).

116. Villalpando sobre la ley veinte y dos
  (VILLALPANDO, Jaime de. *Solemnis lectura et repetitio legis vigesimae secundae tituli primi septimae Partitae.* fol. León: Pedro de Celada, 1552).

117. París de Puteo de ynstrumentis
  (PUTEO, Paris de. *Tractatus super reassumptione instrumentorum.* 4°. Venecia: Giovanni Andrea Valvassore, 1572).

118. suma rolandina.
  (PASSEGGERI, Rolandino de. *Summa artis notariae.* Lyon: Joannes Huguetan, 1565; Venecia: Francesco Rampazetto, 1574).

119. concordia de las leyes de derecho común y del reyno
  (*Concordia et nova reductio antinomiarum juris communis et regii in qua verae horum jurium differentia et quamplurimium legum regiarum communiumque intellectus et recepta praxis causarum forensium explicantur.* fol. Burgos: Juan Martínez de Olano, 1575).

120. el repertorio de Montalbo
  (DIAZ DE MONTALVO, Alfonso. *Solemne repertorium seu secunda compilatio legum.* fol. Salamanca: Pedro de Castro, 1549).

121. questiones de Quesada
  (QUESADA, Antonio de. *Diversarum quaestionum juris liber.* fol. Salamanca: Joannes Baptista de Terranova, 1571; reimp. 1573).

122. Julio Claro prática criminal
  (CHIARI, Giulio. *Receptarum sententiarum liber quintus, sive practica criminale, in quo omnium criminum materia sub receptis sententiis tractatur.* 4°. Venecia: Giovanni Antonio degli Antonii, 1573).

123. Simancas de eréticos
  (SIMANCAS, Diego de. *Theoria et praxis haereseos, sive enchiridion judicum violatae religionis.* 8°. Amberes: Christopher Plantin, 1573; Venecia: Gioirdano Ziletti, 1573).

124. Abilés sobre los capítulos de corregidores
  (AVILES, Francisco de. *Nova diligens ac perutilis expositio capitulorum seu legum praetorum ac judicum syndicatum regni totius Hispaniae.* fol. Salamanca: Vincent de Portonariis, 1571).

125. deçiçiones de Gómez de León
(LEON, Gómez de. *Informationum, decisionum et responsorum juris centuria*. fol. Sevilla: Pedro Martínez de Bañares, 1564).

126. de Menoquio de albitrales
(MENOCHIO, Giacomo. *De arbitriis judicum questionibus et causis, libri duo*. fol. Francfort: Petrus Fabricius, 1576).

127. Alonso Albarez Guerrero de la administraçión de la justiçia
(ALVARES GUERREIRO, Alfonso. *Liber aureus perutilis ac necessarius de administratione et executione justitiae*. fol. Valencia: Francisco Romano, 1536).

128. Simancas de heréticos en otro cuerpo.
(Cf. n° 123, *supra*).

129. consejos de Burgos de Paz
(SALON DE PAZ, Marcos. *Prima pars consiliorum*. fol. Medina del Campo: Francisco del Canto, 1576).

130. Fuero real con la glosa de Montalbo
(DIAZ DE MONTALVO, Alfonso. *Fuero real de España, diligentemente hecho por el noble rey don Alonso IX*, glosado por [...]. fol. Salamanca: Joannes Baptista de Terranova, 1569).

131. prática de Monterroso
(MONTERROSO Y ALVARADO, Gabriel de. *Prática civil y criminal y instructión de escrivanos, dividida en nueve tratados*. fol. Valladolid: Francisco Fernández de Córdova, 1566; Alcalá de Henares: Andrés de Angulo, 1571).

132. responsos y diçionalis de Avendaño
(NUÑEZ DE AVENDAÑO, Pedro. *Quadraginta responsa, quibus quamplurimae leges regiae explicantur*. fol. Salamanca: Joannes à Canova, 1569).

133. premáticas del reyno
(*Pragmáticas y leyes hechas y recopiladas por mandado de* [los Reyes Católicos y Carlos V] *para la buena governación y guarda de la justicia*. fol. Medina del Campo: Pedro de Castro, 1549).

134. Ordenamiento real
(*Ordenanças reales de Castilla, por las quales primeramente se han de librar todos los pleytos civiles e criminales*. fol. Toledo: Juan de Ayala, 1551; Salamanca: Joannes María de Terranova, 1560; Alcalá de Henares: Sebastián Martínez, 1565).

135. la nueva Recopilaçión
(*Recopilación de las leyes destos reynos hecha por mandato de la magestad cathólica del rey don Philippe segundo, nuestro señor*. 2 v. fol. Alcalá de Henares: Andrés de Angulo, 1569).

136. Tulio de offiçio
    (CICERON, Marco Tulio. *De officiis, libri tres*. Salamanca: Joannes María de Terranova, 1567; Venecia: Aldus Manutius, 1570; Venecia: Joannes Gryphius, 1572).

137. Juan Fabro sobre el Código
    (FAURE DE ROUSSINES, Jean. *Breviarium in Justiniani imperatoris Codicem*. fol. Lyon: Philip Tinghius, 1579).

138. Especulador, primera y segunda parte y terçera parte
    (DURAND, Guillaume. *Speculum juris*. 3 v. fol. Venecia: Gaspar Bindoni, 1576; Turín: Hros. de Nicolò Bevilacqua, 1578).

139. Emilio Peroto sobre la ley Galdus
    (PERROTUS, Aemilius. *Ad Galli formulam et ei annexam Scaevolae interpretationem glossae*. 4°. Lyon: Sebastian Gryphius, 1533).

140. Gerónimo Gigan lesis magistatis
    (GIGANTI, Girolamo. *Tractatus de crimine laesae maiestatis*. 8°. Lyon: Hros. de Jacobus Giunta, 1557).

141. Felipo Deçio de gulis [*sic*] juris
    (DECIO, Filippo. *Lectura super titulo ff. de regulis juris*. 8°. Lyon: Hros. de Jacobus Giunta, 1561; Lyon: Antonius Vincentius, 1568).

142. metosis juris
    (*Methodus ac de ratione studiendi in jure, libri tres*. 8°. Venecia: Dominicus de Farris, 1569).

143. Çepola de esliçio [*sic*] edito
    (CEPOLLA, Bartolomeo. *Commentaria in titulum ff. de aedilitio edicto*. 8°. Lyon: Hros. de Jacobus Giunta, 1550).

144. Joanes Diletus de arte testandi
    (DURANTE, Giovanni Diletto. *De arte testandi et cautelis ultimarum voluntatum tractatus*. 8°. Venecia: Hieronymus Cavalcalupus, 1564; Lyon: Guillaume Rouille, 1572).

145. fray Alonso de la Vera Cruz sobre los matrimonios
    (VERA CRUZ, Alonso de la. *Speculum conjugiorum*. 4°. Salamanca: Andreas de Portonariis, 1562; Alcalá de Henares: Juan Gracián, 1572).

146. Huberto de Bonacurso sobre las exçeçiones
    (BUONACORSO, Umberto. *Opus quod preludia et exceptiones apellavit*. 4°. Lyon: Joannes Moylin alias de Cambray, 1522).

147. consejos de Ypólito en dos cuerpos pequeños
    (MARSILI, Ippolito de. *Consilia et singularia omnia*. 2 pt. 8°. Lyon: Hugo à Porta & Lucemburgus de Gabiano, 1537).

148. remedio de jugadores de fray Pedro de Cobarrubias y tratado de canbios de Cristóbal de Villalón
    (COVARRUBIAS, Pedro de. *Remedio de jugadores*. 4°. Salamanca: Joannes de Giunta, 1543).

VILLALON, Cristóbal de. *Provechoso tratado de cambios y contrataciones de mercaderes y reprovación de usura.* 4°. Valladolid: Francisco Fernández de Córdova, 1541; reed. 1542, 1546).

149. otro tratado de fray Luis de Alcalá sobre los préstamos y logros. Ynstruçión de mercaderes por el doctor Sarauia
(ALCALA, Luis de. *Tractado de los préstamos que passan entre mercaderes y tractantes y, por consiguiente, de los logros, cambios, compras adelantadas y ventas al fiado.* 4°. Toledo: Juan de Ayala, 1543; reed. 1546.
SARAVIA DE LA CALLE, doctor. *Instrución de mercaderes muy provechosa.* 4°. Medina del Campo: Pedro de Castro, 1544; reed. 1547).

150. aviso de caçadores de Avendaño
(NUÑEZ DE AVENDAÑO, Pedro. *Aviso de caçadores y de caça.* 4°. Alcalá de Henares: Juan de Brocar, 1543).

151. prática ferrariensis
(FERRARI, Giampietro. *Practica aurea,* illustrata copiossimis additiionibus Francisci de Curte et aliorum. Lyon: Hros. de Jacobus Giunta, 1561; Francfort: Hieronymus Feyrabend, 1570; Venecia: Francesco Ziletti, 1575).

152. prática criminal de Bernardo Díez
(DIAZ DE LUGO, Juan Bernardo. *Practica criminalis canonica.* Lyon: Guillaume Rouille, 1561; reimp. 1569; Alcalá de Henares: Pedro Robles & Francisco Cormellas, 1565).

153. çensura sobre las glosas del derecho canónico
(*Censura in glossas et additiones juris canonici.* Roma: Hros. de Giulio Socolti, 1572; Salamanca: Dominicus de Portonariis, 1573).

154. Eginario Barón de benefiçis
(BARON, Eguinaire. *Ad Obertum Ortensium de beneficiis commentarii methodo in eundem subjecti.* Lyon: Sebastian Cryphius, 1549; Colonia: Theodor Baumius, 1576).

155. consejos de Burdon [*sic*] Papa
(Posiblemente se trate de PAPE, Guy. *Consilia.* Francfort: Georg Corvinus, 1574).

156. adagios de Erasmo
(ERASMUS, Desiderius. *Adagiorum chiliades.* fol. París: Michael Sonnius, 1571; París: Nicolas Chesneau, 1572; Florencia: Giunta, 1575).

157. memorables de Catebiano Cota
(COTTA, Catelliano. *Memoralia, ex variis utriusque juris doctoribus collecta.* 8°. Venecia: Ad candentis Salamandrae insigne, 1572; Lyon: Antonius de Harsy, 1573).

158. Mançio de unitatibus
   (No identificado).

159. ynterpretaçión de algunas leyes del Código
   (*Ex consiliis multorum Codicis interpretatio*. Lérida: Petrus Roburius, 1566).

160. el Bolumen y tres libros del Código
   (*Volumen legum parvum quod vocant, in quo haec insunt: tres posteriores libri Codicis, Authenticae seu novellae constitutiones, Feudorum libri duo, constitutiones Friderici II. imperatoris, Extravagantes Henrici VII. imperatoris, tractatus de pace Constantiae*. Lyon: Hugo à Porta, 1558; París: Sebastian Nivelle, 1576).

161. concordata de Pedro Rebuffo
   (REBUFFI, Pierre. *Tractatus concordatorum quae papam Leonem X. et regem Franciscum sunt edite*. Lyon: Guillaume Rouille, 1576).

162. cautelas de Çepola
   (CEPOLLA, Bartolomeo. *Ferrarius de advocatis et alii tractatus cautelarum*. Francfort: Nicolaus Bassaeus, 1575).

163. tratado de Rebuffo de las nominaçiones
   (REBUFFI, Pierre. *Tractatus nominationum et de pacificis possessoribus*. París: s.i., 1551).

164. Nauarro sobre el capítulo açepta
   (AZPILCUETA, Martín de. *Relectio sive iterata praelectio cap. accepta, de restit. spoliat*. Coimbra: Juan Barreros, 1547).

165. el decreto putatie
   (No identificado).

166. Nauarro sobre el capítulo yta quorumdan
   (AZPILCUETA, Martín de. *Relectio cap. Ita quorundam, de Judaeis, in qua de rebus ad Sarracenos deferri, prohibitis et censuris ob id latis non segniter disputatur*. 8°. Coimbra: Juan Barreros & Juan Alvarus, 1550).

167. Monárdez sobe las cosas de mediçina
   (MONARDES, Nicolás. *Primera y segunda y tercera partes de la historia medicinal*. (I) *De las cosas que se traen de nuestras Indias occidentales que sirven en medicina*; (II) *Tratado de la piedra bezaar y de la yerva escuerçonera. Diálogo de las grandezas del hierro y de sus virtudes medicinales*; (III) *Tratado de la nieve y del bever frío*. 4°. Sevilla: Alonso Escribano, 1574).

168. Luis Gómez sobre las reglas de chançillería
   (GOMEZ, Luis. *Commentaria in regulas cancellariae judiciales, quae usu quotidiano in curia et foro saepe versantur*. fol. Venecia: Michele Tramezino, 1540; París: Galeotus Pratensis, 1543).

169. fray Alonso de Castro sobre las leyes penales
(CASTRO, Alfonso de. *De potestate legis poenalis, libri duo.*
Lovaina: Antonius Maria Bergagne, 1557; Amberes: Vda. y hros. de
Johann Steelsius, 1568).

170. la Biblia en tres cuerpos pequeños
(*Biblia sacra.* 3 pt. 8°. Amberes: Christopher Plantin, 1574).

171. flores libie [*sic*]
(*Flores Bibliae, sive loci communes omnium fere materiarum.* 16°.
Lyon: Guillaume Rouille, 1556; reimp. 1566, 1574, 1576).

172. morales de San Gregorio
(GREGORIO I el Magno, San. *Liber moralium in beatum Job.* 8°.
Lyon: Jacobus Giunta, 1546).

173. Diagno y Deçio de regu juris
(Cf. n° 141, *supra*).

174. tratado de subastaçiones de Jodoco
(DAMHOUDER, Josse van. *Subbastationum compendiosa exegesis.*
Gante: Erasmus Querceus, 1546; Venecia: Joannes Antonius de
Farris, 1572).

175. repetiçiones de Vitoria
(VITORIA, Francisco de. *Relectiones theologicae.* 8°. Lyon: Jacob
Boyer, 1557; Salamanca: Joannes à Canova, 1565).

176. Titelman sobre Job
(TITELMAN, Franz. *Elucidatio paraphrastica in librum Job.* 8°.
Lyon: Guillaume Rouille, 1554).

177. todas las obras de Cobarrubias en seis cuerpos
(COVARRUBIAS Y LEIVA, Diego de. *Omnia opera.* 2 v. fol. Lyon:
Philip Tinghius, 1574; Salamanca: Dominicus de Portonariis,
1576-78).

178. fray Alonso de Castro de justa ereticorum punitione
(CASTRO, Alfonso de. *De justa haereticorum punitione, libri tres.*
8°. Amberes: Vda. y hros de Johann Steelsius, 1568).

179. Santo Tomás sobre Job
(TOMAS DE AQUINO, Santo. *In prophetae Job librum explicatio.*
8°. Paris: Sebastian Nivelle, 1557).

180. prática de Maranta
(MARANTA, Roberto. *Speculum aureum et lumen advocatorum
praxis civilis.* 8°. Lyon: Symphorianus Beraud, 1573; reed. 1577).

181. ynter biblie
(No identificado).

182. Martín Alonso del Poço sobre los Salmos
(POZO, Martín Alfonso del. *Elucidationes in omnes Psalmos David
regis.* fol. Alcalá de Henares: Juan de Villanueva & Pedro Robles,
1567).

183. suma arnica [*sic*]
    (Posiblemente se trate de AZZONE DEI PORCI. *Summa azonis, hoc est locuples juris thesaurus.* Basilea: Officina Hervagiana, 1562; Venecia: Nicolò Bevilacqua & socios, 1572).

184. San Agustín sobre los Salmos
    (AGUSTIN, San. *In Psalmorum quinquagenam explanatio.* fol. París: Christian Wechel, 1529).

185. Titelman sobre los Salmos
    (TITELMAN, Franz. *Elucidatio in omnes Psalmos, juxta veritatem vulgatae et Ecclesiae usitatae aeditionis latinae.* fol. Amberes: Philippus Nutius, 1573).

186. Joan Caçiano
    (CASIANO, Juan. Autor de varias obras).

187. suma silbestina
    (PRIERIO, Silvestris de. *Sylvestrina summa, qua summa summarum merito nuncupatur.* 4°. Lyon: Maurice Roy & Louis Pesnot, 1555; Amberes: Christopher Plantin, 1569).

188. otro cuerpo de San Agustín sobre los Salmos
    (Cf. n° 184, *supra*).

189. suma gayetana
    (VIO, Tommaso de. *Summa Caietani. Docta, resoluta ac compendiosa de peccatis summula.* Lyon: Hros. de Jacobus Giunta, 1567; Salamanca: Mathias Gastius, 1571; Venecia: Franciscus Gaspare et fratres, 1571).

190. Titelman sobre los Salmos, otros cuerpos
    (Cf. n° 185, *supra*).

191. suma de Pedraza
    (PEDRAZA, Juan de. *Summa de casos de consciencia.* 8°. Alcalá de Henares: Sebastián Martínez, 1568; Medina del Campo: Francisco del Canto, 1568; Toledo: Miguel Ferrer, 1568).

192. suma angélica
    (CLAVASIO, Angel de, beato. *Summa angelica de casibus conscientiae.* Lyon: Jacobus Giunta, 1534; Venecia: Giovanni Varisco, 1578).

193. suma de San Antonino en dos cuerpos
    (ANTONINO, San, arzobispo de Florencia. *Summa major et aurea.* 4 v. Lyon: Vincent de Portonariis, 1542; Venecia: Bernard Giunta, 1571).

194. Joan de Medina de restituçiones
    (MEDINA, Juan de, doctor. *De restitutione et contractibus tractatus.* fol. Alcalá de Henares: Juan de Brocar, 1546; Salamanca: Andreas de Portonariis, 1550; reimp. 1553).

195. la secunda secunde de Santo Tomás
    (TOMAS DE AQUINO, Santo. *Liber nomine secunda secundae.* fol. París: Claude Chevallon, 1520).

196. repetiçiones de fray Domingo de Soto y el tratado de secreto del mismo en vn cuerpo
(SOTO, Domingo de. *De ratione tegendi et detegendi secretum.* fol. Salamanca: Joannes Baptista de Terranova, 1574).

197. Soto de justiçia de juri
(SOTO, Domingo de. *De justitia et jure, libri decem.* fol. Salamanca: Joannes Baptista de Terranova, 1573).

198. otro de Soto sobre el quarto de las Sentençias en dos cuerpos
(SOTO, Domingo de. *Commentaria in quartum Sententiarum.* 2 v. fol. Salamanca: Joannes Baptista de Terranova, 1568-70).

199. el bocabulario de Antonio
(NEBRIJA, Antonio de. *Vocabularium utriusque juris.* 8°. Lyon: Hros. de Jacobus Giunta, 1567).

200. la Biblia
(Cf. n° 170, *supra*).

201. ocho libros de San Dionisio
(DIONISIO EL AEROPAGITA, San. Autor de varias obras).

202. primera y segunda parte del Yncónito
(No identificado).

203. obras de Séneca
(SENECA, Lucio Anneo. *Opera quae extant omnia.* fol. Basilea: Joannes Hervagius & Bernard Brand, 1557; Roma: Franciscus Lannetus, 1568).

204. opera Platonis
(PLATON. *Opera omnia*, ed. de Marsilio Ficino. fol. Lyon: Antonius Vincentius, 1567; Venecia: Hieronymus Scotus, 1571).

205. Diascórides
(DIOSCORIDES PEDANIO. Probablemente se trate de su obra más difundida: *Acerca de la materia medicinal y de los venenos mortíferos,* tr. del Dr. Andrés de Laguna. fol. Salamanca: Mathias Gastius, 1563; reimp. 1566, 1570).

206. conpendio ystorial de Garibay (tiene vn cuerpo el señor liçençiado de las Cabeças)
(GARIBAY Y ZAMALLOA, Esteban de. *Compendio historial de las chrónicas y universal historia de todos los reynos de España.* 4 v. fol. Amberes: Christopher Plantin, 1571).

207. la ystoria pontifical (tiene Alonso de Torres y Calderón)
(ILLESCAS, Gonzalo de. *Historia pontifical y cathólica, en la qual se contienen las vidas y hechos notables de todos los summos pontífices romanos.* 2 pt. fol. Salamanca: Dominicus de Portonariis, 1573).

208. botos de gramática (tiene el señor visitador)
(No identificado).

209. ordenanças de Granada
(*Cédulas, provisiones, visitas y ordenanças* [reales] *y autos de los señores presidente y oidores concernientes a la fácil y buena expedición de los negocios y administración de justicia y governación de la Audiencia Real que reside en la ciudad de Granada.* fol. Granada: s.i., 1551).

210. obras de Ripi en dos cuerpos
(RIPA, Johannes Franciscus. Probablemente se trate de sus *Commentaria ad jus canonicum. Commentaria ad jus civile.* 2 v. fol. Turín: Hros. de Nicolò Bevilacqua, 1574; Lyon: Giunta, 1575).

211. concordançias de la Biblia
(*Concordantiae Bibliorum utriusque Testamenti, veteris et novi.* Amberes: Vda. y hros. de Johann Steelsius, 1567; Basilea: Officina Hervagiana, 1568).

212. doze libritos de fray Luis de Granada y fray Pedro de Alcántara.
(GRANADA, Luis de y PEDRO DE ALCANTARA, San. Autores de varias obras).

213. la reyna de Saba y Judit
(No identificado).

4) Registro de embarque de los libros del tesorero Antonio Dávalos (1582)*

1. 3 cuerpos de la corónica de España de Çamalloa, 3.400 mrs.
   (GARIBAY Y ZAMALLOA, Esteban de. *Compendio historial de las chrónicas y universal historia de todos los reynos de España.* Amberes: Christopher Plantin, 1571, 4 v., fol.).
2. 4 cuerpos de los anales de Aragón de Çurita, 5.984 mrs.
   (ZURITA, Jerónimo de. *Anales de la corona de Aragón.* Zaragoza: Pedro Bernuz, 1562-80, 6 v., fol.; Zaragoza: Domingo & Simón de Portonariis, 1578-85, 4 v., fol.).
3. 2 cuerpos de los pontificales de Yllescas, 3.400 mrs.
   (ILLESCAS, Gonzalo de. *Historia pontifical y cathólica, en la qual se contienen las vidas y hechos notables de todos los summos pontífices romanos.* Salamanca: Domingo de Portonariis, 1573, 2 pt., fol.; Burgos: Martín de Victoria, 1578, 2 pt., fol.).
4. 2 cuerpos de las repúblicas del mundo, 1.700 mrs.
   (ROMAN, Jerónimo. *Repúblicas del mundo.* Medina del Campo: Francisco del Canto, 1575, 2 pt., fol.).
5. 3 cuerpos de la corónica de España de Morales, 1.360 mrs.
   (MORALES, Ambrosio de. *La corónica general de España*, continuada por... Alcalá de Henares: Juan Iñiquez de Lequerica, 1574-77, 2 v., fol.).
6. corónica de España de Florián de Ocampo, 680 mrs.
   (OCAMPO, Florián de. *Los cinco libros primeros de la corónica general de España.* Alcalá de Henares: Juan Iñiquez de Lequerica, 1578, fol.).
7. corónica de las tres órdenes, 272 mrs.
   (RADES Y ANDRADA, Francisco de. *Chrónica de las tres órdenes y cauallerías de Sanctiago, Calatraua y Alcántara.* Toledo: Juan de Ayala, 1572, 3 pt., fol.).
8. segunda parte de la corónica araucana, 238 mrs.
   (ERCILLA Y ZUÑIGA, Alonso de. Segunda parte de la Araucana. Zaragoza: Juan Soler, 1578, 8°).
9. arte de tañer fantasía [?], 750 mrs.
   (No identificado).
10. Padilla, 476 mrs.
    (Probablemente se trata de PADILLA, Pedro de. *Thesoro de varias poesías.* Madrid: Francisco Sánchez, 1580, 4°).

---

*Archivo General de Indias, Sevilla, Justicia, 483. fols. 7367-7368.

11. obras de Castillejo, 136 mrs.
(CASTILLEJO, Cristóbal. *Las obras de...* Madrid: Pierres Cosín, 1573, 8°).

12. el cortesano, 340 mrs.
(CASTIGLIONE, Baldassare. *El cortesano*, tr. de Juan Boscán. Amberes: Philippus Nutius, 1574, 8°; Salamanca: Pedro Lasso, 1571, 8°. Hay otras ediciones).

13. comedias de Rueda, 202 mrs.
(RUEDA, Lope de. *Las quatro comedias y dos coloquios pastoriles del excellente poeta y gracioso representante...*, ed. de Juan Timoneda. Valencia: Juan Mey, 1567, 3 pt., 8°; Sevilla, Alonso de la Barreda: 1576, 3 pt., 8°).

14. glosa de los proberbios del marqués de Santillana, 668 mrs.
(SANTILLANA, Iñigo López de Mendoza, Marqués de. *Proverbios de...*, con la glosa de Pedro Díaz de Toledo. Amberes: Philippus Nutius, 1581, 12°. También hay una glosa de Luis de Aranda. Granada: Hugo de Mena 1575, 8°).

15. obras de Garçilaso, 102 mrs.
(GARCILASO DE LA VEGA. *Obras del excelente poeta...*, ed. de Francisco Sánchez. Salamanca: Lucas de Giunta, 1581, 12°).

16. las coplas de don Jorge Manrrique, 102 mrs.
(MANRIQUE, Jorge. *Las coplas de....* Alcalá de Henares: Querino Gerardo, 1581, 12°).

17. primera parte de Diana enamorada, 102 mrs.
(GIL POLO, Gaspar. *Primera parte de Diana enamorada*, Amberes: Gil Steelsio, 1574, 12°; Zaragoza: Juan Millán, 1577, 8°).

18. Arcadia de Sanaçaro, 136 mrs.
(SANNAZARO, Jacopo. *Arcadia*, Venezia: Gabriel Giolito de Ferrari, 1567, 12°; Venezia: Christóforo Zanetti, 1574, 12°. Hay otras ediciones).

19. çirugía del Portugués, 204 mrs.
(Probablemente se trata de FRAGOSO, Juan. *Chirurgía universal*, Madrid: Vda. de Alonso Gómez, 1581, fol.).

20. çirugía de Françisco Díaz, 204 mrs.
(DIAZ, Francisco. *Compendio de chirurgía, en el qual se trata de todas las cosas tocantes a la teórica y práctica della, y de la anatomía del cuerpo humano.* Madrid: Pierres Cosín, 1575, 8°).

21. ystoria de don Gil, 204 mrs.
(No identificado).

22. quilatador de plateros, 136 mrs.
(ARFE Y VILLAFAÑE, Juan. *Quilatador de la plata, oro y piedras.* Valladolid: Alonso & Diego Fernández de Córdoba, 1572, 4°).

23. Auli Persi en latín, 102 mrs.
    (PERSIO FLACO, Aulo. *Satyrae sex*. París: Andreas Wechel, 1555, 4°).

24. Vargas de re metalica, 112 mrs.
    (PEREZ DE VARGAS, Bernardo. *De re metálica, en el qual se tratan muchos y diversos secretos del conocimiento de toda suerte de minerales*. Madrid: Pierres Cosín, 1569, 8°).

25. Amadís de Bernardo Taso de toscano, 340 mrs.
    (TASSO, Bernardo. *L'Amadigi*. Venecia: Fabio & Agostino Zoppini, 1581, 4°).

26. l'Aquile de Luduuico Dolche, 340 mrs.
    (DOLCE, Lodovico. *L'Achile et l'Enea*, ridotte in ottava rima. Venecia: Gabriel Giolito de Ferrari, 1572, 4°).

27. rimas del Marmita, 272 mrs.
    (MARMITTA, Giacomo. *Rime*, ed. de L. Spaggi Marmitta. Parma: Seth Vioto, 1564, 4°).

28. obras de Sanaçaro en latín, 204 mrs.
    (SANNAZARO, Jacopo. *Opera omnia*, Lyon: Antonius Gryphius, 1569, 16°; Venecia: Bibliotheca Aldina, 1570, 8°).

29. nobelas del Bandelo, 102 mrs.
    (BANDELLO, Matteo. Probablemente se trata de *La quarta parte de la novelle del...* Lyon: Alessandro Marsilio, 1583, 8°).

30. el Dante del Danielo, 816 mrs.
    (DANTE ALIGHIERI. *Divina comedia*, ed. de Bernardino Daniello. Venecia: Pietro da Fieno, 1568, 4°).

31. Progne tragedie de Luduuico Domeniche, 204 mrs.
    (DOMENICHI, Lodovico. *Progne*, tragedia. Florencia: Giunta, 1561, 8°).

32. Apiano Alexandrino, 204 mrs.
    (APIANO, Alejandrino. Probablemente se trata de su *Delle Guerre de Romani, cosi esterne come civili*, tr. de Alessandro Braccio. Venecia: Camillo Franceschini, 1575, 3 pt., 8°).

33. Faustino Tasso, 204 mrs.
    (TASSO, Faustino. Probablemente se trata de su *Le historie de succesi de nostri tempi*. Venecia: Domenico & Giovanni Battista Guerra, 1583, 4°).

34. 2 cuerpos de la corónica vniversal de Mateo Vilani, 750 mrs.
    (VILLANI, Matteo. *Crónica universali de suoi tempi*. Florencia: Lorenzo Torrentino, 1554. 2 pt., 8°).

35. la nobe fiame de Luduuico Paterno, 204 mrs.
    (PATERNO, Lodovico. *Le nuove fiamme*. Venecia: Giovanni Andrea Valsassore, 1561; Lyon: Guillaume Rouille, 1568, 8°).

36. rimas del Baçiano. 204 mrs.

(BEAZIANO, Agostino. *Le rime volgari et latine.* Venecia: Gabriel Giolito de Ferrari, 1551, 8°).

37. rimas de dibersi autori, 340 mrs.

(*Rime di diversi et eccellenti autori.* Venecia: Gabriel Giolito de Ferrari, 1556, 12°).

38. Merlino Cocayo, 204 mrs.

(FOLENGO, Teófilo. *Merlini Cocaii Macaronicorum poemata.* Venecia: Giovanni Varisco, 1573, 16°; Venecia: Horatius de Gobbis, 1581, 12°).

39. Justino, 136 mrs.

(TROGO POMPEYO. *Giustino, histórico clarissimo, nelle historie di...*, tr. de Thomaso Porcacchi. Venecia: Gabriel Giolito de Ferrari, 1561, 4°. Hay traducción castellana de Jorge de Bustamante. Alcalá de Henares: Juan de Brocar, 1540, fol.).

40. letras de Bernardo Taso, 136 mrs.

(TASSO, Bernardo. *I tre libri delle lettere, alli quali nuovamente s'è aggiunto il quarto libro.* Venecia: Francesco Lorenzini, 1564, 8°. Hay otras ediciones).

41. diálogos de León Hebreo, 204 mrs.

(LEON HEBREO. *Dialoghi di amore.* Venecia: Nicolo Bevilacqua, 1572, 8°. Hay tr. castellana de Guedella Yahia. Venecia: s.i., 1568, 4°).

42. selvas de Luigi Alamani, 204 mrs.

(ALAMANNI, Luigi. *Opere toscane.* Venecia: Hros. de Luc'Antonio Giunta, 1542, 2v., 8°).

43. libro para reçar el offiçio diuino, 204 mrs.

(Probablemente se trata de MEDRANO, Alonso de. *Instructión y arte para con facilidad rezar el officio diuino.* Alcalá de Henares: Andrés de Angulo, 1572, 8°; Madrid: Francisco Sánchez, 1573, 8°).

44. 2 misales de Plantino, 6.800 mrs.

(*Missale Romanum ex decreto Sacrosancti Concilii Tridentini restitutum.* Amberes: Chistopher Plantin, 1571, fol. Hay ediciones posteriores del mismo impresor).

45. 2 bribiarios de cámara, 6.800 mrs.

(*Breviarum Romanum, ex decreto Sacrosancti Concilii Tridentini restitutum.* Amberes: Christopher Plantin, 1570, 2 v., 8°. Hay ediciones posteriores del mismo impresor).

46. 2 [breviarios] de media cámara, 3.400 mrs.

(*Breviarum Romanum, ex decreto Sacrosancti Concilii Tridentini restitutum.* Amberes: Christopher Plantin, 1569, 8°. Hay ediciones posteriores del mismo impresor).

47. 2 bribiarios ordinarios, 1.700 mrs.
(*Breviarum Romanum, ex decreto Sacrosancti Concilii Tridentini restitutum.* Amberes: Christopher Plantin, 1569, 16°. Hay ediciones posteriores del mismo impresor).

48. 2 diurnos, 680 mrs.
(*Officium diurnum ad usum Romanum.* Amberes: Christopher Plantin, 1570, 24°. Hay ediciones posteriores del mismo impresor).

49. 1 flosantorun, 1.700 mrs.
(Quizá se trate de VEGA, Pedro de la. *Flos Sanctorum. La vida de Nuestro Señor Jesuchristo, de su sanctíssima madre y de los otros sanctos, según el orden de sus fiestas.* Sevilla: Fernando Díaz, 1580).

50. vnas oras de Nuestra Señora, 340 mrs.
(*Horae beatissimae virginis Mariae, ad usum Romanum.* Amberes: Christopher Plantin, 1565, 8°. Hay otra edición del mismo impresor de 1570).

51. otras oras, 340 mrs.
(Cf. n° 50, *supra*).

52. manuel de oraçiones, 204 mrs.
(GRANADA, Luis de. *Manual de diuersas oraciones y spirituales exercicios.* Lisboa: Joannes Blavio, 1559, 12°; Amberes: Christopher Plantin, 1572, 12°).

53. offiçio de la Semana Santa, 204 mrs.
(*Officium hebdomadae sanctae, secundum breviarum et missale Romanum, ex decreto Sacrosancti Concilii Tridentini restitutum.* Amberes: Christopher Plantin, 1575, 24°).

54. los tres cuerpos de los sermones de frai Luis en latín, 1,700 mrs.
(GRANADA, Luis de. *Conciones de tempore.* Amberes: Christopher Plantin, 1577-79, 3 v., 8°; Salamanca: Mathias Gast, 1577-80, 4 v., 4°).

55. frai Luis de la oración, 408 mrs.
(GRANADA, Luis de. *Libro de la oración y meditación, en el qual se trata de la consideración de los principales mysterios de nuestra fe.* Amberes: Christopher Plantin, 1572, 3 pt., 12°; Salamanca: Hros. de Mathias Gast, 1579, fol.).

56. contentus mundi, 340 mrs.
(GRANADA, Luis de. *Contemptus mundi*, romanzado y corregido por... Amberes: Christopher Plantin, 1572, 12°; Barcelona: Jaime Cendrat, 1580, 16°. Hay otras ediciones).

57. memoria de la vida cristiana, 340 mrs.
(GRANADA, Luis de. *Memorial de la vida christiana, en el qual se enseña todo lo que un christiano deue hazer dende el principio de su conuersión hasta el fin de la perfección.* Amberes: Christopher Plantin, 1572, 2 pt., 12°; Salamanca: Hros. de Mathias Gast, 1579, 3 pt., fol.).

58. Guía de pecadores, 340 mrs.
(GRANADA, Luis de. *Guía de pecadores, en la qual se trata copiosamente de las grandes riquezas y hermosuras de la virtud, y del camino que se ha de lleuar para alcançarla*. Amberes: Christopher Plantin, 1572, 2 pt., 12°; Salamanca: Hros. de Mathias Gast, 1580, fol.).

59. primera y segunda parte de las adiçiones de frai Luis, 408 mrs.
(GRANADA, Luis de. *Adiciones al Memorial de la vida christiana*. Salamanca: Hros. de Mathias Gast, 1581, 2 pt. 8°).

60. tres cuerpos de la vanidad del mundo, frai Diego de Estella, 680 mrs.
(ESTELLA, Diego de. *Libro de la vanidad del mundo*. Salamanca: Mathias Gast, 1576, 3 pt., 8°; Salamanca: Juan Fernández, 1581, 3 pt., 8°).

61. 3 cuerpos de los sermones de Arguiçain, 884 mrs.
(ARGUIZAIN ARTEAGA, Miguel de. *Sermones muy graves y necesarios, acomodados a estos tiempos, sobre el propheta Micheas*. Madrid: Francisco Sánchez, 1575, 3 pt., 8°).

62. los morales de San Gregorio, 1.360 mrs.
(GREGORIO I EL MAGNO, San, papa. *Los morales de...*, tr. de Alonso Alvarez de Toledo. Sevilla: Juan Varela de Salamanca: 1534, 2 v., fol.).

63. 2 cuerpos del Monte Calbario, 408 mrs.
(GUEVARA, Antonio de, obispo de Mondoñedo. *Libro llamado Monte Caluario*, corregido por Alonso de Orozco. Salamanca: Pedro Lasso, 1582, 2 pt., 8°).

64. esperança y temor cristiano, frai Juan de la Fuente, 204 mrs.
(FUENTE, Juan de la. *Libro de la esperanza y temor christiano*. Alcalá de Henares: Andrés de Angulo, 1570, 8°).

65. árbol de la vida, frai Juan de la Fuente, 204 mrs.
(FUENTE, Juan de la. *Arbol de la vida, cuyo fruto es amor de Dios y nuestro y del próximo bien ordenado*. Alcalá de Henares: Andrés de Angulo, 1572, 8°).

66. desengaño del ombre del doctor Auila, 204 mrs.
(Probablemente se trata de AVILA, Francisco de. *Diálogos en que se trata de quitar la presumpción y brío al hombre*. Alcalá de Henares: Juan Iñiguez de Lequerica, 1576, 8°).

67. mística teología de frai Sebastián Tostano, 204 mrs.
(TOSCANO, Sebastián. *Mística theología en al qual se muestra el verdadero camino para subir al Cielo*, tr. de Gonzalo de Illescas. Madrid: Francisco Sánchez, 1573, 24°).

68. la reyna Saba, frai Alonso de Orozco, 136 mrs.

(OROZCO, Alonso de, beato. *Historia de la reyna Saba quando disputó con el rey Salomón en Hierusalem*. Salamanca: Andreas de Portonariis, 1565, 8°; reimp. 1568, 1575).

69. cateçismo de Orozco, 136 mrs.

(OROZCO, Alonso de, beato. *Cathecismo prouechoso*. Zaragoza: Juan Millán, 1568, 8°; Salamanca: Domingo de Portonariis, 1575, 8°).

70. exerçiçio de la cristiana y berdadera humildad, 136 mrs.

(MEDINA, Miguel de. *Tratado de la christiana y verdadera humildad, en el qual se habla de la naturaleza, excelencia, propiedades y fructos desta sancta virtud, y se descubre la fealdad y malicia de la sobervia*. Toledo: Juan de Ayala, 1570, 8°).

71. confisionario del Çiruelo, 204 mrs.

(CIRUELO, Pedro. *Confessionario. Arte de bien confessar, muy prouechosa al confessor y al penitente*. Zaragoza: Pedro Bernuz, 1560, 8°).

72. otro [confesionario] del Gerónimo, 136 mrs.

(No identificado).

73. teórica de virtudes de don Francisco de Castilla, 204 mrs.

(CASTILLA, Francisco de. *Theórica de virtudes*, en coplas y con comento. Alcalá de Henares: Francisco de Cormellas & Pedro de Robles, 1564, 8°).

74. epistolario cristiano, 340 mrs.

(OROZCO, Alonso de, beato. *Epistolario christiano para todos estados*. Alcalá de Henares: Juan de Villanueva, 1567, 8°.

75. Alvornoz de contratos, 408 mrs.).

(ALBORNOZ, Bartolomé de. *Arte de los contractos*. Valencia: Pedro de Huete, 1573, fol.).

5) Depósito de los libros del virrey Don Martín Enríquez (1583)*

En la çiudad de los Rreies, en veinte e ocho días del mes de abril de mil e quinientos e ochenta e tres años, por ante mí el pressente scriuano, se fue prosiguiendo el dicho entrego de bienes al dicho Diego Gil de Auis, depositario general desta çiudad y rreçeuí los bienes siguientes:

1. vn libro rrecopilaçión de leies aforrado en pergamino
   (*Recopilación de las leyes destos reynos, hecha por mandato de la magestad cathólica del rey don Philippe segundo, nuestro señor*. (Alcalá de Henares: Andrés de Angulo, 1569, 2 vols., fol.; Alcalá de Henares: Juan Iñiquez de Lequerica, 1581, 2 vols., fol.).
2. dos bocabularios de la lengua mexicana e castellana
   (MOLINA, Alonso de. *Vocabulario en la lengua castellana y mexicana* (México: Antonio de Espinosa, 1571, fol.). Impreso con licencia del virrey Enríquez de 31 de octubre de 1569).
3. constituçiones del arçobispado e probinçia de México aforrado en bezerro negro.
   (*Constituciones del arçobispado y prouincia de la muy ynsigne y muy leal ciudad de Tenuxtitlán México de la Nueua España*. México: Juan Pablos, 1556, fol.).
4. otro libro petiçion que dio Joan Belasques, procurador de México, e vna ynformaçión de derecho sobre la perpetuidad aforrado en bezerro
   (*Petición que Juan Velázquez de Salazar, procurador general de la Nueua España y Nueuo Reyno de Galizia, dio en nombre de las dichas prouincias a la magestad real del rey don Phelippe segundo, nuestro señor, sobre la perpetuación de las encomiendas de indios fechas a los conquistadores y pobladores de las dichas prouincias. //Información de derecho en fauor de las prouincias de la Nueua España y Nueuo Reyno de Galizia sobre la perpetuydad de los repartimientos de indios fechos a los conquistadores y pobladores dellas*. Madrid: Guillermo Drouy, 1578, fol.).
5. vn libro pequeño del descubrimiento de las Yndias
   (Texto bastante difícil de precisar. De todas formas, puede sugerirse el nombre de APOLLONIO, Levinio. *De Peruuiae regionis, inter Novi Orbis provincias celeberrimae, inventione et rebus in eadem gestis libri V*. Amberes: Johannes Beller, 1566, 8°.; reimp. 1567.).

---

*Archivo General de Indias, Sevilla, Contratación, leg. 479, n° 3, ramo 6.

6. La corónica del rrei don Joan el segundo aforrado en pergamino
(GALINDEZ DE CARVAJAL, Lorenzo. *Corónica del sereníssimo
rey don Juan, el segundo deste nombre*, corregida por... Sevilla:
Andrés de Burgos, 1543, fol.).

7. vn libro de medicina [?] chico de bezerro
(Probablemente se trata de FARFAN, Agustín. *Tratado breue de
medicina*. (México: Antonio Ricardo, 1579, 4º.). Impreso con licencia
del virrey Enríquez [?]).

8. vn libro de rrelaçión de la Florida
(ELVAS, Hidalgo de. *Relaçam verdadeira dos trabalhos que ho
gouernador dom Fernando de Souto e certos fidalgos portugueses
passarom no descobrimento da prouincia de Frolida* [sic]. Evora:
Andrés de Burgos, 1557, 24°).

9. otro libro de horden de la misa
(Probablemente se trata de OZCARIZ, Juan. *Cerimonial y rúbricas
generales, con la orden de celebrar las missas y auisos para los
defectos que acerca dellas pueden acontecer, sacados del nuevo misal
tridentino*. (México: Pedro Balli, 1579, 8°.). Impreso con licencia del
virrey Enríquez de 13 de mayo de 1579).

10. otro bocabulario de la lengua mexicana y castellana aforrado en
pergamino
(Cf. n° 2, *supra*).

11. otro libro rrecopilaçión de algunas bulas conçedidas en fauor de la
justiçia rreal
(*Recopilación de algunas bulas del summo pontífice concedidas en
favor de la jurisdicción real, con todas las pragmáticas e algunas
leyes del reyno*. Toledo: Hernando de Santa Catalina, 1545, fol.;
Toledo: Juan Ferrer, 1550, fol.).

12. otro bocabulario de la lengua castellana y mexicana
(Cf. n° 2, *supra*).

13. vna Blibia [sic] grande en tabla
(*Hebraicorum Bibliorum Veteris Testamenti Latina interpretatio*, ed.
de Benito Arias Montano. Amberes: Christopher Plantin, 1572, fol.).

14. vn misal de los biejos
(*Missale Romanum*. Venecia: Hros. de Luc'Antonio Giunta, 1559,
8°.; México: Antonio de Espinosa, 1561, fol.; Venecia: Hieronymus
Scotus, 1562, 8°. Hay otras ediciones).

15. otra Biblia grande en tabla
(*Novum Testamentum Graece cum vulgata interpretatione Latina
Graeci contextus lineis inserta*, ed. de Benito Arias Montano.
Amberes: Christopher Plantin, 1572, fol.).

16. vn libro Calpino en tabla
    (CALEPIO, Ambrogio da. Probablemente se trata de su *Dictionarium, adiunctae sunt praeterea singulis vocibus Latinis, Italicae, Gallicae et Hispanicae interpretationes.* Lyon: Antonius Gryphius, Theobald Paganus & Hros. de Jacobus Giunta, 1565, fol.).

17. vn libro concordones [*sic*] de la Sagrada Scriptura en tabla
    (*Concordantiae Bibliorum utriusque Testamenti, veteris et novi.* Amberes: Vda. y hros. de Johann Steelsius, 1567, 4°. Hay otras ediciones.).

18. otro libro en tabla de [*ilegible*]
    (Imposible de identificar).

19. otro bocabulario de la lengua mexicana en pergamino rromançe
    (Cf. n° 2, *supra*).

20. otro dagiorun de Herasmo Rroteledamo en bezerro en latín
    (ERASMUS, Desiderius. *Adagiorum Chiliades.* Lyon: Hros. de Sebastian Gryphius, 1559, fol.; París: Michael Sonnius, 1571, fol. Hay otras ediciones.).

21. otro libro sacrosante en latín en tabla
    (*Sacrosancti et oecumenici Concilii Tridentini canones et decreta.* Amberes: Christopher Plantin, 1571, 8°.; Medina del Campo: Francisco del Canto, 1579, 8°).

22. otro libros en tabla de latín de San Joao Amaçeno
    (JUAN DAMASCENO, San. Probablemente se trata de su *Opera*, ed. de Jacobus Billius. París: Guillaume Chaudière, 1577, fol.).

23. otro libro el Eclesiástico en latín en pergamino
    (*Proverbia, Ecclesiastes et cantica canticorum Salomonis. Liber sapientiae Ecclesiasticus Iesu filii Sirach.* Amberes: Christopher Plantin, 1564, 16°. Hay ediciones del mismo impresor, en 24°., de 1567 y 1574).

24. otro entitulado epitomi potificalen
    (No identificado).

25. otra suma siluestrina en tabla
    (PRIERIO, Silvestris de. *Sylvestrina summa, qua summa summarum merito nuncupatur.* Lyon: Maurice Roy & Louis Pesnot, 1555, 2 vols., 4°).

26. çinco brebiarios del nueuo rrezado nuevos
    (*Breviarium Romanum, ex decreto Sacrosancti Concilii Tridentini restitutum.* Amberes: Christopher Plantin, 1569, 8°. Hay ediciones posteriores del mismo impresor).

27. otro brebiario biejo
    (*Breviarium Romanum.* Venecia: Hros. de Luc'Antonio Giunta, 1563, 4°. Hay otras ediciones).

28. ocho libros de latín en tabla grandes, de que se an deber de qué son
    (Es lástima que en este asiento, así como en otros sucesivos, no
    existan noticias bibliográficas más detalladas, que podrían dar lugar
    a la identificación de las obras aludidas).

29. otros dos libros de latín
    (Cf. n° 28, *supra*).

30. vn libro de lostimaçion de los rreies [?] en pergamino
    (No identificado).

31. onze libros de latín pequeños en bezerro
    (Cf. n° 28, *supra*).

32. otros çinco libros de latín en pergamino pequeños
    (Cf. n° 28, *supra*).

33. vn libro arte de la lengua mexicana en pergamino
    (MOLINA, Alonso de. *Arte de la lengua mexicana y castellana*.
    (México: Pedro de Ocharte, 1571, 8°.) 2ª. ed., corregida y aumenta-
    da. (México: Pedro Balli, 1576, 8°.) Ambas ediciones, impresas con
    licencia del virrey Enríquez de 22 de junio de 1571 y 8 de mayo de
    1576, respectivamente).

34. vn libro çédulas y hordenanças de Granada
    (*Cédulas, provisiones, visitas y ordenanças de Sus Magestades y autos
    de los señores presidente y oidores, concernientes a la fácil y buena
    expedición de los negocios y administración de justicia y governación
    de la Audiencia Real que reside en la ciudad de Granada*. Granada:
    s.i., 1551, fol.).

35. otro libro hordenanças de la Casa de la Contrataçión
    (*Ordenanzas reales para la Casa de la Contractación de Sevilla y
    para otras cosas de las Indias y de la navegación y contractación
    dellas*. Sevilla: Martín de Montesdosca, 1553, fol.).

36. otro hordenanças de las Yndias
    (*Leyes y ordenanças nuevamente hechas por Su Magestad para la
    governación de las Indias y buen tratamiento y conservación de los
    indios*. Alcalá de Henares: Juan de Brocar, 1543, fol.).

37. otro libro çédulas e prouisiones de la Nueua España
    (*Provisiones, cédulas, instrucciones de Su Magestad, ordenanças de
    difuntos y audiencia para la buena expedición de los negocios y
    administración de justicia y governación desta Nueva España, y para
    el buen tratamiento y conservación de los yndios*. México: Pedro
    Ocharte, 1563, fol.).

38. otro libro de rregla de Su Magestad escripto de mano
    (No identificado).

39. otro libro arte de la nauegaçión
    (Probablemente se trata de MEDINA, Pedro de. *Arte de nauegar, en
    que se contienen todas las reglas, declaraciones, secretos y auisos que*

a la buena navegación son necessarios y se deuen saber. Valladolid: Francisco Fernández de Córdoba, 1545, fol.).

40. otro libro de la ystoria de las Yndias y las guerras çeuiles del Pirú
   (FERNANDEZ DE OVIEDO, Gonzalo y JEREZ, Francisco de. *La hystoria general de las Indias, con la conquista del Perú.* Salamanca: Joannes de Giunta, 1547, fol.).

41. otro libro yntitulado espiritual por el padre Abila
   (JUAN DE AVILA, San. *Libro espiritual, que trata de los malos lenguajes del mundo, carne y demonio, y de los remedios contra ellos.* Madrid: Pierres Cosin, 1574, 8°.; Salamanca: Mathias Gast, 1575, 8°.; Alcalá de Henares: Juan Iñiquez de Lequerica, 1581, 8°).

42. vn misal nueuo grande
   (*Missale Rommanum, ex decreto Sacrosancti Concilii Tridentini restitutum.* Amberes: Christopher Plantin 1571, fol. Hay ediciones posteriores del mismo impresor).

43. otro misal pequeño
   (*Missale Romanum, ex decreto Sacrosancti Concilii Tridentini*).

6) Inventario de la biblioteca del cura Alonso de Torres Maldonado (1591)[*]

1. quatro cuerpos de libros biejos que son las quatro partes de Santo Thomás
   (TOMAS DE AQUINO, Santo. *Summa theologica*. 4 pt).
2. dos cuerpos de libros de Soto sobre el quarto de la Sentencia
   (SOTO, Domingo de. *Commentaria in quartum Sententiarum*. Salamanca: Joannes Baptista de Terranova, 1568-70, 2 vols. fol.).
3. vn cuerpo de libro de Santo Thomás contra jentiles
   (TOMAS DE AQUINO, Santo. *Summa contra gentiles*).
4. vn vuerpo de libro árbol de consideración y baria doctrina
   (No identificado).
5. vn dixsionario de Antonio
   (NEBRIJA, Antonio de. *Dictionarium latino-hispanicum*).
6. vna Biblia
7. una suma silbestrina
   (PRIERIO, Silvestris de. *Summa syvestrina, qua summa summarum merito nuncupatur*).
8. Palacios sobre San Mateo
   (PALACIO, Pablo de. *Enarrationes in sacrosanctum Jesu Christi Evangelium secundum Mattheum*).
9. las hobras de Yrineo
   (IRENEO, San. *Libri quinque adversus portentosas haereses Valentini et aliorum*).
10. vna suma de Cayetano
    (VIO, Tommaso de. *Summa Caietani. Docta, resoluta ac compendiosa de peccatis summula*).
11. vna suma de Vitoria
    (VITORIA, Francisco de. *Summa sacramentorum eclesiae*).
12. guía de pecadores
    (GRANADA, Luis de. *Guía de pecadores*).
13. el tomo tercero de las emelías [*sic*] de San Crisóstomo
    (JUAN CRISOSTOMO, San. *Homiliae ad populum Antiochenum*).
14. vn libro de Laerco de las historias ecleziásticas de la Sagrada Escritura
    (No identificado).
15. vn bocabulario vtriusque juris
    (NEBRIJA, Antonio de. *Vocabularium utriusque juris*).

---

[*]Archivo General de Indias, Sevilla, Contratación, leg. 249, n° 6, ramo 4.

16. vna suma de Navarro en rromance
    (AZPILCUETA, Martín de. *Compendio y summario de confessores y penitentes*, tr. de fray Antonio Bernal).
17. vn tratado de gracis et espectatibis
    (No identificado).
18. otra suma silbestrina
    (Cf. nº 7, *supra*).
19. San Juan Grisóstomo sobre las epístolas de San Pablo
    (JUAN CRISOSTOMO, San. *Expositio in divi Pauli epistolas*).
20. Titelman sobre San Pablo
    (TITELMAN, Franz. *¿Elucidatio in omnes epistolas apostolicas?*).
21. vn sermonario de Alberto Patavino
    (ALBERTO DE PADUA. *Sermones*).
22. los discursos del Credo
    (SALAZAR, Esteban de. *Veynte discursos del Credo, en declaración de nuestra sancta fe cathólica y doctrina christiana*).
23. vn directorium curatorun
    (COMA, Pedro Mártir. Libro intitulado *Directorium curatorum*).
24. vn reportorio de Moya
    (¿PEREZ DE MOYA, Juan. *Silva eutrapelias, id est comitatis et urbanitatis?*).
25. vn librillo yntitulado pupila oculi
    (BURGOS, Juan de. *Pupilla oculi omnibus sacerdotibus*).
26. vn sermonario de San Vicente
    (VICENTE FERRER, San. *Sermones, en los quales auisa contra los engaños de los dos Antichristos*).
27. vn libro yntitulado trilogium Ebangelium
    (No identificado).
28. vn concilio tredentino
    (*Canones et decreta sacrosancti oecumenici et generalis Concilii Tridentini*).
29. otro concilio tredentino
    (Cf. nº 28, *supra*).
30. vna prática de Baldo
    (BALDO DEGLI UBALDI. *Practica judiciaria*).
31. vn contentis mundi
    (KEMPIS, Tomas de. *Contemptus mundi*, romanceado y corregido por fray Luis de Granada).
32. vna suma de Cayetano
    (Cf. nº 10, *supra*).
33. vn Virgilio en latín
    (VIRGILIO MARON, Publio).

34. vnas súmulas de Soto
    (SOTO, Domingo de. *Summulae*. Salamanca: Andreas de Portonariis, 1555; reimp. en 1568 y 1571. fol.).
35. vn aurea rrosa super Ebangelia
    (No identificado).
36. la segunda parte del Monte Calvario
    (GUEVARA, Antonio de, obispo de Mondoñedo. *Libro llamado Monte Calvario*, corregido por fray Alonso de Orozco. Salamanca: Pedro Lasso, 1582. 8°).
37. vn tratado del hijo pródigo
    (¿WILD, Johann. *De filii prodigi parabola conciones*?)
38. vn bocabulario ecleziástico
    (¿FERNANDEZ DE SANTAELLA, Rodrigo o XIMENEZ ARIAS, Diego? Ambos son autores de *vocabularios eclesiásticos* muy difundidos en aquella época).
39. vn catesismo en latín
40. vn confisionario de Alcocer
    (ALCOCER, Francisco de. *Confessionario breve y muy provechoso para los penitentes*. Salamanca: Juan de Canova, 1568; reimp. en 1572. 8°).
41. vn confisionario en la lengua
    (*Confessionario para los curas de indios, compuesto y traduzido en las lenguas quichua y aymara*, Lima: Antonio Ricardo, 1585. 4°).
42. vn libro yntitulado aereum opus de beritate contricionis
    (No identificado).
43. vn libro yntitulado flosculus sacrementorum
    (¿Flos sanctorum?).
44. vn libro del Cid Rui Díaz
    (*La historia del Cid Ruy Díaz de Biuar*).
45. vn libro biejo sin principio sobre las epístolas de San Pablo
46. vn sermonario de San Vicente
    (Cf. n° 26, *supra*).
47. vn libro yntitulado oficiun missa
    (No identificado).
48. vn libro de las hobras de Garcilaso
    (GARCILASO DE LA VEGA. *Obras*, ed. de Francisco Sánchez o de Fernando de Herrera).
49. los adajos de Benavente
    (¿Será alguna obra de Juan Alfonso de Benavente?).
50. siete librillos, vnos sin títulos y otros biejos

7) Tasación de los libros del licenciado Juan Bautista de Monzón (1594)[*]

En la villa de Madrid, a veinte días del mes de septiembre de mil y quinientos y nobenta y quatro años, los dichos don Gerónimo y don Gonçalo de Monçón, continuando la dicha tassa, nonbraron a Esteuan Boje [sic], mercader de libros, vezino y estante en esta dicha villa, para que tasse los libros que quedaron por fin y muerte del dicho licenciado de Monçón; del qual resciuí juramento en forma deuida de derecho que tassará bien y fielmente los dichos libros, a justa y común estimación y en su justo balor, a su sauer y mejor entender. La qual dicha tassa hiço en la forma y manera siguiente:

1. quatro cuerpos de libros de flos santorun de Villegas [el de Toledo], 2.990 mrs.
    (VILLEGAS, Alonso de. *Flos sanctorum*. Toledo: Juan Rodríguez, 1589-91, 4 pt., fol.).
2. los cinco cuerpos de monarquía eclesiástica, 3.400 mrs.
    (PINEDA, Juan de. *Los treynta libros de la monarchía ecclesiástica o historia universal del mundo*. Barcelona: Jayme Cendrat, 1594, 5v., fol.).
3. otro cuerpo que se llama sínbolo de ffe [cattecismo de flay Luis de la ffe], 610 mrs.
    (GRANADA, Luis de. *Introductión del symbolo de la fe*. Salamanca: Hros. de Mathias Gast, 1584, 4 pt., fol.; Barcelona: Jayme Cendrat, 1584, 4 pt., fol.; Salamanca: Guillermo Foquel, 1590, fol. Hay otras ediciones).
4. otro libro intitulado elojio pro biriuorun [elojios o bidas de los caballeros antiguos y modernos], 270 mrs.
    (GIOVIO, Paolo. *Elogios o vidas breues de los cavalleros antiguos y modernos, illustres en valor de guerra*, tr. de Gaspar de Baeza. Granada: Hugo de Mena, 1568, fol.).
5. dos cuerpos de la [historia] pontifical, 1.020 mrs.
    (ILLESCAS, Gonzalo de. *Historia pontifical y cathólica, en la qual se contienen las vidas y hechos notables de todos los summos pontífices romanos*, 4ª ed. Zaragoza: Domingo de Portonariis Ursino, 1583, 2 pt., fol.).
6. primero y segundo cuerpo de la monarquía vieja, 270 mrs.
    (PINEDA, Juan de. *Los treynta libros de la Monarchía ecclesiástica o historia universal del mundo*, 1ª y 2ª partes. Salamanca: Juan Fernández, 1588, fol.).

---

[*]Archivo Histórico de Protocolos de Madrid, Protocolo 2.525, fols. 335v-336v.

7. primera y segunda partes de las leyes destos reynos, 1.495 mrs.
(*Recopilación de las leyes destos reynos, hecha por mandado de la magestad cathólica del rey don Philippe segundo, nuestro señor*. Alcalá de Henares: Juan Iñiguez de Lequerica, 1592, 2v. fol.).

8. vn repertorio, 238 mrs.
(ATIENZA, Diego de. *Repertorio de la Nueva Recopilación de las leyes del reyno*. Alcalá de Henares: Juan Iñiguez de Lequerica, 1592, fol.).

9. tres cuerpos de vita Cristi Cartujano, 2.244 mrs.
(LUDOLPHUS DE SAXONIA. *Vita Christi Cartuxano,* tr. de Ambrosio Montesino. Alcalá de Henares: Stanislao de Polonia, 1502, 4 pt., fol.; Sevilla: Juan Cromberger, 1530-31, 4 pt., fol.).

10. vn libro pequeño de probisiones y cédulas reales, 68 mrs.
(*Quaderno de las leyes añadidas a la Nueva Recopilación passada.* Alcalá de Henares: Juan Iñiguez de Lequerica, 1592, fol.).

11. quatro cuerpos de la Biblia comentada bieja, 680 mrs.
(Probablemente sea *Biblia utriusque Testamenti*. Ginebra: Robert Stephan, 1557, 4v., fol.).

12. vn cuerpo de San Buenabentura, 270 mrs.
(BUENAVENTURA, San. Autor de muchas obras).

13. los dos briuiarios grande y pequeño, 1.020 mrs.
Breviarium Romanum, ex decreto Sacrosancti Concilii Tridentini restitutum. Amberes: Christopher Plantin, 1569, 8° y 16°; hay ediciones posteriores del mismo impresor.

14. la pasión Cartujano, 272 mrs.
(LUDOLPHUS DE SAXONIA. Probablemente sea su *Vita Christi Cartuxano*, 4ª parte, tr. de Ambrosio Montesino. Alcalá de Henares: Stanislao de Polonia, 1502, fol.; Sevilla: Juan Cromberger, 1531, fol.).

15. demostraciones cristiana doctrina, 272 mrs.
(FERNÁNDEZ, Juan Bautista. *Primera parte de las demostraciones católicas y principios en que se funda la verdad de nuestra christiana religión*. Logroño: Matías Mares, 1593, fol.).

16. otro libro de Silbestre [la suma silbestrina], 272 mrs.
(PRIERIO, Silvestris de. *Summa sylvestrina, qua summa summarum merito nuncupatur*. Lyon: Symphorianus Beraud, 1582, 4°).

17. otro libro que se llama Clauario, 136 mrs.
(GUEVARA, Antonio de, obispo de Mondoñedo. *Libro llamado Monte Calvario*, corr. por Alonso de Orozco. Salamanca: Pedro Lasso, 1582, 2 pt., 8°).

18. la Biblia [comentada] antigua, 204 mrs.
(*Biblia, ad vetustissima exemplaria castigata*. Hay muchas ediciones probables).

19. otro illustior poetarum [flor de poetas en latín], 136 mrs.
    (MIRANDULA, Octavianus. *Illustrium poetarum flores*, per [...]
    collecti et in locos communes digesti. Paris: Hieronymus de Marnef,
    1585, 16°; Lyon: Jean de Tournes, 1586, 16°; Lyon: Hugo á Porta,
    1594, 16°).
20. reportorio de la doctrina [cristiana], 68 mrs.
    (No identificado).
21. regla de rezar arte [*sic*] oficio romano, 102 mrs.
    (*Reglas y arte para aprender a rezar el officio diuino, según la orden
    de la Sancta Iglesia romana.* Medina del Campo: Pedro de Castro,
    1550, 8°).
22. elucidaciones, 136 mrs.
    (Probablemente sea POZO, Martín Alfonso del. *Elucidationes in
    omnes Psalmos David regis.* Alcalá de Henares: Juan de Villanueva
    & Pedro Robles, 1567, fol., o bien TITELMAN, Franz. *Elucidatio
    in omnes Psalmos.* Amberes: Philippus Nutius, 1573, fol.).
23. otro libro que llaman Plutarco, 68 mrs.
    (PLUTARCO. *Las vidas de los ilustres y excellentes varones griegos
    y romanos*, tr. de Juan Castro de Salinas. Colonia: Arnold Birckmann,
    1562, fol., o *Morales*, tr. de Diego Gracián. Salamanca: Alejandro de
    Canova, 1571, fol.).
24. dos cuerpos que son declaraciones de salmos, 136 mrs.
    (PANIGAROLA, Francesco. *Dichiaratione dei Salmi di David.*
    Venecia: A. Salicato, 1586, 8°; Venecia: Andrea Muschio, 1588, 8°).
25. otro libro que llaman emblames [de Alciato], 136 mrs.
    (ALCIATI, Andrea. *Los emblemas*, tr. de Bernadino Daza. Lyon:
    Guillaume Rouille, 1549. 8°).
26. otro libro Garcilasso, 136 mrs.
    (GARCILASO DE LA VEGA. *Obras del excellente poeta* [...] ed. de
    Francisco Sánchez. Salamanca: Lucas de Giunta, 1581, 12°; Salaman-
    ca: Diego López & Pedro de Adurza, 1589, 12°. Hay otras edicio-
    nes).
27. las leyes destos reinos en cuerpo biejo, 204 mrs.
    (*Recopilación de las leyes destos reynos, hecha por mandado de la
    magestad cathólica de rey don Philippe segundo, nuestro señor.*
    Alcalá de Henares: Andrés de Angulo, 1569, 2v., fol.).
28. otro libro pequeño que no avía nombre ni principio ni fin (*sin tasa*).
    Imposible de identificar.
29. las obras de Boscán (*sin tasa*)
    (BOSCÁN, Juan. *Las obras de* [...] *y algunas de Garcilasso de la
    Vega, repartidas en quatro libros.* Alcalá de Henares: Sebastián
    Martínez 1575, 8°; Amberes: Peter Beller, 1576, 12°. Hay otras
    ediciones).

Todos los quales dichos libros que aquí van tassados fueron bien y fielmente tassados, a su sauer y mejor entender y a justa y común estimación, estando presentes por testigos Pero Nuñez de Valader y Juan Fernández, estantes en Madrid. Y lo firmó de su nombre: Estefano Bogia (*rubricado*). Pasó ante mí, Gómez de la Quintana, scribano (*rubricado*).

8) Inventario y tasación de la biblioteca de Don Hernando Arias de Ugarte (1614)[*]

En la ciudad de los Reyes, en onze días del mes de octubre de este dicho año [1614], se prosiguió el dicho inventario en lo tocante a la librería del estudio del dicho señor obispo, y los libros que en él se hallaron y la tasación que dellos hizo Andrés de Ornillos, librero, persona nombrada por el dicho alcalde [capitán Diego de Agüero] para ella, auiendo primero jurado y visto los dichos libros uno por uno y los títulos que tenían; todo lo qual es en la manera siguiente:

Librería que se halló en el estudio de su señoría

1. dos missales de Murete, 160 rs.
   (MURET, Marc Antoine).
2. vn misal antiguo de Venecia, 80 rs.
3. vn breuiario de folio con manesillas de plata en tablas doradas, 360 rs.
4. vn breuiario de media cámara de Venecia con tablas doradas, 208 rs.
5. vn breuiario de media cámara de Plantino con tablas doradas, 160 rs.
   (PLANTIN, Christopher, impresor de Amberes).
6. otro breuiario en 4° de Plantino con tablas doradas y manesillas de plata, 112 rs.
7. otro breuiario en 16° de Antuerpia en papelón dorado, 48 rs.
8. vn diurno de Venecia en 8°, 28 rs.
9. otro diurno en 16° con manesillas de plata, 32 rs.
10. vn calendario cordovés en tablas doradas, 96 rs.
11. otro calendario toledano en 8°, 48 rs.
12. vn pontifical en tres cuerpos de Roma, de los nueuos, con tablas doradas y manesillas de plata, 640 rs.
13. otro pontifical del año 85 en vn cuerpo con tablas, 192 rs.
14. vn ceremonial de cuerpo entero con tablas, 176 rs.
15. vn ceremonial en 4° con tablas, 48 rs.
16. vn manual en 4° con tablas, 56 rs.
17. vn oficio de la Semana Santa en 8°, 26 rs.
18. vnas horas en 16° con manesillas de plata, 12 rs.
19. vn martyrologio de Plantino en 8°, 56 rs.
    (PLANTIN, Christopher impresor de Amberes).
20. otro martyrologio en 4°, 40 rs.
21. Molina instrucción de sacerdotes en 4° pergamino, 32 rs.
    (MOLINA, Antonio de).

[*]Archivo General de la Nación, Lima, Protocolo n° 2.004, Diego Jaramillo, 1637-1638, fols. 475v-481.

22. ceremonial de Alcocer en 8°, 16 rs.
(ALCOCER, Juan de. *Ceremonial de la missa*).

23. instrucción para decir missa en 16° por Juan Gascón, 8 rs.
(*Instrucción para dezir missa conforme al missal romano*, Huesca 1585).

24. vn thesoro espiritual de la missa del P. Gaspar Sánchez en 16°, 8 rs.

25. meditaciones del sanctísimo sacramento de Pinelo en 16°, 8 rs.
(PINELO, Lucas. *Meditaciones del santísimo sacramento*, tr. de Antonio de Rozas, Madrid, 1602).

26. práctica de sacramentos por Arboleda en 4°, 24 rs.
(ARBOLEDA Y CARDENAS, Alonso de. *Práctica de sacramentos y política eclesiástica*, Cuenca 1603).

27. meditaciones del P. Puente en dos tomos en 4°, 64 rs.
(PUENTE, Luis de la. *Meditaciones de los mysterios de nuestra santa fe*).

28. guía espiritual del P. Puente en dos tomos en 4°, 48 rs.
(PUENTE, Luis de la. *Guía espiritual*, Valladolid 1609).

29. aprobechamiento espiritual del P. Arias en 4°, 16 rs.
(ARIAS, Francisco).

30. los libros de la madre Theresa de Jesús en vn cuerpo en bezerro, 32 rs.
(TERESA, Santa).

31. dilucidario espiritual de Graciano en 4° papelón, 32 rs.
(GRACIAN DE LA MADRE DE DIOS, Jerónimo. *Dilucidario del verdadero espíritu*).

32. rationale diuinorum officiorum en 4° de Durando, 24 rs.
(DURAND, Guillaume).

33. Durante de ritibus eclesie en 8°, 16 rs.
(DURANTI, Jean Etienne. *De ritibus ecclesiae catholicae libri tres*).

34. Reginaldo de prudentia confessoris en 8°, 16 rs.
(REGINALDUS, Publius Valerius. *Praxis fori poenitentialis ad directionem confessorii*).

35. príncipe cristiano de Ribadeneyra en 16°, 16 rs.
(RIBADENEYRA, Pedro de. *Tratado de la religión y virtudes que deue tener el príncipe christiano*).

36. historia de Nuestra Señora de Loreto en 4°, 16 rs.
(TURSELINO, Horacio. *Historia lauretana*, Madrid 1603).

37. historia de Nuestra Señora de Guadalupe en 4°, 16 rs.
(TALAVERA, Gabriel de. *Historia de Nuestra Señora de Guadalupe*, Toledo 1597).

38. historia de Nuestra Señora de Monserrate en 8°, 16 rs.
(BURGOS, Pedro Alfonso de. *Libro de la historia y milagros de Nuestra Señora de Montserrat*).

264

39. obras de Casiano en 8°, 16 rs.
    (CASIANO, Juan).
40. vite sanctorum de Francisco Hareo en 8°, 24 rs.
41. nostra don
    (?) en 8°, 8 rs.
42. vida de San Joseph en 8°, 16 rs.
    (GRACIAN DE LA MADRE DE DIOS, Jerónimo. *Vida y muerte del patriarca San Joseph*, Valencia 1602).
43. vida de San Ysidro en 8°, 8 rs.
    (VILLEGAS, Alonso de. *Vida de San Isidro labrador*, Madrid 1592).
44. vida de Gregorio López en 8°, 8 rs.
    (LOSA, Francisco. *La vida que hizo el siervo de Dios Gregorio López en algunos lugares de esta Nueva España*, México 1613).
45. figura de los mártyres de la Compañía en 8°, 8 rs.
46. cossas marauillosas de Roma en 8°, 12 rs.
47. compendium spirituale de Bartolomé Martyribus en 16°, 12 rs.
    (BARTOLOMAEUS DE MARTYRIBUS. *Compendium spiritualis doctrinae*, Madrid 1598).
48. contemptus mundi en 16°, 8 rs.
    (probablemente sea el *Contemptus mundi* romanzado y corregido por fray GRANADA, Luis de).
49. Villacastín en 16°, 8 rs.
    (VILLACASTIN, Tomás de. *Manual de consideraciones y exercicios espirituales para la oración*).
50. tratado de la perfección en 16° bezerro, 8 rs.
51. exercicio espiritual en 16°, 4 rs.
52. manual de las oraciones en 16°, 4 rs.
    (¿GRANADA, Luis de. *Manual de diuersas oraciones y spirituales exercicios?*).
53. directorio espiritual en 16°, 4 rs.
    (ARRIAGA, Pablo José de. *Directorio espiritual para exercicio y prouecho del collegio de Sant Martín*, Lima 1608).
54. manuale de recordi en 16°, 4 rs.
55. Natal de folio dorado en papelón, 320 rs.
    (NADAL, Gerónimo. *Adnotationes et meditationes in Evangelia*).
56. vn cuerpo de los sermones de bienes, 12 rs.
57. Laurentii Gambarii rerum sacrarum en 4°, 16 rs.
    (GAMBARA, Laurentius, poeta).
58. cathalogus scriptorum de Ribadeneyra en 8°, 12 rs.
    (RIBADENEYRA, Pedro de. *Illustrium scriptorum religionis Societatis Iesu catalogus*).
59. la mística theología de San Buenaventura, 12 rs.

60. reglas y exercicios de la Compañía en dos tomos papelón en 8°, 32 rs.
61. exercicios de la Compañía pergamino en 8°, 16 rs.
62. thesaurus sacrum historiarum, 240 rs.
63. Biblia pequeña en cinco tomos de 16°, 128 rs.
64. Biblia vulgata en 4°, 64 rs.
65. Lesio de gratia en 4°, 24 rs.
    (LESSIUS, Leonardus).
66. vida del Niño de la Guarda en 4°, 4 rs.
67. epístolas del maestro Auila en 8°, 12 rs.
    (JUAN DE AVILA, San. *Epistolario espiritual*).
68. preciosa margarita en 4°, 12 rs.
    (FLORES, Diego de. *Preciosa margarita de la vida, muerte y gloria de la santísima virgen María*).
69. obras de Juan Latino en 4°, 4 rs.

Libros de derecho canónico

70. derecho canónico de León en tres tomos pergamino, 320 rs.
71. summa de Hostiense, 48 rs.
    (BARTHOLOMAEIS, Henricus de. *Summa hostiensis*).
72. Innocencio super Decretales de Venecia, 32 rs.
    (INOCENCIO IV, papa. *Commentaria super quinque libros Decretalium*).
73. Abbades de León en ocho cuerpos, 280 rs.
    (TUDESCHI, Niccolò de. *Interpretationes in quinque Decretalium libros*).
74. Felinos en quatro cuerpos consejos, 200 rs.
    (SANDEO, Felino María).
75. Baldo super Decretales, 48 rs.
    (BALDO DEGLI UBALDI).
76. Decio super Decretales, 32 rs.
    (DECIO, Filippo).
77. Prepósito super Decretalibus, 32 rs.
    (SANGIORGIO, Giovanni Antonio da).
78. Prepósito super Decreto, 32 rs.
    (SANGIORGIO, Giovanni Antonio de).
79. Juan Andrés super Sesto, 40 rs.
    (ANDREA, Giovanni d').
80. Ancarrano super Sesto, 40 rs.
    (ANCARANO, Pietro d').

81. Dominico super Sesto, 40 rs.
    (SAN GEMIGNANO, Domenico da. *In sextum Decretalium volumen commentaria*).
82. Immola super Clementinis, 40 rs.
    (IMOLA, Giovanni de).
83. Cardenal super Clementinis, 20 rs.
    (ZABARELLA, Francesco. *Commentaria in Clementinarum volumen*).
84. Gomezio super Sesto, 12 rs.
    (GOMEZ, Luis. *Commentaria in nonnullos libri sexti Decretalium titulos*).
85. especuladores en tres cuerpos, 200 rs.
    (DURAND, Guillaume. *Speculum juris*).
86. summa silvestrina en 4° grande, 96 rs.
    (PRIERIO, Silvestris de. *Summa sylvestrina*).
87. P. Auila de censuris en 4° papelón, 32 rs.
    (AVILA, Esteban de. *De censuris ecclesiasticis tractatus*).
88. summa de Manuel Rodríguez en 4°, 64 rs.
    (*Summa de casos de conciencia*).
89. tractatus sacerdotalis de Plobe en 4°, 16 rs.
    (PLOVE, Nicolás de).
90. summa angélica en 8°, 12 rs.
    (CLAVASIO, Angel de, beato. *Summa angelica de casibus conscientiae*).
91. summa de Toledo en 8°, 32 rs.
    (TOLEDO, Francisco. *Instrucción de sacerdotes y suma de casos de conciencia*).
92. summa caietana en 8°, 8 rs.
    (VIO, Tommaso de. *Summa caietana*).
93. compendio de Nauarro en 16°, 8 rs.
    (AZPILCUETA, Martín de. *Compendium manualis de quaestionibus morum et conscientiae*).
94. summa de Sa en 16°, 12 rs.
    (¿SA, Emmanuel?).
95. proprii motu en 4°, 48 rs.
96. propii motu en 8°, 16 rs.
97. Concilio tridentino en 8°, 16 rs.
98. declaraciones del Concilio en 8°, 32 rs.
99. cathecismo concilii en 8°, 8 rs.
100. Concilio limense en 4°, 16 rs.
101. epitome conciliorum en 4°, 16 rs.
102. exposición de la bulla en 8°, 16 rs.
    (RODRIGUEZ, Manuel. *Explicación de la bulla de la Sancta Cruzada*).

103. declaración sobre ella
(la bula) en 4° bezerro, 16 rs.

104. interrogatoriuz clericorum en 8°, 4 rs.

105. questiones de Çurita en 8°, 4 rs.
(ZURITA, Fernando. *Theologicarum de Indis quaestionum*, Madrid 1586).

106. obras de Nauarro en tres tomos folio, 128 rs.
(AZPILCUETA, Martín de).

107. obras de fray Domingo de SOTO en tres tomos, 96 rs.

108. Medina de restitutione, 16 rs.
(MEDINA, Juan de. *Codex de restitutione et contractibus*).

109. instructorio de fray Luis López un tomo, 48 rs.
(*Instructorium conscientiae*)

110. Conrado de contractibus, 32 rs.

111. instituciones de Viguerio, 40 rs.
(VIGUERIUS, Joannes. *Institutiones ad naturalem et christianam philosophiam*).

112. summa de Enríquez folio, 128 rs.

113. Mandocio de regulis chancilleriae, 32 rs.
(¿MANDOSIUS, Quintilianus?).

114. Gómez super regula cancilerie, 16 rs.
(GOMEZ, Luis. *Commentaria in regulas cancellariae judiciales*).

115. Guieldo Benedicti, in capitulum reinunci dos tomos, 80 rs.
(BENEDICTI, Guillaume. *Repetitio in capitulum raynutius de testamentis*).

116. instituta canonica Lanceloto en 4°, 32 rs.
(LANCELLOTTI, Joannes Paulus. *Institutiones juris canonici*).

117. echonomia canonica en 4°, 48 rs.

118. directorium iudicum de Abalos, en 4°, 32 rs.

119. prática eclesiástica en 4°, 12 rs.

120. prática episcopal en 4°, 40 rs.

121. tractatus de vicario episcopal en 4°, 24 rs.

122. tratado de cambios de Villalón en 4°, 4 rs.
(VILLALON, Cristóbal de. *Provechoso tratado de cambios y contrataciones de mercaderes*).

123. Lara de anniversaris folio, 48 rs.
(PEREZ DE LARA, Alfonso. *De anniversariis et capellaniis*, Madrid 1608).

124. Nicolás García de beneficiis, 48 rs.
(*Tractatus de beneficiis*).

125. directorium inquisitorum en folio, 32 rs.

126. repertorium inquisitorum, 24 rs.

127. recopilación del Santo Officio, 16 rs.

128. instituciones de Simancas, 32 rs.
     (SIMANCAS, Jacobo. *Institutiones catholicae*).
129. questiones de Cantera, 32 rs.
     (CANTERA, Diego de. *Quaestiones criminales*, Salamanca 1589).
130. Rojas de herecticis con otras obras, 40 rs.
     (ROJAS, Juan de. *De successionibus, de haereticis et singularia in fidei fauorem*, Salamanca 1581).
131. Hugolino de officio episcopale, 48 rs.
     (UGOLINUS, Bartholomaeus. *Tractatus de officio et potestate episcopi*).
132. Hugolino de vsuris, 20 rs.
133. Hugolino de censuris, 24 rs.
134. candelabruz aureum, 48 rs.
135. obras de Quintiliano Mandosio en folio, 40 rs.
136. Pedro Gregorio Decretalibus y otras obras en quatro tomos, 240 rs.
     (GREGOIRE, Pierre).

Libros de derecho civil

137. un derecho ciuil de Salamandria en seis cuerpos pergamino, 400 rs.
138. vn derecho ciuil, sólo el testo, en cinco cuerpos, 48 rs.
139. summa de Asón, 80 rs.
     (AZZONE DEI PORCI. *Summa azonis*).
140. Bártulos de Venecia en dies cuerpos, 320 rs.
     (BARTOLO DE SASOFERRATO).
141. Baldos de Venecia en nueue cuerpos, 320 rs.
     (BALDO DEGLI UBALDI).
142. Paulo de Castro de Salamandria en siete cuerpos, 240 rs.
     (*Commentaria in Digesta et Codicem*).
143. Alexandros de Venecia en quatro cuerpos, 192 rs.
     (TARTAGNA DE IMOLA, Alessandro. *Consilia*).
144. Jasones en dies cuerpos con el de actiones, 240 rs.
     (MAINO, Giasone de. *Commentaria in Codicem et Digestum; in titulum de actionibus*).
145. obras de Ripa en dos tomos, 160 rs.
     (RIPA, Johannes Franciscus).
146. Decio sobre los Digestos y Código en folio, 80 rs.
     (DECIO, Filippo).
147. algunas obras de Alciato en dos tomos, 64 rs.
     (ALCIATI, Andrea).
148. obras de Hipólito de Marcilis folio, 64 rs.
     (MARSILI, Ippoliti de).

149. Lucas de Penna sobre los tres libros del Código, 64 rs.
    (*Super tres libros Codicis X., XI et XII. lectura*).
150. Platea muy viejo sobre los tres libros del Código, 24 rs.
    (PLATEA, Joannes de. *Super tribus ultimis libris Codicis commenta-ria*).
151. Albaroto sobre los feudos, 24 rs.
    (ALVAROTTI, Jacopo).
152. Fabro sobre la Instituta, 24 rs.
    (FAURE DE ROUSSINES, Jean. *Ad Institutiones Justinianeas commentaria*).
153. Angelo super Instituta, 32 rs.
    (UBALDI, Angelo degli).
154. Sosino super Digestis y en las reglas, 48 rs.
    (SOCINO, Bartolomeo).
155. Orozco super Digestis veteris, 40 rs.
    (OROZCO COVARRUBIAS, Juan de).
156. Cagnolo en dos tomos, 80 rs.
    (CAGNOLUS, Hieronymus).
157. Otomano de verbis juris, 24 rs.
    (HOTMAN, François. *Commentarius de verbis juris*).
158. Manuel del Río repeticiones, 12 rs.
159. emendaciones de Antonio Augustino, 16 rs.
    (AGUSTIN, Antonio. *De emendatione Gratiani dialogorum*).
160. Menochio de presumpciones en dos tomos
    (MENOCHIO, Giacomo. *De praesumptionibus, conjecturis, signis et indiciis commentaria*).
161. Menochio en los possessorios
    (*De adipiscenda, retinenda et recuperanda possessione commentaria*).
162. Menochio de arbitrarias en dos tomos
    (*De arbitriis judicum quaestionibus et causis*); todas estas obras de Menochio, 400 rs.).
163. Rufo en las constituciones en tres tomos
    (REBUFFI, Pierre. *Commentaria in constitutiones regias Gallicas*).
164. Rufo práctica beneficial
    (*Praxis beneficiorum*).
165. Rufo tractatus nouen
    (*Tractatus novem*).
166. Rufo concordata
    (*Tractatus concordatorum inter papam Leonem X. et regem Francis-cum*); todas estas obras que están en seis tomos, 320 rs.
167. Tiraquelo todas sus obras en siete tomos, 480 rs.
    (TIRAQUEAU, André).

168. Mascardo de probatione en tres tomos, 320 rs.
(MASCARDUS, Josephus. *Conclusiones probationum omnium*).
169. tractatus diversorum de dote, 48 rs.
170. opera Cepole en folio, 64 rs.
(CEPOLLA, Bartolomeo).
171. Mantica de coniecturis, 64 rs.
(MANTICA, Franciscus. *Tractatus de conjecturis ultimarum volunta-tum*).
172. Simón de Pretis ultimarum voluntatum, 64 rs.
173. Casaneo cathalogo, 48 rs.
(CHASSENEUX, Barthelemy de. *Catalogus gloriae mundi*).
174. Seraphino de prebilegio juramenti, 48 rs.
175. Juan Copo de fructibus, 12 rs.
(COPUS, Joannes. *De naturalis fructibus*).
176. Bogornino deuitore, 16 rs.
177. tratado de attentatis folio, 48 rs.
178. male maleficarum dos tomos en 8°, 32 rs.
(SPRENGEL, Jacob e INSTITORIS, Henricus. *Malleus maleficarum*).
179. singularia doctorum en 8°, 12 rs.
180. tractatus de prescriptione en 8°, 16 rs.
181. tratado de pignoribus en 8°, 16 rs.
182. Dino y Decio de regulis iuris en 8°, 32 rs.
(ROSSONIBUS, Dinus de y DECIO, Filippo).
183. Aymón Graueta de antiquitate en 8°, 24 rs.
(CRAVETTA, Aymon. *De antiquitatibus temporum*).
184. Everardo centum loci en 8°, 24 rs.
(EVERARDI, Nicolaus. *Topicorum seu locorum legalium centuria*).
185. Vittalis clausularum, 24 rs.
186. Guin
(?) de pensionibus en 8°, 16 rs.
187. Gigas de lesa maiestate en 8°, 20 rs.
(GIGANTI, Girolamo. *Tractatus de crimine laesae maiestatis*).
188. Castro de lege penali en 8°, 20 rs.
(CASTRO, Alfonso de. *De potestate legis poenales*).
189. Flet deinlite iurando
(?) en 8°, 16 rs.
190. Bensio de nullitatibus en 8°, 16 rs.
191. Gerónymo de Monte de finibus en 8°, 16 rs.
(MONTE, Hieronymus de. *Tractatus de finibus regendis civitatum, castrorum ac praediorum*).
192. Sebastiano de Medicis de compensationibus en 8°, 16 rs.
193. de duobus fratribus en 8°, 16 rs.

194. Biglio super Instituta en 8°, 32 rs.
(¿BIGLIO, Giovanni Battista?).

195. expositio titulorum en 8°, 24 rs.

196. Cuyaseo in paraclita en 16°, 16 rs.
(CUYAS, Jacob. *Paratitla*).

197. tratados diversorum doctorum en veinte y ocho cuerpos, 2.400 rs.

198. communes opiniones en quatro cuerpos, 240 rs.

199. Berthaquino en 4° en cinco cuerpos, 320 rs.
(BERTACHINI, Giovanni. *Repertorium*).

200. tratado de Egidio Bosio, 32 rs.
(BOSSIUS, Aegidius).

201. Julio Claro, 32 rs.
(CHIARI, Giulio).

202. otro Julio Claro, 32 rs.

203. tratados de Tiberio Deciano en dos tomos, 48 rs.
(DECIANUS, Tiberius. *Tractatus criminalis*).

204. Paz en la práctica, 64 rs.
(SUAREZ DE PAZ, Gonzalo. *Praxis ecclesiasticae et secularis*).

205. práctica criminal de Bernardo Díaz con adiciones de Salcedo, 64 rs.
(DIAZ DE LUGO, Juan Bernardo. *Practica criminalis canonica*, anotada por Ignacio López de Salcedo).

206. Plaça de delictis, 32 rs.
(PLAZA Y MORAZA, Pedro de. *Epitome delictorum causarumque criminalium*).

207. tractatus varii de sindicatu en 4°, 32 rs.

208. Angelo de maleficiis en 4°, 32 rs.
(GAMBILIONI, Angelo dei. *De maleficiis tractatus*).

209. práctica de Maranta en 4°, 32 rs.
(MARANTA, Roberto. *Speculum aureum et lumen advocatorum praxis civilis*).

210. práctica de Folerio en 4°, 24 rs.
(FOLLERIUS, Petrus. *Praxis sive de ordine judiciorum tractatus*).

211. práctica de Ferrara en 4°, 24 rs.
(FERRARI, Giampietro. *Practica aurea*).

212. Tallada visita de cárcel en 4°, 8 rs.
(CERDAN DE TALLADA, Tomás. *Visita de la cárcel y de los presos*, Valencia 1574).

213. don Juan Vela en 4°, 8 rs.
(VELA DE ACUÑA, Juan. *Tractatus de poenis delictorum*, Salamanca 1596).

214. Curia pisana con adiciones de Azebedo en 4°, 16 rs.
(ACEVEDO, Alfonso de. *Additiones ad Curiam Pisanam*, Salamanca 1592).

215. Curia filípica en 4°, 80 rs.
    (HEVIA BOLAÑOS, Juan de. *Curia philippica*).
216. Solórzano de parrecidiis en 4°, 12 rs.
    (SOLORZANO Y PEREIRA, Juan de. *De parrecidii crimine disputatio*, Salamanca 1605).
217. Blanco indiciis en 8°, 8 rs.
    (BIANCI, Marco Antonio. *Tractatus de indiciis homicidii*).
218. práctica de Monterroso, 32 rs.
    (MONTERROSO Y ALVARADO, Gabriel de. *Práctica civil y criminal e instrucción de escriuanos*).
219. Julio Ferreto de re militare, 32 rs.
    (FERRETTUS, Julius. *De re et disciplina militari aureus tractatus*).
220. consejos de Alexandro en quatro tomos, 192 rs.
    (TARTAGNA DE IMOLA, Alessandro).
221. consejos de Carolo Ricino en cinco tomos, 192 rs.
    (RICINI DE REGGIO, Carlo. *Consilia sive responsa*).
222. consejos de Cornio en cinco tomos con el índice, 240 rs.
    (CORNEO, Pier Filippo. *Consilia sive responsa*).
223. consejos del cardenal Paricio en quatro tomos, 240 rs.
    (PARISIO, Pietro Paolo).
224. Gofredi consilia, 40 rs.
    (¿TRANO, Goffredus de?).
225. Casanei consilia, 40 rs.
    (CHASSENEUX, Barthelemy de).
226. Sosini senioris consilis en dos tomos, 80 rs.
    (SOCINO, Mariano (Senior).
227. Immola et Ancarrani consilia, 32 rs.
    (IMOLA, Giovanni de y ANCARANO, Pietro d').
228. Angeli consilia, 32 rs.
    (UBALDI, Angelo degli)
229. cardinalis Bolonieti et Cepole consilia, 32 rs.
    (BOLOGNETTI, Alberto y CEPOLLA, Bartolomeo).
230. Romani et Oldrandi consilia en un tomo, 40 rs.
    (PONTANO Lodovico y PONTE, Oldrado da).
231. Mariani Socini consilia en quatro tomos, 192 rs.
    (SOCINO, Mariano).
232. Menochi consilia los tres primeros tomos, 192 rs.
    (MENOCHIO, Giacomo).
233. Pauli de Castro consilia en dos tomos, 96 rs.
    (CASTRO, Paulo de. *Consilia seu responsa*).
234. Jasonis consilia en dos tomos, 96 rs.
    (MAINO, Giasone de).

235. Calderini et aliorum consilia, 24 rs.
(CALDERINUS, Joannes y Gaspar. *Consilia*, ed. de Domenico da San Gemignano).

236. consilia ad causas ultimarum voluntatum, 24 rs.

237. Francisci Curcii consilia, 24 rs.
(CORTI, Francesco).

238. Francisci Aretini consilia, 24 rs.
(ACCOLTI, Francesco. *Consilia seu responsa*).

239. Rubei consilia, 16 rs.
(RUBEUS, Joannes Antonius. *Consilium in materia monetale*).

240. Masoli consilia, 32 rs.

241. Hieronymi Gabrielis consilia, 24 rs.

242. Decii consilia en dos tomos, 128 rs.
(DECIO, Filippo. *Consilia sive responsa*).

243. Simonis de Pretis consilia, 48 rs.

244. Juan Baptista Ferreti consilia, 64 rs.

245. Thome Grammatici consilia, 24 rs.
(TOMMASO GRAMMATICO).

246. Nicolai Everardi consilia, 24 rs.
(EVERARDI, Nicolaus).

247. Aymón Grauete consilia en dos tomos, 96 rs.
(CRAVETTA, Aymon).

248. Rolando a Valle consilia quatro tomos, 240 rs.
(VALLE, Rolandus à. *Consilia sive responsa*).

249. Mandeli consilia, 32 rs.
(MANDELLUS, Jacobus).

250. Ploti consilia, 32 rs.

251. Peregrini consilia, 32 rs.

252. consilia feudalia, 24 rs.

253. consilia Clantiuncule, 32 rs.
(CANTIUNCULA, Claudius).

254. consilia Marcianesi, 32 rs.

255. consilia Alberti Bruni, 32 rs.
(BRUNI, Alberto).

256. Belamere consilia, 24 rs.
(BELLEMERA, Egidio de).

257. Guidonis consilia, 24 rs.
(PAPE, Guy).

258. Francisci de Ponte consilia, 40 rs.

259. Nate consilia en dos tomos, 80 rs.
(NATTA, Marcus Antonius).

260. Cepole consilia criminalia, 16 rs.
(CEPOLLA, Bartolomeo).

261. Hipoliti consilia criminalia, 8 rs.
(MARSILI, Ippoliti de. *Practica causarum criminalium*).

262. Burgos de Paz consilia criminalia, 8 rs.
(probablemente sea SALON DE PAZ, Diego. *Prima pars quaestionum civilium*, Medina del Campo 1576).

263. Burgos de Paz consilia, 40 rs.
(SALON DE PAZ, Marcos. *Resolutissima consilia*, Medina del Campo 1576).

264. Martín de Blancas vnum consilium, 24 rs.

265. Matheo de Aflictis super constitutionibus regni Cicilie en papelón, 64 rs.
(AFFLITTO, Matteo de).

266. decisiones Genue et tractatus varii, 96 rs.

267. consuetudines Burgundie Casanei, 64 rs.
(CHASSENEUX, Barthelemy de. *Commentaria in consuetudines ducatus Burgundiae*).

268. decisiones et consilia Boeri, 64 rs.
(BOHIER, Nicolás. *Decisiones aureae in sacro Burdegalensium senatu*).

269. decisiones Rote, 56 rs.

270. decisiones de Aflictis iuz ursiliis
(?), 40 rs.
(AFFLITTO, Matteo de).

271. decisiones de Capisio y Grammatico en un cuerpo, 80 rs.
(CAPECE, Antonio y TOMMASO GRAMMATICO. *Decisiones sacri regii consilii Neapolitani*).

272. decisiones perusinas, 32 rs.

273. decisiones de Gama con adiciones de Flores, 64 rs.
(GAMMA, Antonio de. *Decisiones supremi senatus regni Lusitaniae*, ed. de Blas FLÓREZ DIAZ DE MENA, Valladolid 1599).

274. decisiones Pedemontane de Osasco, 32 rs.
(CACHERANO D'OSASCO, Carlo. *Decisiones sacri senatus Pedemontani*).

275. decisiones de Thesauro, 32 rs.
(¿THESAURUS, Caspar Antonius?).

276. decisiones de Carrasio, 24 rs.
(CORAS, Jean de)

277. decisiones Guido Papa en dos tomos en 8°, 64 rs.
(PAPE, Guy. *Decisiones parlamenti Delphinatus*).

278. decisiones tolosanas, 16 rs.

279. decisiones de Casiodoro, 16 rs.
(CASSIODORUS SENATOR, Magnus Aurelius).

280. glossas constitutionum Neapoli, 8 rs.

281. styllus parlamentii Parisiis, 32 rs.

282. pregmatica santionum, 32 rs.
283. Nouelle Iustiniani, 8 rs.
284. cathalogus et expurgatorium, 24 rs.
285. Titelman super Psalmos, 32 rs.
   (TITELMAN, Franz. *Elucidatio in omnes Psalmos*).
286. los annales de Varonio en doze tomos, 1.600 rs.
   (BARONIO, Cesare. *Annales ecclesiastici*).
287. Gregorio de Valencia en cinco tomos, 400 rs.
   (*Commentariorum theologicorum*)
288. Velarminio en quatro tomos, 320 rs.
   (BELARMINO, Roberto. *Doctrina christiana*).
289. de vita spirituali del P. Paz, 48 rs.
290. commentarii fray Hieronymi de Valera, 40 rs.
   (VALERA, Jerónimo. *Commentarii ac quaestiones in Aristotelis et Johannes Duns Scoti logicam*, Lima 1610).
291. flores theologicarum questionum in secundo Sententiarum, 40 rs.
   (ANGLES, José. *Flores theologicarum*).
292. ordenanças de Seuilla, 24 rs.
293. práctica manual de la artillería, 32 rs.
294. arte militar de don Diego de Alua, 16 rs.
   (ALABA Y VIAMONT, Diego. *El perfecto capitán, instruido en la disciplina militar*, Madrid 1590).
295. constituciones de la vniversidad de Salamanca, 24 rs.
296. constituciones de la vniversidad de Lima, 24 rs.
   (*Constituciones y ordenanças de la universidad y studio general de la ciudad de los Reyes del Pirú*, Lima 1602).
297. priuilegios de la Mesta, 24 rs.
298. definiciones de Alcántara, 16 rs.
   (*Definiciones de la orden y cavallería de Alcántara, con la historia y origen della*).
299. fueros de Aragón en dos tomos y uno chiquito, 48 rs.
300. ordenanças de Nauarra, 16 rs.
301. synodales de la yglesia de Lima, 32 rs.
   (*Constituciones synodales del arçobispado de los Reyes en el Pirú*, Lima 1614).
302. las siete Partidas con glossa de Gregorio López en quatro tomos, 400 rs.
   (LOPEZ DE TOVAR, Gregorio).
303. Ahumada sobre la primera y segunda Partida, 24 rs.
304. reportorio de Montaluo, 24 rs.
   (DIAZ DE MONTALVO, Alfonso. *Solemne repertorium seu secunda compilatio legum*).
305. Fuero real, 32 rs.

306. leyes de Yndias en cinco tomos, los dos de molde
(*Provisiones, cédulas, capítulos de ordenanças, instruciones y cartas tocantes al buen gouierno de las Indias*, recopiladas por Diego de ENCINAS, Madrid, 1596, 4 v.).

307. Nueua Recopilación dos tomos, 192 rs.

308. Cortes y pregmáticas, 24 rs.

309. ordenanças de la audiencia de Granada, 24 rs.

310. ordenanças de la audiencia de Valladolid, 24 rs.

311. Ordenamiento real con la glossa de Diego Pérez en dos tomos, 96 rs.
(PEREZ DE SALAMANCA, Diego. *Commentaria in ordinationem regni Castellae*).

312. Azebedo sobre la Nueua Recopilación en siete tomos, 400 rs.
(AZEVEDO, Alfonso de. *Commentaria juris civilis in Hispaniae regias constituciones*).

313. Matienso sobre el quinto de la Recopilación, 80 rs.
(MATIENZO, Juan de. *Commentaria in librum quintum recolectiones legum Hispaniae*).

314. Matienso in dialogo relatoris, 32 rs.
(MATIENZO, Juan de. *Dialogus relatoris et advocati Pinciani senatus*).

315. Gómez Arias en las leyes de Toro, 24 rs.
(GOMEZ ARIAS, Fernando. *Glossa ad leges Tauri*).

316. Burgos de Paz en las leyes de Toro, 32 rs.
(SALON DE PAZ, Marcos. *Ad leges Taurinas insignes commentarii*, Valladolid 1568).

317. Castillo en las leyes de Toro, 32 rs.
(CASTILLO DE VILLASANTE, Diego del. *Utilis et aurea glossa super legibus Tauri*).

318. Palacio Rubios en las leyes de Toro, 16 rs.
(LOPEZ DE PALACIOS RUBIOS, Juan. *Glossemata legum Tauri*).

319. Tello Hernández en las leyes de Toro, 24 rs.
(FERNANDEZ MESSIA, Tello. *Commentaria in constitutiones Taurinas*).

320. Guillén en las leyes de Toro, 32 rs.
(GUILLEN DE CERVANTES, Juan. *Prima pars commentariorum in leges Tauri*, Madrid 1594).

321. Antonio Gómez en las leyes de Toro, 64 rs.
(*Ad leges Tauri commentarius*).

322. Antonio Gómez sus tratados, 64 rs.
(*Variae resolutiones juris civilis communis et regis*).

323. Abendaño in capitulis praetorum, 16 rs.
(NUÑEZ DE AVENDAÑO, Pedro. *De exequandis mandatis regum Hispaniae*).

324. responsos de Abendaño, 24 rs.
(NUÑEZ DE AVENDAÑO, Pedro. *Quadraginta responsa*).
325. Abilés in capitulis praetorum, 32 rs.
(AVILES, Francisco de. *Expositio capitum seu legum praetorum ac judicum syndicatus Hispaniae*).
326. políticas de Bobadilla en dos tomos, 240 rs.
(CASTILLO DE BOBADILLA, Jerónimo. *Política para corregidores y señores de vassallos en tiempos de paz y de guerra*).
327. obras de Rodrigo Juárez con adiciones de Valdés en dos tomos, 160 rs.
(SUAREZ, Rodrigo. *Lecturae sive repetitiones*, ed. Diego Valdés).
328. concordata de Ximenes, 64 rs.
(JIMENEZ, Sebastián. *Concordantiae utriusque juris civilis et canonici*).
329. Parladorio primera y segunda parte, 48 rs.
(YAÑEZ PARLADORIUS, Joannes. *Rerum quotidianarum*).
330. Flores Días en las prácticas criminales, 40 rs.
(FLOREZ DIAZ DE MENA, Blas. *Recentiorum practicarum quaestionem juris canonicis et civilis*).
331. Juan Gutiérrez de iuramento confirmatorio
(*Tractatus de juramento confirmatorio*).
332. Juan Gutiérrez nauegaciones
[*sic*] y repeticiones
(*Repetitiones sex et quatuordecim juris allegationes*, Madrid 1604).
333. Juan Gutiérrez questiones canónicas en dos tomos
(*Canonicarum quaestionum utriusque fori*).
334. Juan Gutiérrez prácticas criminales en dos tomos
(*Practicarum quaestionum circa legis regias Hispaniae*); estos seis tomos, 320 rs.
335. Mexía en la pregmática del pan, 24 rs.
(MEJIA, Luis y PONCE DE LEON, *Laconismus seu chilonium pro pragmaticae panis elucidationes*, Sevilla 1569).
336. Couarrubias dos tomos, 192 rs.
(COVARRUBIAS DE LEIVA, Diego. *Omnia opera*).
337. Molina de primogeniis, 48 rs.
(MOLINA MORALES, Luis de. *De Hispanorum primogeniis*).
338. Pelaes de maioratu, 32 rs.
(PELAEZ DE MIERES, Melchor. *Tractatus majoratuum et meliorationum Hispaniae*, Granada 1575).
339. Sarmiento selectarum, 32 rs.
(SARMIENTO DE MENDOZA, Francisco. *Selectarum interpretationum*).
340. Juan García de spensis añadido, 64 rs.
(GARCIA DE SAAVEDRA, Juan. *De expensis et meliorationibus*).

341. Juan García de nobilitate, 48 rs.
   (GARCIA DE SAAVEDRA, Juan. *De Hispanorum nobilitate et exemptione*).

342. Otárola de nobilitate, 32 rs.
   (ARCE DE OTAROLA, Juan. *De nobilitatis et immunitatis Hispaniae*).

343. Vaesa omnia opera, 64 rs.
   (BAEZA, Gaspar de).

344. antinomia de Villalobos, 32 rs.
   (VILLALOBOS, Juan Bautista de. *Antinomia juris regni Hispaniarum*).

345. antinomia de Olano, 24 rs.
   (MARTINEZ DE OLANO, Juan. *Concordia et nova reductio antinomiarum juris communis ac regii Hispaniarum*, Burgos 1575).

346. reglas y falencias de Bernardo Días, 24 rs.
   (DIAZ DE LUGO, Juan Bernardo. *Regularum et fallentiarum utriusque juris*).

347. reglas de Graciano, 24 rs.
   (GRACIAN DE LA MADRE DE DIOS, Jerónimo. *Regla de bien vivir*).

348. reglas de Dueñas, 24 rs.
   (DUEÑAS, Pedro de. *Regulas juris utriusque*).

349. speculum testamentorum de Espino, 24 rs.
   (ESPINO DE CACERES, Diego de. *Speculum testamentorum sive thesaurus universae jurisprudentiae*).

350. Lara de alimentis, 16 rs.
   (¿LAURET, Bernard?).

351. Remigio de immitatione, 32 rs.
   (NANNINI, Remigio. *De imitatione Christi*).

352. Salazar de vsu et consuetudine, 48 rs.
   (SALAZAR, Pedro de. *De usu et consuetudine et de stilo curiae regalis*).

353. Palacio Rubios, 32 rs.
   (LOPEZ DE PALACIOS RUBIOS, Juan).

354. Menchaca en tres tomos, 96 rs.
   (VAZQUEZ DE MENCHACA, Fernando. *Controversiarum usu frequentum*)

355. repeticiones de Sigura, 32 rs.
   (SEGURA, Diego de. *Repetitiones decem in diversis materiis*).

356. Lazarte de gabelis, 32 rs.
   (¿LASARTE Y MOLINA, Ignacio de. *De decima venditionis et permutationis?*).

357. Girondi de gabelis, 24 rs.
   (GIRONDA, García. *Tractatus de gabellis*, Madrid 1594).

358. Pereyra de restitutione minoris, 48 rs.
359. Barbosa de soluto matrimonio en dos tomos, 192 rs.
   (BARBOSA, Pedro. *Commentaria ad interpretationem tituli ff. soluto matrimonio*, Madrid 1594-95, 2 v.).
360. Pineli opera, 40 rs.
361. Albaro Velazco consultaciones, 32 rs.
362. Caldas de renouatione, 16 rs.
   (¿CALDAS PEREYRA, Francisco de y CASTRO?).
363. Peguera de feudis, 32 rs.
   (PEGUERA, Luis de. *Aurea et elegans repetitio in cap. de feudis*).
364. Peguera questiones criminales, 16 rs.
   (PEGUERA, Luis de. *Liber quaestiones criminalium*).
365. Costa opera en dos tomos, 64 rs.
   (COSTA, Manoel da. *Opera omnia*, Salamanca 1584, 2 v.).
366. Peralta opera en dos tomos, 64 rs.
367. Aluarado de coniecturis, 32 rs.
368. Quesada questiones, 16 rs.
   (QUESADA, Antonio de. *Diversarum quaestionum juris liber*, Salamanca 1573).
369. Agia de exsibendis reis, 16 rs.
   (AGIA, Miguel de. *De exhibendis auxiliis tractatus*, Madrid 1600).
370. Redín de maiestate principuz et consilis Gutiérrez, 64 rs.
   (GUTIERREZ, Juan).
   (REDIN, Juan. *De majestate principis tractatus*, Valladolid, 1568).
371. Escobar de ratideiniis, 24 rs.
372. Ayola de partionibus, 32 rs.
   (AYERBE DE AYORA, Antonio. *Tractatus de partionibus bonorum*).
373. Morquecho de honorum diuisione, 32 rs.
   (MORQUECHO, P.S. *De honorum divisione*, Madrid, 1601).
374. Alfaro de officio fiscalis, 24 rs.
   (ALFARO, Francisco de. *Tractatus de officio fiscalis*, Valladolid 1606).
375. Peregrino de iure fisci, 24 rs.
376. Feliciano de censibus, 32 rs.
377. Rodríguez de reditibus, 32 rs.
   (RODRIGUEZ, Gaspar. *Tractatus de annuis et menstruis reditibus*).
378. Calepino de siete lenguas, 96 rs.
   (CALEPIO, Ambrosio da. *Dictionarium*).
379. Abrán Ortelio theatrum orbis, 1.200 rs.
   (ORTELIUS, Abraham. *Theatrum orbis terrarum*).
380. otro Abrán Ortelio pequeño, 96 rs.
381. ciuitates orbis terrarum, 320 rs.

382. ilustraciones de Garabay, 64 rs.
   (GARIBAY Y ZAMALLOA, Esteban de. *Illustraciones genealógicas de los cathólicos reyes de las Españas*, Madrid 1596).
383. los annales de Çurita con índice en siete tomos, 480 rs.
   (ZURITA, Jerónimo de. *Anales de la corona de Aragón*, Zaragoza 1610, 6 v.).
384. las déchadas de don Juan de Varrios primera y segunda y tercera parte, 192 rs.
   (BARROS, Juan de. *Decadas da Asia*).
385. déchada quarta de Diego de Couto, 80 rs.
   (COUTO, Diogo do. *Decada quarta da Asia*).
386. historia pontifical vieja, 128 rs.
   (ILLESCAS, Gonzalo de. *Historia pontifical y cathólica*).
387. corónica del emperador, 48 rs.
388. historia general de Yndias de Herrera en dos tomos, 192 rs.
   (HERRERA Y TORDESILLAS, Antonio de. *Historia general de los hechos de los castellanos en las islas i tierra firme del Mar Océano*, Madrid 1601, 2 v.).
389. historia del Pirú de Çárate, 48 rs.
   (ZARATE, Agustín de. *Historia del descubrimiento y conquista de las provincias del Perú*, Sevilla 1577).
390. historia del Pirú de Diego Hernández vieja, 32 rs.
   (FERNANDEZ DE PALENCIA, Diego. *Primera y segunda parte de la historia del Perú*, Sevilla 1571).
391. commentarios de Aluaro Núñez Cabeça de Baca, 24 rs.
392. libro del P. Castellanos viejo, 16 rs.
   (CASTELLANOS, Juan de. *Primera parte de las elegías de varones ilustres de Indias*, Madrid 1589).
393. historia de las Filipinas, 12 rs.
394. historia del P. Acosta de Yndias, 16 rs.
   (ACOSTA, José de. *Historia natural y moral de las Indias*).
395. Dragontea de Lope de Vega, 16 rs.
   (VEGA CARPIO, Lope Félix de. *La Dragontea*, Valencia 1598).
396. historia de don Luis de Auila, 4 rs.
   (AVILA Y ZUÑIGA, Luis de. *Comentario de la guerra de Alemania hecho por Carlos V*).
397. historia de Yngalaterra en dos tomos, 48 rs.
398. heroycos hechos de varones ilustres con estampas, 16 rs.
399. arte y vocabulario de la lengua de yndios
   (?), 48 rs.
400. símbolo del P. Oré, 24 rs.
   (ORE, Luis Gerónimo de. *Symbolo católico indiano*, Lima 1598).

401. dos artes de la lengua de Chile, 24 rs.
(VALDIVIA, Luis de. *Arte y gramática general de la lengua que corre en todo el reyno de Chile*, Lima 1606).
402. arte y vocabulario de la lengua quichua, 16 rs.
(GONZALEZ HOLGUIN, Diego. *Arte y vocabulario en la lengua general del Perú llamada quichua*, Lima 1614).
403. libro de las exequias de la reyna, 8 rs.
404. el quilatador de plata y oro, 8 rs.
(ARFE DE VILLAFAÑE, Juan. *Quilatador de la plata, oro y piedras*).
405. reduciones de Verbedel, 16 rs.
(BELVEDER, Juan de. *Libro general de las reducciones de plata y oro*, Lima 1597).
406. reduciones de Garriguilla, 24 rs.
(GARREGUILLA, Juan. *Libro de plata reduzida*, Lima 1607).
407. obras de Juan de la Cueba, 4 rs.
408. Osorio de nobilitate, 24 rs.
(OSSORIO, Gerónimo. *De nobilitate christiana*).
409. vocabulario de Antonio, 32 rs.
(NEBRIJA, Antonio de).
410. itinerario general en 16°, 8 rs.
411. dictionario de quatro lenguas, 8 rs.
412. raçón de estado de Herrera, 8 rs.
413. Marco Aurelio, 16 rs.
(GUEVARA, Antonio de. *Libro áureo de Marco Aurelio*).
414. de statibus Francie, 8 rs.
415. doze libros de grammática, 96 rs.
416. las obras de Mercado de medicina, 240 rs.
(MERCADO, Luis).
417. Dioscórides y Laguna, 32 rs.
(DIOSCORIDES PEDANIO. *Acerca de la materia medicinal y de los venenos mortíferos*, ed. de Andrés Laguna).

Y el dicho Andrés de Ornillos, librero, dixo que la tassación que assí tiene hecha de los libros contenidos en este inventario y valor dellos en él declarado es el justo valor que al presente tienen, a su leal sauer y entender, y lo firmó de su nombre; e así lo dixo so cargo del juramento que tiene fecho. - Diego de Aguero. - Andrés de Ornillos. - Ante mí, Miguel de Contreras, escriuano de Su Magestad.

Bibliografía

Adams, H.M. (ed.). 1967. *Catalogue of books printed on the continent of Europe (1501-1600) in Cambridge libraries*. Cambridge: Cambridge University Press. 2 vols.

Adorno, Rolena. 1986. Literary production and suppression: reading and writing about Amerindians in colonial Spanish America. En: *Dispositio* 11: 1-25.

Aguilar Piñal, Francisco. 1970. *Impresos castellanos del siglo XVI en el British Museum*. Madrid: Consejo Superior de Investigaciones Científicas.

Alborg, Juan Luis. 1970-82. *Historia de la literatura española*. 2da. ed. Madrid: Gredos, 4 vols.

Anderson Imbert, Enrique. 1970. *Historia de la literatura hispanoamericana. La Colonia*. 2da. ed. México, DF: Fondo de Cultura Económica.

Angulo, Domingo, OP. 1942. La Universidad y estudio general de la ciudad de los Reyes (1571-1572). En: *Revista Histórica* (Lima), 15: 5-35.

Arellano, Carmen, y Albert Meyers. 1988. Testamento de Pedro Milachami, un curaca cañari en la región de los Wanka (Perú). En: *Revista Española de Antropología Americana* (Madrid), 18: 95-127.

Armisen, Antonio. 1982. *Estudios sobre la lengua poética de Boscán. La edición de 1543*. Zaragoza: Universidad de Zaragoza, Departamento de Literatura Española.

Aulet Sastre, Guillermo. 1946. Precios autorizados de libros españoles en Indias. En: *Revista de Indias* (Madrid), 7: 311-312.

Barnadas, Josep M. 1974. La biblioteca jesuita de Quito en el siglo XVII: breve panorama analítico. En: *Ibero-Americana Pragensia* (Praga), 8: 151-161.

Barreda y Laos, Felipe. 1964. *Vida intelectual del virreinato del Perú*. 3ra. ed. Lima: Universidad Nacional Mayor de San Marcos.

Bataillon, Marcel. 1950. *Erasmo y España. Estudios sobre la historia espiritual del siglo XVI*. Tr. de Antonio Alatorre. México, DF: Fondo de Cultura Económica, 2 vols. 2da. ed. 1966.

Bennassar, Bartolomé. 1983. *La España del Siglo de Oro*. Tr. de Pablo Bordonava. Barcelona: Crítica.

Bermúdez Plata, Cristóbal (ed.). 1946. *Catálogo de pasajeros a Indias*, vol. 3. Sevilla: Imp. de la Gavidia.

Bouza Alvarez, Fernando, y Alfredo Alvar Ezquerra. 1984. Apuntes biográficos y análisis de la biblioteca de un gran estadista hispano del siglo XVI: el presidente Juan de Ovando. En: *Revista de Indias* (Madrid), 44: 81-139.

British Museum. 1965-66. *General catalogue of printed books*. London: Trustees of the British Museum. 263 vols.

Busto Duthurburu, José Antonio del. 1961-62. El conde de Nieva, virrey del Perú. En: *Boletín del Instituto Riva-Agüero* (Lima), 5: 9-236.

Castañeda Delgado, Paulino, y Pilar Hernández Aparicio. 1984. La visita de Ruiz de Prado al tribunal del Santo Oficio de Lima. En: *Anuario de Estudios Americanos* (Sevilla), 41: 1-53.

Catálogo Colectivo. 1972-84. *Catálogo colectivo de obras impresas en los siglos XVI a XVIII existentes en las bibliotecas españolas*. Ed. provisional. Madrid: Biblioteca Nacional, 15 vols.

Catalogue Général. 1924-81. *Catalogue général des livres imprimés de la Bibliothèque Nationale*. Paris: Ministère de l'Instruction publique et des Beaux-Arts, 231 vols.

Celestino, Olinda. 1984. La religiosidad de un noble cañare en el valle del Mantaro (siglo XVII) a través de su testamento. En: *Revista de Indias* (Madrid), 44: 547-557.

Chang-Rodríguez, Raquel. 1991. *El discurso disidente (ensayos de literatura colonial peruana)*. Lima: Pontificia Universidad Católica del Perú, Fondo Editorial.

Chartier, Roger. 1987. *Lectures et lecteurs dans la France d'Ancien régime*. Paris: Editions du Seuil.

Chaunu, Huguette y Pierre. 1955-59. *Séville et l'Atlantique (1504-1650)*. Paris: Armand Colin. 8 vols.

Chevalier, Maxime. 1976. *Lectura y lectores en la España de los siglos XVI y XVII*. Madrid: Turner.

Chichizola Debernardi, José. 1983. *El manierismo en Lima*. Lima: Pontificia Universidad Católica del Perú, Fondo Editorial.

Cirot, Georges. 1914. Florián de Ocampo, chroniste de Charles-Quint. En: *Bulletin Hispanique* (Bordeaux), 16: 307-336.

Cisneros, Luis Jaime, y Pedro Guibovich. 1982. Una biblioteca cuzqueña del siglo XVII. En: *Histórica* (Lima), 6: 141-171.

Cisneros, Luis Jaime, y Luis Aurelio Loayza. 1955. Un inventario de libros del siglo XVII. En: *Mercurio Peruano* (Lima), 339: 428-431.

Clavero, Bartolomé. 1979. *Temas de historia del Derecho. Derecho común.* 2da. ed. Sevilla: Universidad de Sevilla.

Codoin España. 1842-95. *Colección de documentos inéditos para la historia de España.* Madrid: varias imprentas, 113 vols.

Collison, Robert. 1964. *Encyclopaedias; their history throughout the ages.* New York & London: Hafner.

Concha, Jaime. 1976. La literatura colonial hispanoamericana: problemas de hipótesis. En: *Neohelicon* (Budapest), 4: 31-50.

Cook, Noble David (ed.). 1975. *Tasa de la visita general de Francisco de Toledo.* Lima: Universidad Nacional Mayor de San Marcos.

Dadson, Trevor J. 1994. Libros y lecturas sobre el Nuevo Mundo en la España del Siglo de Oro. En: *Histórica* (Lima), 18: 1-26.

Díaz Roig, Mercedes. 1982. El romance en América. En: Luis Iñigo Madrigal (ed.). *Historia de la literatura hispanoamericana; época colonial.* Madrid: Cátedra, 301-316.

Dubois, Jean, y Claude Dubois. 1971. *Introduction à la lexicographie. Le dictionnaire.* Paris: Larousse.

Dubois, Jean, y otros. 1979. *Diccionario de lingüística.* Tr. de Inés Ortega y Antonio Domínguez. Madrid: Alianza.

Durán, Juan Guillermo. 1982. *El catecismo del III Concilio Provincial de Lima y sus complementos pastorales.* Buenos Aires: Edit. El Derecho.

Durand, José. 1948. La biblioteca del Inca. En: *Nueva Revista de Filología Hispánica* (México, DF), 2: 239-264.

Dussel, Enrique. 1979. *El episcopado latinoamericano y la liberación de los pobres (1504-1620).* México, DF: Centro de Reflexión Teológica.

Eguiguren, Luis Antonio. 1940-51. *Diccionario histórico-cronológico de la Real y Pontificia Universidad de San Marcos y sus colegios.* Lima: Imp. Torres Aguirre, 3 vols.

—. 1951. *La Universidad en el siglo XVI.* Lima: Universidad Nacional Mayor de San Marcos, 2 vols.

Escandell Bonet, Bartolomé. 1980. Una lectura psico-social de los papeles del Santo Oficio: Inquisición y sociedad peruanas en el siglo XVI. En: *La Inquisición española; nueva visión, nuevos horizontes.* Madrid: Siglo XXI, 437-467.

—. 1984. El tribunal peruano en la época de Felipe II. En: *Historia de la Inquisición en España y América.* Madrid: Biblioteca de Autores Cristianos, 919-937.

Fernández del Castillo, Francisco. 1914. *Libros y libreros del siglo XVI*. México, DF: Archivo General de la Nación.

Friede, Juan. 1959. La censura española en el siglo XVI y los libros de historia de América. En: *Revista de Historia de América* (México, DF), 47: 45-94.

Furlong, Guillermo, SJ. 1944. *Bibliotecas argentinas durante la dominación hispánica*. Buenos Aires: Huarpes.

Gallina, Annamaria. 1959. *Contributi alla storia della lessicografia italo-spagnola dei secoli XVI e XVII*. Firenze: Leo S. Olschki.

García Abasolo, Antonio F. 1983. *Martín Enríquez y la reforma de 1568 en Nueva España*. Sevilla: Diputación Provincial de Sevilla.

García Gallo, Alfonso. 1975. *Manual de historia del Derecho español*. 6ta. ed. Madrid.

—. 1979. *Manual de historia del Derecho español*. 8va. ed. Madrid: Artes Gráficas y Ediciones, 2 vols.

García Icazbalceta, Joaquín. 1954. *Bibliografía mexicana del siglo XVI. Catálogo razonado de libros impresos en México de 1539 a 1600, con biografías de autores y otras ilustraciones*. México, DF: Fondo de Cultura Económica.

García López, José. 1973. *Historia de la literatura española*. 18va. ed. Barcelona: Vicens Vives.

Géal, François. 1994. *Figures de la bibliothèque dans l'imaginaire espagnol du Siècle d'Or*. Tesis Dr. París: Université de Paris III (Sorbonne Nouvelle).

Gil Ayuso, Faustino. 1935. *Noticia bibliográfica de textos y disposiciones legales de los reinos de Castilla impresos en los siglos XVI y XVII*. Madrid: Patronato de la Biblioteca Nacional.

González de San Segundo, Miguel Angel. 1982. El Dr. Gregorio González de Cuenca, oidor de la Audiencia de Lima, y sus ordenanzas sobre caciques e indios principales (1566). En: *Revista de Indias* (Madrid), 42: 643-667.

González Sánchez, Carlos A. 1989. El libro y la carrera de Indias: registro de ida de navíos. En: *Archivo Hispalense* (Sevilla), 220: 93-103.

—. 1990. Cultura y fortuna de un fiscal del Santo Oficio: el licenciado Juan Alcedo de la Rocha. En: *Rábida* (Huelva), 7: 24-36.

Guibovich Pérez, Pedro. 1984-85. Libros para ser vendidos en el virreinato del Perú a fines del siglo XVI. En: *Boletín del Instituto Riva-Agüero* (Lima), 13: 85-114.

—. 1986. Las lecturas de Francisco de Isásaga. En: *Histórica* (Lima), 10: 191-212.

—. 1989. Los libros del inquisidor. En: *Cuadernos para la historia de la evangelización en América Latina* (Cuzco), 4: 47-64.

—. 1990. La cultura libresca de un converso procesado por la Inquisición de Lima. En: *Historia y Cultura* (Lima), 20: 133-160.

—. 1993. La carrera de un visitador de idolatrías en el siglo XVII: Fernando de Avendaño (1580?-1655). En: Gabriela Ramos y Henrique Urbano (eds.). *Catolicismo y extirpación de idolatrías, siglos XVI-XVII.* Cusco: Centro Bartolomé de las Casas, 169-240.

Hampe Martínez, Teodoro. 1981. La actuación del obispo Vicente de Valverde en el Perú. En: *Historia y Cultura* (Lima), 13/14: 109-153.

—. 1984. En torno al levantamiento pizarrista: la intervención del oidor Lisón de Tejada. En: *Revista de Indias* (Madrid), 44: 385-414.

—. 1985. Un virrey póstumo del Perú: el conde de Coruña (1583). En: *Histórica* (Lima), 9: 1-13.

—. 1986a. El tesorero Alonso Riquelme y la administración financiera en la conquista del Perú (1531-1548). En: *Histórica* (Lima), 10: 45-87.

—. 1986b. Un erasmista perulero: Toribio Galíndez de la Riba. En: *Cuadernos Hispanoamericanos* (Madrid), 431: 85-93.

—. 1990. Fray Domingo de Santo Tomás y la encomienda de indios en el Perú (1540-1570). En: *Los Dominicos y el Nuevo Mundo; actas del II Congreso Internacional.* Salamanca: Editorial San Esteban, 355-379.

—. 1993. The diffusion of books and ideas in colonial Peru: a study of private libraries in the sixteenth and seventeenth centuries. En: *Hispanic American Historical Review* (Durham, NC), 73: 211-233.

Hanke, Lewis. 1967. *La lucha española por la justicia en la conquista de América.* Tr. de Luis Rodríguez Aranda. 2da. ed. Madrid: Aguilar.

Heredia Herrera, Antonia (ed.). 1972. *Catálogo de las consultas del Consejo de Indias*, vols. 1 y 2. Madrid: Dirección General de Archivos y Bibliotecas.

Inchaustegui, J. Marino (ed.). 1958. *Reales cédulas y correspondencia de gobernadores de Santo Domingo, de la regencia del cardenal Cisneros en adelante.* Madrid: Gráficas Reunidas, 2 vols.

Johnson, Julie Greer (ed.). 1988. *The book in the Americas. The role of books and printing in the development of culture and society in colonial Latin America.* Providence, RI: John Carter Brown Library.

Jones, R.O. 1974. *Historia de la literatura española. Siglo de Oro: prosa y poesía (siglos XVI y XVII).* Tr. de Eduardo Vásquez. Barcelona: Ariel.

Kropfinger von Kügelgen, Helga. 1973. Exportación de libros europeos de Sevilla a la Nueva España en el año de 1586. En: *Libros europeos en la Nueva España a fines del siglo XVI*. Wiesbaden: Franz Steiner Verlag, 1-105.

Leonard, Irving A. 1933. Romances of chivalry in the Spanish Indies. En: *University of California Publications in Modern Philology* (Berkeley, CA), 16: 217-371.

—. 1944. Pérez de Montalbán, Tomás Gutiérrez, and two book lists. En: *Hispanic Review* (Philadelphia, PA), 12: 275-287.

—. 1949. *Books of the brave*. Cambridge, MA: Harvard University Press.

—. 1953. *Los libros del conquistador*. Tr. de Mario Monteforte Toledo. México, DF: Fondo de Cultura Económica.

Levillier, Roberto. 1921-26. *Gobernantes del Perú. Cartas y papeles (siglo XVI)*. Madrid: Sucesores de Rivadeneyra, 14 vols.

—. 1922. *Audiencia de Lima. Correspondencia de presidentes y oidores (1549-1564)*. Madrid: Imp. de Juan Pueyo.

—. 1935-42. *Don Francisco de Toledo, supremo organizador del Perú. Su vida, su obra*. Madrid & Buenos Aires: Espasa Calpe, 3 vols.

Lockhart, James. 1968. *Spanish Peru, 1532-1560. A colonial society*. Madison, WI: University of Wisconsin Press.

—. 1972. *The men of Cajamarca. A social and biographical study of the first conquerors of Peru*. Austin, TX: University of Texas Press.

Lohmann Villena, Guillermo. 1944. Los libros españoles en Indias. En: *Arbor* (Madrid), II/6: 221-249.

—. 1949. *Las minas de Huancavelica en los siglos XVI y XVII*. Sevilla: Escuela de Estudios Hispano-Americanos.

—. 1960-61. Documentos interesantes a la historia del Perú en el Archivo Histórico de Protocolos de Madrid. En: *Revista Histórica* (Lima), 25: 450-477.

—. 1966. *Juan de Matienzo, autor del "Gobierno del Perú". Su personalidad y su obra*. Sevilla: Escuela de Estudios Hispano-Americanos.

—. 1971. Libros, libreros y bibliotecas en la época virreinal. En: *Fénix* (Lima), 21: 17-24.

López de Caravantes, Francisco. 1985-89. *Noticia general del Perú*. Ed. Marie Helmer. Estudio preliminar de Guillermo Lohmann Villena. Madrid: Atlas, 6 vols.

Lugo, Américo. 1952. *Historia de Santo Domingo, desde 1556 hasta 1608*, con notas de Fr. Cipriano de Utrera. Ciudad Trujillo.

Maravall, José Antonio. 1983. *La cultura del Barroco. Análisis de una estructura histórica*. 3ra. ed. Barcelona: Ariel.

Mariluz Urquijo, José M. 1984. El saber profesional de los agentes de la administración pública en Indias. En: *Estructura, gobierno y agentes de la administración en la América española*. Valladolid: Universidad de Valladolid, Seminario Americanista, 251-276.

Martínez Albiach, Alfredo. 1975. *La Universidad Complutense según el cardenal Cisneros (1508-1543)*. Burgos: Facultad de Teología del Norte de España.

Martínez de Bujanda, Jesús (ed.). 1984. *Index de l'Inquisition espagnole (1551, 1554, 1559)*. Sherbrooke: Université de Sherbrooke, Centre d'Études de la Renaissance.

Matoré, Georges. 1968. *Histoire des dictionnaires français*. Paris: Larousse.

McArthur, Tom. 1986. *Worlds of reference. Lexicography, learning and language from the clay tablet to the computer*. Cambridge: Cambridge University Press.

McMahon, Dorothy. 1965. Introducción y ed. de Agustín de Zárate, *Historia del descubrimiento y conquista del Perú*. Buenos Aires: Universidad de Buenos Aires, Facultad de Filosofía y Letras.

Medina, José Toribio. 1887. *Historia del tribunal del Santo Oficio de la Inquisición de Lima*. Santiago de Chile: Imp. Gutenberg, 2 vols.

—. 1898. *Biblioteca hispanoamericana*, vol. 1 (1493-1600). Santiago de Chile: en casa del autor.

—. 1904-07. *La imprenta en Lima (1584-1824)*. Santiago de Chile: en casa del autor, 4 vols.

—. 1907-12. *La imprenta en México (1539-1821)*. Santiago de Chile: en casa del autor, 8 vols.

Mendiburu, Manuel de. 1931-34. *Diccionario histórico-biográfico del Perú*. 2da. ed. Lima: Lib. e Imp. Gil, 11 vols.

Menéndez Pelayo, Marcelino. 1945. *Antología de poetas líricos castellanos*, vol. 10: *Boscán*. Ed. de Enrique Sánchez Reyes. Madrid: Consejo Superior de Investigaciones Científicas.

Menéndez Pidal, Ramón. 1953. *Romancero hispánico (hispano-portugués, americano y sefardí). Teoría e historia*. Madrid: Espasa-Calpe, 2 vols.

Millares Carlo, Agustín. 1970. Bibliotecas y difusión del libro en Hispanoamérica colonial: intento bibliográfico. En: *Boletín Histórico* (Caracas), 22: 25-72.

Miró Quesada S., Aurelio. 1982a. Fray Luis de Granada en el Perú. En: *Revista de la Universidad Católica* (Lima), 11/12: 13-20.

—. 1982b. *Nuevos temas peruanos*. Lima: P.L. Villanueva.

National Union Catalog. 1968-80. *The National Union Catalog, pre-1956 imprints. A cumulative author list representing the Library of Congress printed cards and titles reported by other American libraries*. Chicago, IL: American Library Association, 685 vols.

Palau y Dulcet, Antonio. 1948-76. *Manual del librero hispanoamericano*. 2da. ed. Barcelona: Librería Palau, 27 vols.

Palma, Ricardo. 1863. *Anales de la Inquisición de Lima*. Lima: Tip. de Aurelio Alfaro.

Parry, J. H. 1970. *El imperio español de ultramar*. Tr. de Ildefonso Echevarría. Madrid: Aguilar.

Penney, Clara Louisa (ed.). 1929. *List of books printed before 1601 in the library of the Hispanic Society of America*. New York, NY: Hispanic Society of America.

Pérez Martín, Antonio. 1978. *Legislación y jurisprudencia en la España del Antiguo Régimen*. Valencia: Universidad de Valencia.

Pérez Pastor, Cristóbal. 1891. *Bibliografía madrileña o descripción de las obras impresas en Madrid (siglo XVI)*. Madrid: Tip. de los Huérfanos.

—. 1895. *La imprenta en Medina del Campo*. Madrid: Sucesores de Rivadeneyra.

Picatoste y Rodríguez, Felipe. 1891. *Apuntes para una biblioteca científica española del siglo XVI*. Manuel: Imp. de Manuel Tello.

Picón Salas, Mariano. 1944. *De la Conquista a la Independencia. Tres siglos de historia cultural hispanoamericana*. México, DF: Fondo de Cultura Económica.

Pieper, Renate. 1987. *La revolución de los precios en España (1500-1640). Sus causas y efectos*. Barcelona: Ancora.

Pierce, Frank. 1968. *La poesía épica del Siglo de Oro*. Tr. de J.C. Cayol de Bethencourt. 2da. ed. Madrid: Gredos.

Porras Barrenechea, Raúl. 1952. Prólogo y ed. de Diego González Holguín, *Vocabulario de la lengua general de todo el Perú, llamada quichua o del*

Inca. Lima: Universidad Nacional Mayor de San Marcos, Instituto de Historia.

—. 1968. *Fuentes históricas peruanas. Apuntes de un curso universitario*. Lima: Instituto Raúl Porras Barrenechea.

Riva-Agüero, José de la. 1935. *El primer alcalde de Lima, Nicolás de Ribera el Viejo, y su posteridad*. Lima: Lib. e Imp. Gil.

—. 1962. Las condiciones literarias del Perú. En sus *Estudios de literatura peruana. Del Inca Garcilaso a Eguren*. Ed. César Pacheco Vélez y Alberto Varillas Montenegro. Lima: Pontificia Universidad Católica del Perú, 587-600.

—. 1968. El Perú de 1549 a 1564. En sus *Estudios de historia peruana. La Conquista y el Virreinato*. Ed. César Pacheco Vélez. Lima: Pontificia Universidad Católica del Perú, 119-195.

Rivara de Tuesta, María Luisa. 1970. *José de Acosta, un humanista reformista*. Lima: Universo.

Rivera Serna, Raúl. 1949. Indice de los manuscritos existentes en la Biblioteca Nacional. En: *Boletín de la Biblioteca Nacional* (Lima), 12: 242-283.

Rodríguez Cruz, Agueda María, OP. 1984. Alumnos de la Universidad de Salamanca en América. En: *La ética en la conquista de América*. Madrid: Consejo Superior de Investigaciones Científicas, 499-550.

Rodríguez Prampolini, Ida. 1977. *Amadises de América. La hazaña de Indias como empresa caballeresca*. 2da. ed. Caracas: Centro de Estudios Latinoamericanos Rómulo Gallegos.

Romera Iruela, Luis, y Carmen Galbis Díez (eds.). 1980. *Catálogo de pasaje ros a Indias*, vols. 4 y 5. Madrid: Ministerio de Cultura.

Rose-Fuggle, Sonia. 1993. La enseñanza del quechua en la Universidad de Lima (siglos XVI-XVII). En: Marie-Cécile Bénassy-Berling y otros (eds.). *Langues et cultures en Amérique espagnole coloniale*. Paris: Presses de la Sorbonne Nouvelle, 101-116.

Rostworowski de Diez Canseco, María. 1975. Algunos comentarios hechos a las ordenanzas del Dr. Cuenca. En: *Historia y Cultura* (Lima), 9: 119-154.

Rújula y de Ochotorena, marqués de Ciadoncha, José de. 1946. *Indice de los colegiales del Mayor de San Ildefonso y menores de Alcalá*. Madrid.

Sánchez, Luis Alberto. 1950-51. *La literatura peruana. Derrotero para una historia espiritual del Perú*. Asunción: Guarania, 6 vols.

Sánchez Bella, Ismael. 1960. El gobierno del Perú, 1556-1564. En: *Anuario de Estudios Americanos* (Sevilla), 17: 407-524.

Santo Tomás, Domingo de, OP. 1560. *Gramática o arte de la lengua general de los indios de los reynos del Perú.* Valladolid: Francisco Fernández de Córdoba.

Schäfer, Ernesto. 1935-47. *El Consejo Real y Supremo de las Indias. Su historia, organización y labor administrativa hasta la terminación de la Casa de Austria.* Sevilla: Escuela de Estudios Hispano-Americanos, 2 vols.

Short-Title Catalog. 1970. *Short-title catalog of books printed in Italy and of books in Italian printed abroad (1501-1600) held in selected North American libraries.* Boston, MA: G.K. Hall.

Simón Díaz, José. 1960ss. *Bibliografía de la literatura hispánica.* Madrid: CSIC, Instituto Miguel de Cervantes, 14 vols.

Solano, Francisco de. 1985. Fuentes para la historia cultural: libros y bibliotecas de la América colonial. En: Fermín del Pino Díaz (ed.). *Ensayos de metodología histórica en el campo americanista.* Madrid: CSIC, Centro de Estudios Históricos, 69-84.

Stastny, Francisco. 1981. *El manierismo en la pintura colonial latinoamericana.* Lima: Universidad Nacional Mayor de San Marcos.

Tau Anzoátegui, Víctor. 1992. *La ley en América hispana, del Descubrimiento a la Emancipación.* Buenos Aires: Academia Nacional de la Historia.

Taylor, Archer. 1957. *Book catalogues; their varieties and uses.* Chicago, IL: Newberry Library.

Torre Revello, José. 1940. *El libro, la imprenta y el periodismo en América durante la dominación española.* Buenos Aires: Jacobo Peuser.

Torres, Alberto María, OP. 1932. *El padre Valverde. Ensayo biográfico y crítico.* 2da. ed. Quito: Edit. Ecuatoriana.

Tovar de Teresa, Guillermo. 1987. *Ciudad de México y la utopía en el siglo XVI.* México, DF: Espejo de Obsidiana.

Ulloa Taboada, Daniel. 1953. Libros de caballerías en América en 1549. En: *Mar del Sur* (Lima) 30.

Utrera, Cipriano de. 1978-79. *Noticias históricas de Santo Domingo.* Ed. Emilio Rodríguez Demorizi. Santo Domingo, 3 vols.

Vargas Ugarte, Rubén, SJ. 1966-71. *Historia general del Perú.* Lima: Carlos Milla Batres, 10 vols.

Voet, Leon. 1980-83. *The Plantin press (1555-1589). A bibliography of the works printed and published by Christopher Plantin at Antwerp and Leiden.* Amsterdam: van Hoeve, 6 vols.

Wendt, Bernhard. 1941. *Idee und Entwicklungsgeschichte der enzyklopädischen Literatur. Eine literarisch-bibliographische Studie*. Würzburg-Aumühle: Konrad Triltsch.

Wilson, Edward M. y Duncan Moir. 1985. *Historia de la literatura española. Siglo de Oro: teatro (1492-1700)*. Tr. de Carlos Pujo. 6ta. ed. Barcelona: Ariel.

Zárate, Agustín de. 1944. *Historia del descubrimiento y conquista del Perú*. Ed. Jan M. Kermenic. Lima: Lib. e Imp. D. Miranda.

Zavala, Silvio A. 1973. *La encomienda indiana*. 2da. ed. México, DF: Editorial Porrúa.

Zgusta, Ladislav. 1971. *Manual of lexicography*. Praga: Academia.

Indice onomástico